孙子兵法与三十六计

张辉力 著

华文出版社
SINO-CULTURE PRESS

图书在版编目（CIP）数据

孙子兵法与三十六计/张辉力著. -- 北京：华文出版社，2019.4 (2025.1 重印)

ISBN 978-7-5075-5101-3

Ⅰ. ①孙… Ⅱ. ①张… Ⅲ. ①兵法－中国－古代－通俗读物 Ⅳ. ①E892.2-49

中国版本图书馆CIP数据核字（2019）第065119号

孙子兵法与三十六计
SUNZIBINGFA YU SANSHILIUJI

作　　者：	张辉力
责任编辑：	闫丽娜
出版发行：	华文出版社
地　　址：	北京市西城区广安门外大街 305 号 8 区 2 号楼
邮政编码：	100055
网　　址：	http://www.hwcbs.cn
电　　话：	总 编 室 010-58336239　发 行 部 010-58336267　58336230
	责任编辑 010-58336269
经　　销：	新华书店
印　　刷：	三河市龙大印装有限公司
开　　本：	710×1000　1/16
印　　张：	24.25
字　　数：	330 千
版　　次：	2019 年 4 月第 1 版
印　　次：	2025 年 1 月第 6 次印刷
标准书号：	ISBN 978-7-5075-5101-3
定　　价：	58.00 元

版权所有，侵权必究

公元前八世纪至公元前三世纪是中国的春秋战国时代,这是一个战争伴随着变革,动荡伴随着创新的时代,在这个强者生、弱者亡,智者兴、愚者衰的时代里,我们的祖先用他们的智慧创造出流传百世的兵法与计谋。本书将通过战国初期两位著名的军事谋略家——孙膑和庞涓的故事,向读者朋友生动展示最为杰出的兵法与计谋。

目 录

第 一 回　上屋抽梯……………001
第 二 回　笑里藏刀……………014
第 三 回　假痴不癫……………025
第 四 回　金蝉脱壳……………035
第 五 回　李代桃僵……………045
第 六 回　围魏救赵……………056
第 七 回　擒贼擒王……………066
第 八 回　以逸待劳……………077
第 九 回　无中生有……………088
第 十 回　借刀杀人……………098
第十一回　趁火打劫……………108
第十二回　瞒天过海……………119
第十三回　偷梁换柱……………129
第十四回　假道伐虢……………140
第十五回　声东击西……………151
第十六回　空城计………………161
第十七回　反间计………………171
第十八回　树上开花……………181

第 十 九 回	抛砖引玉	191
第 二 十 回	混水摸鱼	201
第二十一回	暗度陈仓	212
第二十二回	美人计	223
第二十三回	反客为主	233
第二十四回	指桑骂槐	244
第二十五回	连环计	254
第二十六回	远交近攻	264
第二十七回	打草惊蛇	274
第二十八回	调虎离山	284
第二十九回	欲擒故纵	294
第 三 十 回	借尸还魂	305
第三十一回	釜底抽薪	317
第三十二回	顺手牵羊	328
第三十三回	关门捉贼	339
第三十四回	苦肉计	349
第三十五回	隔岸观火	360
第三十六回	走为上计	371

第一回　上屋抽梯

两千三百多年前，中国正处于诸侯纷争、强国称霸的战国时期。

在地处中原的周国境内，有一处峭壁陡立的山谷。谷内树茂草密，云雾缭绕，处处流溢着仙气，可天下人却称它为鬼谷。鬼谷居住着一位世外奇人，自号鬼谷子。传说鬼谷子知日月星相，明兵法谋略，擅长杂学游说之艺，精通养气长寿之道，虽一百余岁，仍童颜鹤发，神采奕奕。

鬼谷子讲学的地方在陡峭的高台上。每逢讲学之日，弟子们便沿一条长长的木梯攀上高台。立在高台上，可观远山翠绿，闻谷中林涛。平台一侧立着一间用树枝和山草搭成的草堂，堂内是鬼谷子修身养性的地方，堂前便是鬼谷子讲学的场所。

鬼谷子收了十几个学习兵法谋略的弟子，其中齐国人孙宾（膑）和魏国人庞涓尤为出类拔萃。庞涓好强，事事争胜一筹；孙宾宽厚，处处谦让一分。孙庞二人同年入鬼谷拜师，同怀建功立业之志，便结为兄弟。孙宾年长庞涓数月，庞涓称他为兄。

鬼谷子讲学，经常让弟子们各抒己见，谈论天下大事。当时弟子们谈论最多的是谁能称霸天下。是日，谈论一如既往地开展。"孙宾认为，诸侯七雄，齐国与秦国最有霸主之相。齐国国富兵强，地处东方，背临大海，虎视中原，有渔盐之利，无后顾之忧，当年齐桓公便以此称霸于诸侯；而秦国虽地处偏远之疆，但经卫鞅变法，国力强盛，法令严明，有称霸之心，更有称霸之力。因此我认为能称霸天下者，不是齐国，便是秦国。"孙宾娓娓道来，有几个弟子不住地点头称是。

"我不赞同孙兄所言,我认为能称霸诸侯的应该是魏国。"

孙宾循声望去,原来是不久前外出游历的师弟庞涓,欣然问候道:"师弟,你回来了。"

庞涓点点头,随后对众人继续道:"魏国富庶,国人强悍,又地处中原,可北联赵国,南联楚国,西联韩国,向东威胁齐国,向西威胁秦国;也可东联齐国,西联秦国,使赵国与韩国称臣,迫使楚国割让疆土;更为重要的是,庞涓此次下山,亲眼目睹魏王立志图强,广招天下贤士,一个国家要称霸天下,最重要的是能够重用人才,因此我认为魏国最有霸主之气。"

一弟子问鬼谷子:"先生,孙兄和庞兄谁说的更有道理?"

鬼谷子笑道:"他们一个是齐国人,一个是魏国人,各自偏爱自己的国家,老夫很难评说。"

"先生,"庞涓对鬼谷子道,"弟子即便不是魏国人,也将如此之说。"

"你是不是想离开鬼谷?"鬼谷子微微一笑。

"是的,魏王广招天下贤士,我不想放过这个机会。"

"你的学业怎么办?"

"弟子跟从先生学习兵法,三年有余,虽说尚未将先生的韬略全部学为己用,但若出山辅佐魏王,足可让魏国称霸于天下。"庞涓的言语间洋溢着睥睨天下的自信。

"话可不能说得太满。"鬼谷子笑了笑。

"先生若不相信,弟子可指天发誓。"庞涓说着抽出随身配剑,跪地指天,"弟子若不能辅佐魏王称霸天下,永不见先生之面!"

鬼谷子看了庞涓片刻,道:"你到山谷中摘一朵山花,为师为你占一卦。"

"谢先生。"庞涓叩首道。

天上骄阳似火,庞涓于谷中四处寻找山花而不得,不禁焦急万分。这时,庞涓无意中瞥见一朵弱小的草花混在茅草中,欣喜不已,连忙上前将草花采下。转身欲走，突然想起什么，脸上的喜色消失殆尽，庞涓自语道："这草花如此弱小，先生定会认为我难成大器……"

迟疑了片刻，庞涓决定将草花藏在自己的衣袖中。

回到鬼谷草堂，庞涓对鬼谷子道："先生……山中没有花。"

鬼谷子看着庞涓的衣袖，道："山中无花，你衣袖中的东西又是何物？"

"这……"庞涓一惊，慌忙从衣袖中拿出已经枯萎的草花递给鬼谷子，辩解道："我以为这草花不算花。"

鬼谷子接过草花，拈在手中对庞涓说："这草花叫马兜铃，一开十二朵。它预示你可以享受十二年的荣华富贵。你在鬼谷采到这花，花又被太阳晒得枯萎，'鬼'傍着'委'，你的发迹之地必在魏国。"

庞涓一脸惊喜，问："先生，这么说我到魏国后，肯定会受到重用？"

鬼谷子微微点头。

庞涓不由激动万分，道："先生，如果我真的被魏王重用，我一定不辜负先生对我三年的教诲！"

鬼谷子看着手中的草花，缓声道："庞涓，你刚才不该欺瞒为师。欺骗他人，最终会被他人所欺骗，你一定要去掉这个毛病。另外，我送你八个字，你要牢牢记住：遇羊而荣，遇马而瘁。"

庞涓点头称是，随后又问道："弟子听说先生有一部世间罕见的兵书，叫《孙子兵法》，它可以教人百战百胜，先生若能将《孙子兵法》送弟子一部，弟子下山助魏国称霸更有把握。"

鬼谷子不动声色地说道："《孙子兵法》的确是部罕见的兵书，当年孙武子将这部穷尽心血写成的兵法献给吴王阖闾，吴王屡战屡胜，称霸诸侯。吴王十分珍惜《孙子兵法》，将其藏入姑苏台内。后来越国灭吴，焚烧姑苏台，《孙子兵法》也随之化为灰烬，那是世上唯一的《孙子兵法》。"

"弟子听说，先生曾经是孙武子的好友，孙武子送了先生一套兵法。"

"除了吴王，孙武子从不让别人看他的兵法，更不用说送人了。"

"这么说，先生不想把《孙子兵法》传给弟子了？"

鬼谷子微微一笑："你若不相信为师之言，就留在山上，昼夜陪伴为师，看为师到底有没有《孙子兵法》。"

"弟子不是不信，"庞涓有些不好意思了，"弟子太想得到《孙子兵法》了。"

鬼谷子看着惆怅不已的庞涓，语重心长地教导说："该得到的，你会得到；得不到的，你就是百般强求，也得不到。"

庞涓离开鬼谷的那天，孙宾为他送行。行至半途，庞涓止步对孙宾道："孙兄，别送了。"

孙宾感慨道："贤弟，今日一别，不知何日才能相见，让我把你送出鬼谷吧。"

"即使送出千里，终有一别，还是在此分手吧。"

"你我同窗三年，志趣相投，情同手足，我真舍不得与你分别……"

"唉，我也是，"庞涓叹道，"可是，我们背井离乡来此学习兵法，不就是为了有朝一日建功立业么？既然要建功立业，就难免各奔东西。"

"说的也是。"孙宾迟疑了一会儿，道："贤弟，你若得到魏王的重用，可否将我举荐给魏王？"

庞涓笑了笑："孙兄不是认为齐国最有霸主之气嘛，为何不回自己的故国？"

孙宾欲言又止，道："算了，就当我没说。"

庞涓哈哈笑道："孙兄别当真，我方才是说着玩的。我与孙兄有八拜之交，孙兄既然想到魏国，我见到魏王后，一定将孙兄力荐于魏王，你我兄弟二人携手相伴，共图大业。"

"贤弟说的可是真话？"

"我庞涓若言而无信，就让我死在乱箭之下！"庞涓抽剑起誓。

孙宾埋怨道："贤弟，为了一句话，何必发如此重誓呢？"

"誓重不如情重，"庞涓一脸真诚地说，"我是真心真意盼望孙兄与我共图大业。"

"贤弟……"孙宾被庞涓深深地感动，"我等候你的消息……"

庞涓点了点头，拱手道："孙兄，后会有期。"

孙宾还礼道:"后会有期。"

庞涓走后,鬼谷子唤来孙宾,吩咐说:"这几天晚上,有几只老鼠总在老夫枕边磨牙,老夫特别讨厌这种声音,你告诉其他弟子,每天晚上轮流到我寝室值夜驱鼠,今夜从你开始。"孙宾当即允诺,当夜便来草堂,为鬼谷先生守夜。

夜深了,鬼谷子躺在睡榻上,一副熟睡的样子。孙宾坐在离睡榻有几步远的一块席垫上,全神贯注,侧耳细听,生怕老鼠跑出来打扰先生。

鬼谷子翻了一个身,睁开惺忪的眼,看了看认真值夜的孙宾,开口道:"孙宾,你在干什么?"

孙宾回答道:"弟子正在遵照先生的安排,值夜驱鼠。"

鬼谷子坐起,微笑道:"兵家常说,兵以诈立,你就没怀疑老夫的安排有诈吗?"

孙宾诚实地摇摇头:"没有。"

鬼谷子轻轻叹了口气:"孙宾,你以后吃亏,就在于太相信他人。"

孙宾说:"您是先生,弟子应该相信您;如果是敌人,弟子决不会相信。"

鬼谷子微微一笑,没再说什么,伸手打开枕边的一只木匣,从里面取出一卷简册,对孙宾道:"孙宾,这是你曾祖父孙武撰写的兵法十三篇,人称《孙子兵法》。"

"先生,您不是说《孙子兵法》已经失传了吗?"孙宾满脸疑惑。

"它既失传,又没失传。你曾祖父献给吴王阖闾的那套兵法失传了,但还有一套副本在老夫手里,是他送给老夫的,老夫仔细研读,受益匪浅,还为兵法作了注释。这许多年来,老夫未将《孙子兵法》示人。孙宾,你忠厚善良,又是孙武的后人,老夫现将《孙子兵法》传授于你。"

"庞涓苦苦寻找《孙子兵法》,您为何不将兵法传给他呢?"

"得到《孙子兵法》的人,若用得好,将有利于天下;若用不好,则会对天下造成大害。庞涓的为人让为师放心不下。"

"先生,庞涓重情义、讲信义,先生不该放心不下。"

"孙宾，我们今夜不谈庞涓的事，只谈《孙子兵法》好吗？"鬼谷子微笑道。

"是，愿听先生教诲。"

秋去春来，孙宾将兵法烂记于心。一日，鬼谷子考他："《孙子兵法》中的'兵者，诡道也'，作何解释？"

孙宾回答道："用兵打仗，诡诈为道。因此，能打，装作不能打；要打，装作不要打；要攻近处，装作要攻远处；要攻远处，装作要攻近处；敌人贪利，就用小利引诱他；敌人混乱，就乘机攻取他；敌人力量充实，就注意防备他；敌人兵强卒锐，就暂时避开他；敌人气势汹汹，就设法屈挠他；敌人言卑慎行，就要使之骄傲；敌人休整良好，就要使之疲劳；敌人内部和睦，就离间他……"

鬼谷子抬手示意让孙宾停止回答，并嘱咐说："老夫希望你对《孙子兵法》不但烂记于心，而且要学会运用，否则你不但战胜不了敌人，还会被敌人所制。"

"是，弟子明白。"

鬼谷子将枕边放简册的木匣放在孙宾面前，说道："你到山崖下找个僻静处，把这部兵法烧掉，不得留下一根竹简。"

孙宾一怔，道："先生，这是世间唯一的一套《孙子兵法》，为何要烧掉？"

鬼谷子笑道："你已经将其烂记于心，老夫留它已没有用处了。"

"先生可以再传授给其他弟子，怎么会没用呢？"

"老夫当年答应过你的曾祖父，只将兵法传给一个最信任的人。"

"那……我可以将兵法传于别人吗？"

"现在不行，哪怕是最亲近的人。至于何时可以，时候到了老夫自然会告诉你……去吧，将兵法烧掉。"

山坡下，孙宾看着竹简的残灰摇头直叹可惜，正待回去，遇见了一位穿戴利索、身背长剑的英俊后生，向孙宾表明来意，特来向鬼谷先生学习兵法。

"鬼谷先生收弟子是非常严格的，"孙宾道，"十个求学者中能收一个就很不错了。"

"我就是那一个。"

孙宾饶有趣味地笑道："小兄弟，你倒是很自信。"

"那当然，不自信我就不来了。"

孙宾让这后生稍等片刻，他攀上高台，把那位后生求学之事禀报了鬼谷子。鬼谷子未见其人，当场便表示拒绝，说那后生是女人。

英俊的后生的确是女人，她是女扮男装的钟离春。当钟离春听说鬼谷子因为她是女人便将她拒之门外，气恼地说："女人怎么了？女人也会杀人，也能带兵打仗！"

"姑娘，你别生气，"孙宾劝慰道，"不收女人作弟子，是先生多年的规矩。"

"狗屁规矩！哼，我就不信女人不如你们男人。"钟离春骂了一通，头也不回转身离开了鬼谷。

且说庞涓回到魏国不久，便得到魏惠王的重用，拜他为元帅。庞涓带领魏国军队先打败了卫国、宋国等小国，再败齐国，名声大振。魏惠王非常高兴，请庞涓同食可口的蒸羊。他对庞涓说："寡人得庞元帅，犹如周文王得姜太公。"

魏国的南方是楚国，楚王也是一个想称霸天下的君王，他派十万楚军出方城，进攻魏国的高陵。魏惠王和庞涓率领魏国三十万大军击退楚军，随后兵指方城，意欲彻底打败楚国，称霸中原。

楚王的大军驻扎在方城南边的宛城，他派楚军袭击魏国高陵，就是想引诱魏国大军进攻方城，然后利用方城一带的楚国长城这一有利地形，打败魏国。楚王听说魏国大军进攻方城，兴奋不已，打算亲率大军前往方城与魏王一决雌雄。楚国的史皇大夫是一个很有头脑的谋臣，他对楚王道：

"大王,此时不能急于前往方城决战,而应该按兵不动。魏国军队连败齐国,士气正盛,此时决战,胜负难测。魏国军队若久攻方城不下,士气必然低落,那时大王再出兵决战,将稳操胜券。"

攻打方城的战斗非常惨烈。当魏国将士不顾伤亡,冒着如雨般的石块与箭矢几乎要登上城头时,庞涓鸣金收兵了。魏惠王对庞涓收兵非常不满,立刻召庞涓到他的营帐,质问庞涓:"你为何要停止攻城?若不鸣金收兵,寡人的士兵现在已经站在了方城城头。"

庞涓解释道:"微臣的细作在百里之外的宛城发现了楚国大军,楚王也在军中。我们即使攻克方城,也将损兵折将,若此时楚王率大军前来与我决战,将胜少败多。"

庞涓命令军队退兵一舍,并让人散布谣言,说因水土不服,军中染病者超过三成。

楚王得知魏国退兵一舍,高兴地不住拍手,当下决定进军方城,与魏军决战。史皇大夫劝楚王不要被庞涓的假象所迷惑,他说:"魏国的元帅庞涓用兵诡诈,齐国就因此败在他的手下,若魏国军队伤病者真的超过三成,他早就悄悄撤兵回国了。"

"我们该怎么办?"楚王问。

"他有千变万化,我有一定之规,方城军队坚守不出,大王的军队按兵不动。"

"魏王如果因此退兵回国呢?"

"大王将不战而胜,天下诸侯会因此抛弃魏王,臣服大王。"

楚王按兵不动,庞涓愁眉不展。庞涓手下有一个年轻的谋士叫公孙阅,他智谋超群,胆识过人。他劝庞涓道:"元帅,高下之分,不在一时一地,不如先撤兵回国,待来日对我们有利之时,再与楚国决战。"

庞涓考虑的要比公孙阅更多:"方城之战,不但决定魏国的霸主之位,还将决定我在魏国能否稳居元帅之位。若不胜而归,大王将不再信任我;若此战取胜,即使来日有失,大王也不会抛弃我。"

第一回　上屋抽梯

公孙阅道："且不说魏国除了庞元帅，没人能统率军队。即便大王广招天下贤士，天下除了鬼谷先生，无人在元帅之上。"

"在我之下者，未必不能做元帅。"庞涓笑道，"鬼谷先生门下有许多学习兵法战阵的弟子，他们虽逊色于我，但统率军队，人人当可胜任。"

"此处离鬼谷不算太远，"公孙阅问，"元帅何不骑快马去请鬼谷先生出一良策？"

庞涓迟疑片刻，道："我出山之时有言在先，不称霸天下，永不见先生之面。"

公孙阅说他可以代庞涓前往鬼谷。

公孙阅来到鬼谷草堂内，请鬼谷子告诉他如何战胜楚国，鬼谷子不肯。公孙阅道："庞元帅说，他身为鬼谷先生的弟子，若兵败方城，不但他身败名裂，还将玷污先生的名声。"

鬼谷子笑道："老夫乃隐居之士，从不看重名声。"

公孙阅抽剑在手，将剑尖对准自己的腹部，威胁道："先生如果不答应，我就死在先生面前。"

鬼谷子微微一笑，道："后生不必轻生，老夫不帮忙，有人会帮忙。"

"何人？"

"老夫的弟子，孙宾。"

"庞元帅说，鬼谷之中，除了先生，别人帮不了他的忙。"

"庞涓也太目中无人了，"鬼谷子笑道，"孙宾只在庞涓之上，不在庞涓之下，老夫把他叫来，你可以当面一试。"

孙宾闻听召唤攀木梯而上，来到高台草堂前，鬼谷子已悄悄离开。公孙阅向孙宾详细介绍了方城的战事。夕阳快要落山的时候，孙宾还没有想出取胜良策。公孙阅有些着急，对孙宾道："孙先生，魏国的霸业，庞元帅的声誉，我的性命，全系于孙先生一身，孙先生千万不要让人失望啊。"

孙宾让公孙阅先去吃饭，吃了饭再商谈方城的战事。公孙阅道："高台下的木梯子已经被人抽走了，你下不去了。"

孙宾有些不快，道："计谋是想出来的，不是逼出来的。"

"这不是我逼你，是鬼谷先生让我这样做的。他把庞元帅和魏国的命运交到你手上，我不放心，他说只要断你后路，你就有好计谋了。"

这时，孙宾眼睛一亮，喜道："公孙先生，计谋有了！"

"什么计谋？"

"登高去梯。"

公孙阅昼夜兼行赶回军营，假借鬼谷子之名将孙宾的计谋告诉庞涓。他说："鬼谷先生说元帅停止攻打方城，诱楚王决战是对的，但不该向楚国示弱。魏国军队数败齐国，已将魏国统帅的精明与军队的强悍昭示天下，若未败于楚国，便向楚国示弱，必然令楚国感到其中有诈，不肯决战。"

庞涓点了点头："有道理……"

公孙阅继续讲道："鬼谷先生说此时应该示强，让楚国感到魏国轻视它，不把它放在眼了，在示强之中，采取轻敌盲动之举，这样，才能诱楚王前来决战。"

庞涓让公孙阅讲的具体一些。公孙阅指着军图道："先生让元帅留十万人守卫大营，其余二十万人马沿楚国长城向南，然后绕过长城南端，似乎要直逼宛城，找楚王决战，其实也并非如此。元帅留五万人监视楚王，其余十五万军队改道向南，向楚都挺进。摆出千里奔袭，一举攻占楚国都城，彻底消灭楚国的架势。此时楚王必以为魏军轻敌妄动，他定会率大军主动找我们决战。"

庞涓不无疑惑地问："可是……这样做将置魏军于死地，若不能获胜，就会全军覆没。"

"我也是这样问先生，可先生说，《孙子兵法》言道:投之亡地然后存，陷之死地然后生……"

庞涓一愣，问："先生提到了《孙子兵法》？"

公孙阅点点头。

庞涓沉默片刻，然后道："接着讲，接着讲。"

第一回　上屋抽梯

"兵法上说:将士身在死地,无路可走,不须修明法令,就能注意戒备;不须强求,就能完成任务;不须约束,就能同心协力;不待申令,就会遵守军纪;断其归路,就像登高而抽去梯子一样,将士们人人都会勇往直前。"

庞涓赞叹道:"说的太对了!"

公孙阅接着道:"先生说,楚王的军队一旦离开宛城,元帅立刻从大营中调五万军队……"

庞涓打断公孙阅,兴高采烈地道:"与留在长城南端的五万军队合为一体,切断楚军归路,将楚国军队围在无险可守的山野之中。"

公孙阅点点头,继续道:"楚军必然惊慌失措,以勇往直前之师,对惊慌失措之旅,岂有不胜之理?"

庞涓不禁击掌:"太妙了,太妙了!我若学过《孙子兵法》,也能想出这样的妙计。"

公孙阅问庞涓为何鬼谷子没有把兵法传给他,庞涓笑了笑:"为师嘛,总要留一手,否则,弟子不就超过老师了嘛!"

公孙阅本想把实情告诉庞涓,又担心庞涓知道实情后不肯按计行事,只好作罢。

魏惠王与十万大军留在方城外大营,庞涓率二十万军队,绕过楚长城,直奔宛城。楚王得知这个消息,得意异常,道:"魏国人终于沉不住气了。他们长途跋涉,深入寡人的腹地作战,寡人就已经占了上风。"

庞涓的军队绕过楚国长城后,一部分停止不前,大队人马突然改变方向,向唐城方向而去。这令楚王迷惑不解。史皇大夫认为,魏国人可能是想用一部分军队牵制楚军,然后经唐城进攻楚国的都城。楚王笑庞涓胆大妄为,命全军出击,追上魏国大军进行决战。史皇大夫还有些担心,劝阻道:"大王,要不要再查一查,以免魏国人有诈。"

楚王冷冷一笑,道:"查什么?他们深入楚国腹地,就是进入死地,即使有诈,也难免灭亡的下场。"

庞涓率领魏国军队来到预设的战场,非常严肃地告诫将士们:"我们在死地与楚军决战，不胜则亡，只有勇往直前，拼死一战，才能死地求生！"

庞涓一声令下，十数万魏国军队如十数万求生的虎狼向楚国军队猛扑过来，楚国司马将军的八万军队顷刻间便溃不成军。

楚王得知前线军情，不知如何是好。史皇大夫劝楚王立刻撤入方城，与方城之军合力对付魏国人。当楚王正准备下令撤军方城时，后军送来急报：方城的魏国军队，突然出现在楚王军队身后，切断了楚王军队与方城之间的联系。楚王不知所措。无奈之下，史皇大夫建议楚王割让城邑，向魏国屈服。楚王坚决反对，道："不行，寡人的国家乃泱泱大国，怎么可以屈服于魏国呢？"

"大王，司马将军的军队在楚军中最为英勇善战，可不足两个时辰，便溃不成军，大王所剩之军又岂是魏国人的对手？如今大王退路已断，不屈服，又能如何？"

楚王沉默不语。

史皇大夫又道："大王，能折能弯，才能最终成就霸业。"

楚王还是不表态。

史皇大夫最后进言道："大王若不肯暂时屈服，很难生还。命将不在，霸业又何从谈起？"

楚王闻此，只好答应就范。

不足一天，一个泱泱大国便臣服于魏国，庞涓非常得意。归途中他笑着问同车的公孙阅："公孙先生，你说天下还有何人是我的对手？"

公孙阅并没有应承他，而是脸带歉意之色，道："元帅，有件事我没有向你讲明。"

"何事？"

"破楚之计，不是出自鬼谷子，而是出自你的师兄孙宾。"

庞涓顿时愣住了，问："此事当真？"

公孙阅道："孙宾怕元帅不相信他的计策，所以让我假托鬼谷子之名。"

庞涓的脸阴沉了下来："这么说，《孙子兵法》中的那些话也是他说的了？"

公孙阅点头答道："是的。他讲起《孙子兵法》如数家珍。"

庞涓十分气愤，鬼谷子对他并没有说真话，他藏有一套《孙子兵法》，而且还传给了孙宾。

公孙阅无不担忧地对庞涓道："孙宾若出山，恐将成为元帅难以战胜的劲敌。"

庞涓沉默片刻，冷冷笑道："我要让他为我所用。"

按："上屋抽梯"就是"登高去梯"，此计是三十六计中的第二十八计，计名为后人总结。此计意思是：故意显示有利可图之点，引诱敌人"上屋"，进入对我有利之战场，然后"抽梯"断其后路，迫敌就范。此计还有一层意思，就是《孙子兵法》上所说的"如登高而去其梯"，置自己的军队于有进无退之地，迫使将士们破釜沉舟，与敌人决死一战。孙宾为庞涓出"上屋抽梯"之计，迫楚国屈服，庞涓因此嫉妒孙宾。欲知后事如何，请看下回："笑里藏刀"。

第二回　笑里藏刀

庞涓回到魏国后，立刻派人带着黄金白玉和亲笔信前往鬼谷请孙宾下山。他在信中写道：

孙宾吾兄，感谢方城之战妙计相助。分别时我曾答应将孙兄举荐于魏王，如今已经践约，请孙兄应召下山，共图大业。随信送去黄金白玉，此乃魏王聘礼，望千万接纳。

孙宾将庞涓请他下山的事告诉了鬼谷子，鬼谷子让孙宾自己定夺。孙宾急于建功立业，对鬼谷子道："弟子与庞涓分别之时有约，今日庞涓践约，将弟子举荐于魏王，弟子不敢违约。"

鬼谷子沉默片刻，道："你去采一枝山花，老夫为你占一卦。"

孙宾答应一声，起身欲走，随眼看到了屋内案上的花瓶装有几枝黄色的菊花。孙宾走上前，从瓶内拿出菊花，来到鬼谷子面前将其呈上："先生，就用这菊花为弟子占一卦吧。"

鬼谷子看着孙宾手中的菊花，片刻后说："好，就用这枝菊花。"

孙宾回身把菊花重新放入花瓶，然后端坐到鬼谷子身旁。

鬼谷子指着瓶中的菊花，道："此花虽被摧残，但其生性耐寒，经霜不败，因而你今后虽然遭受残害，但不至于大难大凶；此花被供于案上瓶中，这预示着你将受到世人的敬重；此花被人两次放入，恐怕你不会马上成就功名；此花最后重归瓶中，看来你以后将在故乡齐国建功立业；供养

第二回　笑里藏刀

此花的花瓶是由金铜铸成，它与钟鼎同类，你以后将威震天下，名刻钟鼎之上。孙宾，我替你将名字改动一下，可助你进取有为。"说着他拿起笔，在孙宾的"宾"一旁加了个"月"字，"孙宾"的名字变为"孙膑"。

孙膑告别鬼谷子，来到魏国投奔庞涓。庞涓带孙膑进见魏惠王。魏惠王对孙膑的到来喜形于色，道："寡人盼望先生，如久旱盼雨，今日先生终于到来，寡人真是大慰平生。"

孙膑揖首道："孙膑只不过是一介山野草民，无能无德，竟蒙大王如此厚待，实在惭愧。"

"孙先生不必客气，庞元帅告诉过寡人，孙先生独得孙武子秘传兵法，有百战百胜之能。"

孙膑坦诚地说："大王，草民虽从鬼谷先生那里看到过《孙子兵法》，但尚未认真研读过，因而不敢说有百战百胜之能。"

"孙先生太谦虚了，寡人若得孙先生辅佐，天下诸侯将无人能与寡人匹敌。"魏惠王对坐在另一侧的庞涓道："庞元帅，寡人欲封孙先生为副元帅，让你们师兄弟二人同掌军权，如何？"

庞涓沉吟片刻，道："微臣与孙膑同窗多年，又是八拜之交，孙膑是微臣的兄长，微臣怎能让兄长做副帅呢？大王，于情，于理，于才，都应该让孙膑做元帅，微臣当副帅。"

孙膑坚决不同意，道："庞元帅将草民举荐于大王，草民若取代庞元帅之位，天下人将笑话孙膑枉为人兄，这是其一；其二，草民刚到魏国，尚未建功立勋，若当元帅，亦难以服众。"

孙膑和庞涓各自坚持自己的意见，互相推让，魏惠王心中十分赞许他们师兄弟的为人，便决定拜孙膑为客卿，并赐他一所府第，说等孙膑建功立勋后，再拜他为元帅。孙膑不好再反驳，只好叩首致谢。

魏惠王赐给孙膑的府第宽敞华丽，庞涓建议孙膑把亲人从齐国接来，共享富贵。孙膑叹道："贤弟，你我同窗三年，贤弟几次问我家中之事，我都没开口。上次分别之时，贤弟又问我为何不回齐国，我也未告诉贤弟……我是不愿让人可怜我。"

庞涓关切地询问："孙兄家中有什么难处？"

孙膑告诉他："我四岁丧母，九岁丧父，是叔父孙乔将我养大。叔父是齐康公的大夫，齐康公被田太公废黜，他手下的大夫不是被杀害，就是被驱逐。我叔父也被驱逐出国，他带着我堂兄孙平、孙卓，还有我，逃难到周国，后来因为遇上灾荒，叔父只得将我送到城外一户人家做仆从，他带着两位堂兄逃往他乡……"孙膑极力忍住泪水，"这许多年来，亲人们杳无音信，不知是死是活……"

孙膑说到此处泪水不由夺眶而出。庞涓也为之伤感，劝孙膑成一个家。而孙膑说他曾发过誓，功业未立，绝不成家。庞涓让年轻美貌的姑娘钟离秋照顾孙膑，说这是大王的旨意。孙膑也不好推辞。

出使赵国归来的公孙阅，听说庞涓让钟离秋照顾孙膑，当天便来找庞涓，说他想得到钟离秋，让庞涓换另外一个姑娘照顾孙膑。庞涓让钟离秋去照顾孙膑有他自己的打算，他对公孙阅道："你应该早说，我庞涓是一个讲信用的人，说出的话不能收回。"

钟离秋和孙膑相处只是短短几日，便从心里喜欢上了孙膑。孙膑学识渊博，待人宽厚，举止有礼。她暗自下了决心，非孙膑不嫁。

钟离秋照顾孙膑非常上心，天天清晨离家，傍晚才归。公孙阅来拜见孙膑，遇见孙膑派人送钟离秋回家，二人寒暄了片刻，公孙阅话题一转问孙膑是不是很喜欢钟离秋。

孙膑笑了笑："什么喜欢不喜欢的，她是庞涓找来的女仆。"

"这个姑娘，你可不要随便动她。"

"公孙先生，看你说的，我又不是好色之徒。"孙膑有些不好意思了。

"孙先生，我这是为你好，这个姑娘不是一般的女人，她有个姐姐，剑术天下少有，而且脾气出奇的坏，谁若对她妹妹无礼，她就要谁的命……若为了一个女人，误了先生的大业，似乎不太值。"

"谢谢公孙先生的好意。"孙膑坦然笑道，他指了指几上的竹简，"我现在一心想的是如何使魏国更加强盛，称霸天下。对女人，我根本没精力考虑。"

公孙阅心里的一块石头这才落了地。

有一天，一个自称丁乙的齐国商人来见孙膑，说他家住齐国国都临淄，以经商为生，孙膑的堂兄孙平、孙卓和他是朋友，他们听说孙膑在鬼谷求学，托丁乙带信给孙膑，丁乙到鬼谷后，鬼谷先生说孙膑已经到了魏国，他便绕道来此。说罢丁乙掏出信递给孙膑。

孙膑打开信。信中写道：

> 孙宾吾弟，周都一别，不觉多年。你叔父身患重病，已经去世。我们兄弟二人，飘零异乡，辗转路途，苦不堪言。如今幸喜齐王仁义为怀，尽释前嫌，将我们兄弟招回故里。听闻吾弟在鬼谷先生门下求学，名师出高徒，吾弟将来必成大器。现托丁乙先生捎信给吾弟，望早日归乡，我们兄弟得以团聚。

看完信，孙膑已是泪流满面。丁乙在一旁道："孙平与孙卓二位兄长来时一再嘱咐我，让我劝先生早日还乡，兄弟团聚。"

孙膑长叹一声："我如今是魏王的客卿，深得魏王的厚爱，尚未替魏王建功，不好立刻离去。"

丁乙道："兄弟情深，先生不能归回故里，二位兄长定会望眼欲穿，先生哪怕回去住几天，与两位兄长见上一面，我也好向二位兄长交代了。"

孙膑想了想，对丁乙道："你先在我府上住下，我找庞元帅商量一下，再给先生答复。"

孙膑把堂兄回归齐国的事告诉庞涓，庞涓故作惊喜。孙膑请庞涓代他向魏王请假，回乡探亲扫墓。庞涓装作为难的样子道："久别思归是人的天性，可大王刚拜孙兄为客卿，你就请假回国，大王会怎么想？"

"我只回去住几天，与两位分别多年的兄长叙叙旧，很快就回来。"

"孙兄的心情我能理解,可大王未必这么想,他会以为你背叛魏国,去而不归。"

"大王对我如此厚爱,我孙膑绝非忘恩负义之人,怎么会背叛魏国呢?贤弟,大王信任你,你给大王解释一下,可以吗?"

庞涓思索片刻,道:"我可以给大王解释一下,但不能心急,最好等大王高兴之时。孙兄,你容我几日,好吗?"

孙膑答应。

丁乙等了几天,不免有些焦急。孙膑让他先走一步,说待魏王恩准后,立刻回国与二位兄长团聚。丁乙说他这么走了,回去无法向二位兄长交代。孙膑回书一封说明缘由,托他带给二位兄长。

离开孙府后,丁乙把孙膑的信交给庞涓,原来丁乙所作所为是受庞涓指使。庞涓模仿孙膑的笔迹,在信中加了这样两句话:"小弟今日虽然被魏王封为客卿,但却心怀故国故土,不久将设法归去。倘若齐王不弃,小弟当尽力辅佐。"

庞涓把这封信交给魏惠王,道:"大王,微臣的士兵抓到一个齐国细作,在他身上搜到一封孙膑写给齐国兄长的信,信中有叛魏归齐之意,微臣虽然与孙膑为同窗好友,但不敢隐瞒大王,请大王过目。"

魏王严肃地看完了信,问庞涓:"寡人已经答应孙膑,建功之后便封他为元帅,他为何还要背弃寡人?"

"父母之邦,谁能忘怀不顾?大王即使封他为元帅,他也不会为大王尽力。当年,孙膑的曾祖父孙武子甚得吴国重用,吴王使他名扬天下,但他最终还是背弃吴王,回到齐国。"

"那你为何还要把孙膑推荐于寡人?"

"孙膑精通《孙子兵法》,大王若不用他,他将被齐国所用,孙膑一旦被齐国起用,将威胁大王的霸业。微臣建议,大王应该将他处死,否则他以后定是魏国的劲敌。"

魏惠王沉吟片刻,道:"孙膑应寡人之召而来,如今叛魏之罪尚不明显,

第二回　笑里藏刀

若贸然将他处死，天下志士贤人谁还会来投奔寡人？"

庞涓道："当年公叔相国将卫鞅举荐于大王，大王未能用，公叔相国让大王杀掉卫鞅，可大王心慈手软，放走卫鞅，卫鞅又去辅佐秦王，使秦国国富兵强，无时不在威胁大王，难道大王还想让孙膑做第二个卫鞅吗？"

魏惠王还是犹豫不决，道："孙膑人才难得，杀了他太可惜了……你们是同窗好友，你应该向他说明利害，劝他留下，为寡人建功立业，寡人决不会亏待他。"

庞涓见到孙膑，说他反复解释，大王最终还是没有答应。孙膑非常着急，来回踱步道："这可怎么办，两位堂兄收到我的信，一定日夜盼着兄弟团聚，可我却无法回去。"思虑再三，孙膑决定当面向魏王解释。

孙膑进见魏惠王，当面请假回齐国。魏惠王不动声色地问孙膑："你这么想回齐国？"

孙膑坦然回答："是的。"

魏惠王又问："寡人若不同意呢？"

孙膑道："我的两位堂兄是我唯一的亲人，我与他们分别多年，我只求与他们见上一面，大王不该不同意……"

魏王突然脸色一变，厉声道："孙膑，寡人待你不薄，你为何要背叛寡人？"

孙膑一惊，不解地问："大王的话，微臣不明白。"

魏王愤然道："你要回齐国，就是要背叛寡人！"

孙膑知道魏王误会了，欲作解释，魏惠王不由分说命令宫卫将孙膑杀掉。

孙膑被宫卫拉到宫外，绑在柱子上。行刑官正要行刑，庞涓匆匆赶到，制止了行刑官并问孙膑犯了何罪。行刑官说是背叛大王。庞涓安慰孙膑道："一定是大王误会了，孙兄莫慌，我立刻面见大王，为你辩白。"

庞涓叩见魏惠王，道："大王，孙膑虽有背叛之意，但罪不至死。"

"处死孙膑，是你为寡人出的主意。"

"微臣说是说，但大王真要杀孙膑，微臣实在于心不忍，微臣与孙膑毕竟同窗三年。"

"孙膑既有叛心，不杀他将留下后患。"

"大王，不杀孙膑，也可以不留后患，而且，还可以免遭世人非议。"

"你想怎么处置孙膑？"

"大王可免除孙膑死刑，对他处以膑刑，剔除他的膝盖骨，使其成为废人，终生不能返回齐国。这样，大王既可以免遭世人议论，又不留后患，岂不两全其美？"

魏惠王认为庞涓说的有道理，下令免除孙膑死刑，处以膑刑。

遵照魏惠王的命令，行刑官剔除了孙膑的膝盖，他昏死过去。庞涓让仆从把孙膑抬到自己家中，亲自照料他。当孙膑醒来的时候，看到坐在身旁的庞涓，不由失声痛哭。

庞涓叹了口气，十分内疚地说："孙兄，都怪我，小弟不该让你向大王请假。小弟对不起兄长。"庞涓说着，也流下眼泪。

"贤弟，这事不能怪你。"孙膑止住哭泣，忍着剧痛坐起，对庞涓道："要怪只能怪我自己，我不该归乡心切。"

庞涓擦了一把泪，道："这事应该怪小弟，如果小弟拦住你，不让孙兄向大王请假回国，孙兄就不会……可小弟没有……小弟对不起孙兄……"

"贤弟不要自责，这事不怪贤弟，还是怪我……怪我没想到魏王如此心胸狭窄……不过，也多亏贤弟，若不是贤弟，我现在早已命归九泉了！"

庞涓伤感地说："我虽然保住了孙兄的性命，但没保住孙兄的腿，一个兵家双腿无法站立，如何征战沙场，建功立业呢？"

屋内一阵沉默。

孙膑极度伤感，再也忍不住了，孙膑突然使劲捶打着自己的腿，声嘶力竭地喊道："魏王，你还我的腿！还我的腿！"

庞涓紧紧抓住孙膑的双手，劝道："孙兄，别这样，别这样……你会疼死的。"

第二回 笑里藏刀

孙膑再次泪流满面，喃喃道："一个兵家，不能征战沙场建立功业，活在世上还有什么用呢？不如死了的好！"说着他用力挣开庞涓的双手，使劲捶打自己的腿。

庞涓连忙再次抓住孙膑的双手，安慰道："孙兄，小弟一定想办法治好你的腿，让你站起来。"

孙膑挣扎着，喘息着说："我的腿治不好！到死也不会治好！"

"能治好，小弟以性命向你担保，你的腿一定能治好。小弟为你请最好的医师，一定让你重新站起来。"

孙膑一阵感动，片刻后道："贤弟，我知道你是在安慰我，但是没有用，凡是受过膑刑的人，没有人能再站起来……"

"我能让你重新站起来，我有一个朋友，也被大王处以膑刑，是我给他找的医师，让他重新站立起来。"

"此事当真？"孙膑半信半疑。

"千真万确，小弟若有半句假话，让我死在乱箭之下。"

孙膑埋怨道："贤弟，你怎么又发如此重誓？"

庞涓握住孙膑的双手，诚恳道："不发重誓，不足以让孙兄相信，我一定能把你的腿治好。"

孙膑十分感动。

庞涓命钟离秋好好照顾孙膑，不得有一点疏忽。公孙阅对此十分不快，埋怨庞涓道："元帅，你怎么又让钟离秋去照顾孙膑呢？"

"我是为了让孙膑把肚子里的《孙子兵法》吐出来。"

"给我一个月时间，我帮元帅找一个更有魅力的女人。"

"一个月不行，夜长梦多。"

"那就十五天。十五天不行，就十天。"

庞涓看出公孙阅的心思，道："公孙阅，我知道你是怕钟离秋喜欢孙膑，可已经晚了，她已经喜欢上了孙膑，否则，我不会特意让她来照顾孙膑。"

公孙阅有些着急了："元帅，你上次答应过我，让钟离秋嫁给我，可是如今……"

庞涓微微一笑:"只要孙膑把《孙子兵法》吐出来,我就不会再让他活在世上。到那时,钟离秋还是你公孙阅的人。"

钟离秋无微不至地照顾孙膑,熬药、擦腿、送饭、起夜,照顾孙膑就是她生活中的一切。孙膑看着为自己忙碌的钟离秋,既从心里感激,又非常过意不去。一日,他趁钟离秋不在,想自己下地试试,无奈双腿不听使唤,摔倒在地。钟离秋心疼地埋怨孙膑一番后,再也不轻易离开,不分昼夜。

在钟离秋的精心照顾下,孙膑的腿日见好转。庞涓听说此事很高兴,便让钟离秋带几卷简册给孙膑,让他解闷。庞涓送的简册,记载着他在魏国征战四方的军事记录,孙膑看后感慨万分,道:"知我者,庞涓也。"

钟离秋见孙膑如此高兴,脸上也露出了笑容,道:"先生,庞元帅说,这几册兵书不但能帮你解闷,还会对你运用《孙子兵法》有所帮助。如果先生再有了征战的经验,将天下无敌。"

孙膑闻此,感慨道:"庞涓真乃大丈夫也,鬼谷先生把他看错了……"他让钟离秋速速把庞涓请来,有要事对他说。

庞涓来到孙膑住处,坐在他身旁,问孙膑找他有何要事。孙膑拉住庞涓的手道:"贤弟,为兄对不起你。"

庞涓一愣:"孙兄,你这话从何说起,难道小弟有什么事做错了吗?"

孙膑连连摇头:"不瞒贤弟说,我本来不打算把《孙子兵法》传给任何人,包括贤弟你……"

庞涓装作大度的样子,说:"小弟知道,孙兄先前曾对我说过,这是鬼谷先生的意思,小弟对《孙子兵法》无任何奢望。"

"我现在改变主意了,"孙膑认真地说道,"我准备把《孙子兵法》传给贤弟。"

庞涓连连摇头:"不行,你这是违背师命,上天会惩罚你的!"

孙膑坦然道:"上天不会惩罚我,因为《孙子兵法》不属于我,也不属于鬼谷先生,作为一个兵家,我们都没有理由让《孙子兵法》到我这里为止，我们有责任让这部罕见的兵书流传下去。"

庞涓认为孙膑说的有道理，但表示还是不能接受，说："鬼谷先生精明过人，又会占卜，你瞒不了他，他知道后肯定要怪罪你。小弟为人一向把情义放在第一位，如果为了一部兵法让孙兄受委屈，小弟宁可终生遗憾。孙兄，你听小弟一句话，还是按照先生的嘱咐去做吧。"

孙膑为庞涓的一番话所感动，问："贤弟，我问你，不是一个出色的兵家，能用好《孙子兵法》吗？"

"不能。"

"当今世上，还有哪一位兵家能超过你我二人？"

"没听说过。"庞涓摇了摇头。

孙膑抚摸着自己的腿道："我问过给我看腿的医师，医师告诉我，我的腿即使能走路，也不能驾车征战……"

庞涓连忙道："如果这个医师学艺不精，小弟再给你找……"

孙膑摆了摆手："那位医师说，世上还没有比他更好的医师，我让钟离秋姑娘问过别人，别人也都这么说。"

"你别信他们的，他们说的不是实话。"

"你说实话，给我看腿的医师，是不是天下最好的医师？"

庞涓回答得很肯定："不是。"

孙膑再问："你敢对天发誓吗？"

庞涓沉默片刻，道："好，小弟说实话，他的确是最好的医师，是小弟用重金聘来的……"

孙膑伤感地对庞涓道："既然我已经不能驾车征战，空守着《孙子兵法》还有什么用呢？"他的泪水在眼眶中转动，但他极力忍住了，正色道："因此，我只能把兵法传给贤弟你……也只有你，一个与我同样出色的兵家，才不会辱没《孙子兵法》。"孙膑动情地握住庞涓的手："贤弟，你说，我把这个道理告诉鬼谷先生，他还有什么理由不让我把《孙子兵法》传给你呢？"

庞涓心中窃喜，他朝思暮想的《孙子兵法》就要到手了。他按捺住激动，流着眼泪，起身跪倒在孙膑面前，起誓道："孙兄，小弟决不会有辱你的期望，定让《孙子兵法》威震天下！"

说罢，庞涓向孙膑叩首行礼。

  按："笑里藏刀"为三十六计中的第十计，其意是表面友好，暗藏杀机。庞涓为得到《孙子兵法》，笑里藏刀，陷害孙膑。欲知孙膑如何摆脱危险，请看下回："假痴不癫"。

第三回　假痴不癫

自从孙膑答应为庞涓抄写兵法，庞涓经常到孙膑住处来看望孙膑。当他得知孙膑已经写完了兵法第一篇时，有些迫不及待，欲拿回去先睹为快。

孙膑沉吟片刻，将写好的兵法递给庞涓，说："贤弟，《孙子兵法》玄妙精深，只窥一斑，难得全貌，根据愚兄向鬼谷先生学习兵法的体会，还是先知全貌，再求甚解为好。"

庞涓怕孙膑由此察觉自己内心的秘密，忙道："孙兄说的极是。"他将简册又放到孙膑写字用的小几上，"等孙兄将兵法全部写出，小弟再拿回去拜读……到时，孙兄可一定要为小弟细细讲解。"

孙膑欣然应诺。

孙膑的腿日见好转，钟离秋喜形于色。她回家后高兴地告诉姐姐钟离春："孙先生已经能下地走路了，医师说，再过十几天，孙先生就能像常人一样行走自如了。"

钟离春对孙膑的事非常冷淡，她说："即便如此，他也不能驾车征战，男人不能驾车征战，与废人有什么两样？"

"只要孙先生能像常人那样生活，我就心满意足了。"

钟离春看了看钟离秋，问道："你真的喜欢上孙膑了？"

钟离秋脸一红，不好意思地点点头。

钟离春盯着妹妹，又问："你打算嫁给他？"

钟离秋低着头道："庞元帅已经答应了……"

钟离春正色道:"他是一个国家的罪人,你嫁给他不会有好日子过!"

"他不是国家的罪人,"钟离秋解释道,"庞元帅说,他是冤枉的,等孙先生抄写完《孙子兵法》,庞元帅将上奏大王,为孙先生昭雪,还要让孙先生做军师。"

钟离春苦笑道:"傻妹妹,他们这些兵家,讲的就是虚虚实实、真真假假,为了达到自己的目的,假话说得与真的一样。"

钟离秋有些不高兴了,道:"姐姐,你总是把别人想得这么坏。"

钟离春苦口婆心地劝道:"妹妹,姐姐走南闯北,什么人没见过,你听姐姐的没错。"

钟离秋不听,说:"即便庞元帅说的是假话,我也信!孙先生即使不能昭雪,我也嫁给他,我喜欢孙先生。"

钟离春脸一沉,道:"婚姻大事,父母做主。我们的父母不在了,当姐姐做主,我不许你嫁给孙膑。"

钟离秋一时不知如何反驳姐姐,她一把抽出钟离春的剑放在自己脖子上:"你不让我嫁给孙先生,我就死在你面前!"

钟离春一时手足无措,劝道:"妹妹,好妹妹,放下剑,我们有话好说。"

"你答应我,我就放下剑。"

"傻妹妹,我是为你好,你不听姐姐的,将来要后悔的。"

"后悔就后悔,我认了!你现在必须答应我。"

钟离春看着妹妹,长叹一口气,道:"好吧,我答应……"钟离春乘钟离秋不备突然纵身向前,将钟离秋击倒,顺势夺下妹妹手中的剑,然后对倒在地上的钟离秋冷笑道:"我永远不会答应你!"

钟离秋从地上爬起来,恨恨地说:"你不答应我,我还会死!"她说着拿起整理好的包裹向外走去。

钟离春急忙拦在她面前,道:"你千万不能去寻死。"

"我才不会去死呢,我还没嫁给孙先生,死了岂不可惜!"

"那……你去何处?"

钟离秋一字一句地回答:"我回元帅府,去照顾孙先生。"说完,她绕过钟离春，走出屋子。

公孙阅担心钟离秋和孙膑在一起时间长了，会弄假成真、日久生情。一天夜里他去拜见庞涓，问道："元帅，孙膑十几日才写出兵法的第一篇，十三篇他何时才能写完？"

"我还没急，你急什么。"庞涓笑了笑。

"我不是急，我是怕他看破了元帅的用意，有意拖延。"

"不会的。他之所以写的慢了一些，是怕抄写有误，每一句话都反复斟酌。"

"元帅，夜长梦多，还是催促孙膑写快一点为好。"

"孔夫子讲过：欲速则不达。我要的是一字不误的《孙子兵法》。再者，如果催急了，孙膑反倒会产生疑心。"庞涓扫了一眼公孙阅，道，"公孙阅，你担心的不是兵法，而是钟离秋，对吗？"

"不完全是……我主要还是为元帅着想。"

"你瞒不了我。"庞涓盯着公孙阅沉默片刻，叹道，"我本来并没有想让钟离秋与孙膑假戏成真，后来想想，孙膑也够倒霉的，我们毕竟同窗三年，我想让他在有生之年尝尝女人的滋味，也算是我尽了同窗的情分。你不要为了一个女人坏了我的大事。"

公孙阅见庞涓如此之说，不好再讲什么，他心里暗下决心，不能让孙膑得到钟离秋，尽快除掉孙膑。而第二天一个赵国商人的到来，使他改变了主意。这个赵国商人名叫赵离，公孙阅出使赵国的时候和他有一面之交，赵离的真实身份是赵国的大夫。

赵离带着许多珍贵的珠宝来到公孙阅家，他是为中山国一事而来。赵国占了臣服魏国的中山国，庞涓准备攻打赵国。赵离告诉公孙阅，赵王已经答应把中山国还给魏国，请公孙阅在庞涓面前为赵国说两句好话，让他不要进攻赵国。公孙阅答应帮忙。

赵离又问起孙膑的事，公孙阅警觉起来，问道："你问他干什么？"

赵离道："我听魏国的百姓说，他精通《孙子兵法》，是一个难得的将才，可惜他因为想回齐国，被魏王处以膑刑，成了废人，永生不能受到重用。公孙先生，能否让我见见他？"

"你想干什么？"公孙阅愈加警觉。

"我想问问他愿不愿去赵国。"

公孙阅冷冷一笑："赵先生，你太异想天开了！庞元帅不会放他走。"

"只要先生让我见孙膑一面，无论他能不能去赵国，我都会重谢先生。"

"我可不是一个爱财的人。"

"美女呢，美女一定喜欢吧。"

公孙阅由美女想到了钟离秋，心中一动，他琢磨着，何不利用赵离达到自己的目的呢？

这一天，孙膑坐在睡榻上聚精会神地抄写兵法，钟离秋在一旁说："我有个想当将军的姐姐，先生如果能教我姐姐兵法，她一定非常高兴。"

孙膑笑了笑："不行，你姐姐是女人，女人学了兵法没用。"

钟离秋不服气地说："女人为什么不行？我姐姐说，女人也会杀人，也能带兵打仗。"

孙膑一怔，想起在鬼谷时，曾有一个姑娘也说过这样的话，他问道："我记得你说过，你姐姐去过鬼谷？"

"她是去学习兵法，鬼谷先生没有收她。"

"她去的时候是不是女扮男装？"

"很可能，她平日里就爱女扮男装。"

孙膑突然产生了一种莫名的兴趣，想见见这个好女扮男装的姑娘，于是对钟离秋道："钟离姑娘，我想见见你姐姐。"

钟离秋很高兴，一口答应。她也想让姐姐见见博学多才的孙膑，姐姐如果也喜欢孙膑，说不定就不会反对她的婚事了。

魏都大梁的街上，行人和马车来来往往，十分繁华。钟离秋扶着孙膑经过繁华的街道，回家去见她姐姐。孙膑腿还没好，走得很慢、很吃力。

第三回　假痴不癫

一辆马车从他们身旁驶过，车上坐着公孙阅和商人打扮的赵离。公孙阅看到了孙膑和钟离秋，对身旁的赵离说："孙膑出来了，你可以见他了。"

一瘸一拐的孙膑气喘吁吁，实在走不动了，钟离秋把他扶进街上的一家酒馆，让孙膑在酒馆里休息，她回家叫姐姐到酒馆来见孙膑。

钟离秋离开不久，赵离便走进酒馆，他坐在孙膑对面恭敬地道："见过孙先生，先生来魏国时，庞元帅高接远迎，大王拜你为客卿，小人对先生崇拜之极，为见先生的尊容，曾多次在你的府外等待。后来听说先生冤遭膑刑，小人一直想去看望先生，无奈元帅府高墙深院，小人无法进入。今天能在此见到先生，非常高兴。"

孙膑闻此，虽是莫名其妙，但还是客气地对赵离道："谢谢先生还记着孙膑这个废人。"

"先生，恕小人直言。"赵离悄声道："先生之所以变为废人，是因为有人陷害。"

"何人？"

"庞涓。"

孙膑说什么也不相信，斥责赵离胡说八道，赵离却说他有证人。

当钟离秋带着姐姐兴冲冲赶到酒馆时，孙膑已经走了。孙膑跟着赵离来到他住的客栈，没想到赵离所说的证人是公孙阅。公孙阅将庞涓的阴谋一五一十告诉孙膑，还拿出孙膑托丁乙带回齐国的家信让孙膑看。孙膑仔细看着被庞涓改过的信，开始相信他们的话是真的。

孙膑沉默片刻，问公孙阅："你为何要把庞涓的阴谋告诉我？"

"因为我看不惯庞涓这种卑鄙的做法。还有……"公孙阅指了指赵离，"他给我许多珠宝。"

孙膑又问赵离："先生，你呢，你是为什么？"

"我想得到先生。"赵离答道。

孙膑请公孙阅先出去，他想单独与赵离说几句话。公孙阅出去后，孙膑向赵离行大礼，道："谢谢你，先生。能告诉我你的姓名吗？"

赵离怕公孙阅在屋外偷听，低声道："你知道我的姓名没有用，我只能告诉你，我是赵国人。"

孙膑问道："先生，你方才说想得到我，是不是想带我到赵国？"

赵离坦诚道："不是，我那是说给公孙阅听的。"

"那为何先生要让我知道真相？"

"魏国的军队时刻威胁着赵国，我不想看到魏国的元帅得到《孙子兵法》。"

孙膑恳求道："只要先生带我到赵国，我可以帮助赵国抵御魏国。"

赵离摇摇头，道："不行，我的国家，现在还不能因为你一个人，得罪强大的魏国。"

孙膑沉默不语，对赵离的想法也很理解，片刻后叹道："难道我真的要死在魏国吗……"

公孙阅回到屋里，催促孙膑赶快回去，以免晚了，庞涓起疑心。

孙膑乘车返回住处，遇见了钟离姐妹，她们正在寻找孙膑。钟离秋喊叫"孙先生"，车上的孙膑却一脸木然，如同呆了一般，对她二人视而不见。一旁的钟离春"哼"了一声，对妹妹道："这孙膑根本就没把你放在心上。"

钟离秋了解孙膑，对姐姐道："孙先生好像遇到了什么事，很重要的事……姐姐，你回家吧，我去元帅府……"

钟离秋赶回庞府孙膑住处，只见孙膑躺在睡榻上，双目呆痴。不论钟离秋问他什么，他一句话也不说，端上饭菜他也不吃。钟离秋不由哭了起来："孙先生，你倒是说话啊，你有什么难事，告诉我，我帮你……"

公孙阅走进来，钟离秋回身抓住公孙阅的胳膊，哭道："公孙先生，你快去告诉庞元帅，孙先生不吃不喝，也不说话……他……他病了……你让庞元帅赶快请医生来……"

公孙阅安慰道："不用请医生，他得的是心病，让他一个人安静地想一想，心病自然会好。"

公孙阅让钟离秋回家，钟离秋不放心，说晚上要照顾孙膑。公孙阅最

第三回　假痴不癫

不愿听钟离秋说这句话，但还是忍耐着性子，劝走了钟离秋。

钟离秋走后，公孙阅走到睡榻旁，对孙膑道："孙先生，我其实不是为了黄金，我是为了得到钟离秋，你如果放弃钟离秋，我可以保你不死，并且帮助那位赵国人，接你到赵国去。"

孙膑依然呆痴无言。

公孙阅威胁道："你如果不放弃钟离秋，不但得不到她，还将因此丧失活命的机会，你自己好好想一想吧。"说罢公孙阅也离开了孙膑的住室。

屋内只剩下孙膑一人。他长叹一声，伤感自语道："人心何等险恶！"看到几上的简册，又叹道："为了《孙子兵法》，全然不顾兄弟之情，竟下如此毒手……"泪水从他眼中流出，"我走不能走，跑不能跑，又无人相助，难道真的要死在这里不成……"

他突然想起，鬼谷子在他下山时，曾送给他一个锦囊，并嘱咐他："如果遇到大难，你就打开这只锦囊，里面自有妙计。"孙膑连忙坐起，拿过包袱，从里面掏出一只锦囊。打开锦囊，里面是一条黄绢，黄绢上画着两个卦形，一个是"屯"卦，一个是"蒙"卦。他听鬼谷子讲过这两卦："屯"卦充满生的艰难，要想求生，明里不动，暗中可动；"蒙"卦寓意愚昧、幼稚。这两卦合在一起意即，明里装作愚昧幼稚，暗中便可逃脱"屯"卦所预示的艰难。孙膑知道该如何对待目前的险境了。

夜深了，庞涓还在读简册，这是他的习惯，每晚只要没事，就读到很晚，他明白，欲成大事的人，要读尽天下的简册。

公孙阅急匆匆闯进来，对庞涓说："元帅，不好了，孙先生疯了！"

庞涓一愣："你说什么？"

"孙先生疯了，他又哭又笑，又砸又闹，把抄好的兵书也烧了……你快去看看吧。"

庞涓和公孙阅赶忙来到孙膑住处，只见屋内尚未烧尽的竹简在火盆内冒着青烟，陶罐的碎片散落一地，孙膑披头散发躺在地上，脸上满是痰迹和黑灰，此时他正在毫无缘由地傻笑。

庞涓来到孙膑面前，俯下身子关切地问："孙兄，你怎么了？"

孙膑看了庞涓一眼，突然大哭起来，哭得让人心烦意乱。

"孙兄，你到底有什么事，告诉小弟，小弟一定为你做主。"

孙膑突然又大笑起来，道："魏王，你想害我？你做梦！我孙膑有十万天兵天将相助，你奈何不了我！"他笑完再次大哭起来，哭道，"魏国完了，完了，我孙膑成了废人，魏国再也无人领兵打仗了……"

一旁的公孙阅踢了他一脚，厉声道："孙膑，你别胡说八道！魏国有庞元帅领兵打仗，怎可说无人？"

孙膑爬起来，连连向庞涓叩头："鬼谷先生，救救弟子吧，魏王要杀弟子……"孙膑伸出粘满泥灰的污手一把拉住庞涓的衣袖，"先生救我！先生救我！"

庞涓不耐烦地挣开孙膑的手："我是庞涓，不是你的先生！"

孙膑又抱住庞涓的腿，哭道："先生救我，魏王要杀弟子……"

公孙阅上前拉开孙膑。孙膑张着手哭喊着："先生别抛弃我！先生别抛弃我……"

庞涓从墙上拿下孙膑的佩剑指着孙膑："孙膑，你若再装疯卖傻，我立刻杀了你！"

孙膑一把抓住剑，大笑起来："魏王，你杀吧！我的天兵天将已经把你包围了，你走不了了……"语罢，又是一阵狂笑。

庞涓不相信孙膑真疯了，他命令士兵把孙膑拖进猪圈，让他与猪为伴。公孙阅劝阻道："元帅，孙膑虽然疯了，但他毕竟是你的同窗，你这样待他，世人会说元帅无情无义。"

庞涓冷冷笑道："我就是要看看他真疯还是假疯。"

孙膑躺在猪圈的烂泥中，士兵送给他饭，他不吃，说有毒，把饭菜都泼到士兵身上。士兵一气之下给他送去粪便和泥块，他却吃得津津有味。士兵把孙膑的所为报告了庞涓，庞涓仍怀疑孙膑是装疯。

钟离秋听说孙膑被关进猪圈，气冲冲地质问庞涓："孙先生犯了什么法？你把他关进猪圈，如此虐待他！"

庞涓顺水推舟，对钟离秋道："孙膑与我情同手足，我怎么会虐待他呢？他疯了，自己要去猪圈……钟离姑娘，孙膑还是交给你，只要你用自己的身心关心他，他的疯病一定会好。"

孙膑被仆从送回原来住处，换了一身干净的衣服躺在睡榻上。仆从们走后，钟离秋坐在孙膑身旁不住地流泪，哭着说："先生，你这是为什么？为什么……难道你真的疯了吗……"

孙膑无言，也面无任何表情。

钟离秋想，我若以女人的温柔爱抚他，他一定会清醒过来。于是她搂住了孙膑，孙膑的身体不由一阵抖动，只是瞬间，孙膑便平静下来，他一把将钟离秋推开，坐起大叫："你想吸我的血！你想害死我！你这个魏王的奸细！"

钟离秋再次上前搂住孙膑道："我不是奸细，我是真的对你好……"

孙膑使劲将她推倒在地，厉声道："你这个奸细，你骗不了我！滚！滚出去！"

钟离秋站起，泪眼婆娑看着孙膑，悲伤地啜泣："孙先生，你不认我，我活在世上还有什么用……"说着，她拿过孙膑的剑道，"孙先生,你回答我，你想不想要我……"

孙膑脸上划过一丝不易察觉的犹豫，然后他狂笑道："你骗不了我，我不会上你的当，我有天兵天将……"

泪水从钟离秋眼中流出。她长叹一声，眼睛一闭，手中的剑放在脖子上。

这时，公孙阅破门而入，一掌打落了钟离秋手中的剑。接着，庞涓也走了进来。钟离秋扑通一声跪在庞涓面前，哭道："庞元帅，救救孙先生吧，他真的疯了……"

庞涓对孙膑的疯癫仍将信将疑，有意放孙膑出府，然后在暗中监视。

满脸污垢、一身肮脏的孙膑站在街市上伸着手向过路的人乞讨，打算买货的人都躲着他走。孙膑身后的摊主见影响了生意，大声地驱赶孙膑离开。孙膑好像没听见，仍伸着手向行人乞讨。摊主气急，上前一脚将孙膑踢倒在地，厉声道："你再不走，我打死你！"

孙膑爬起来，向摊主叩头道："先生，救救我吧，魏王要害我……"

摊主上前又是一脚，骂道："我叫你装疯卖傻！"

孙膑再次爬起来向摊主叩头道："先生，救救我，魏王要害我……"

摊主见孙膑缠着不走，手脚并用，打得孙膑满脸是血。孙膑趴在地上抱着头喊道："先生救我，魏王要害我！先生救我，魏王要害我……"

立在不远处的庞涓望着这一切，还是怀疑孙膑。可他又盯了孙膑几天，仍未看出可疑之处。公孙阅对庞涓道："元帅，我看他是真的疯了。"

庞涓叹道："可惜了，《孙子兵法》……"

公孙阅安慰道："孙膑疯了，已不足为虑。元帅即使没有《孙子兵法》，也会天下无敌。"

庞涓仍是惋惜："话是这么说，可毕竟，再也得不到《孙子兵法》了。"

按："假痴不癫"为三十六计中的第二十七计，意思是假装糊涂，深藏不露，如同雷云入冬，屯聚隐没一样。孙膑用此计骗过庞涓，避开杀身之祸。然而，孙膑尚未彻底脱离险境，欲知后事如何，请看下回："金蝉脱壳"。

第四回　金蝉脱壳

孙膑疯癫不已，不知情，也不知爱。钟离秋愁眉不展，不吃不喝，呆呆地躺在睡榻上，无论钟离春如何劝慰，钟离秋都听不进去。是日，公孙阅带着贵重的礼物来到钟离家，对钟离春道："我久慕钟离秋姑娘的美貌与贤惠，欲娶她为妻，故送聘礼，请钟离姑娘收下。"

钟离春对公孙阅素无好感，冷言相对，请他离开。

公孙阅悠悠道："钟离秋若嫁给我，我可以让她忘记疯子孙膑。"

公孙阅的话触动了钟离春，当务之急是让妹妹忘记孙膑。她语气缓和了许多，对公孙阅道："公孙阅，你身为庞元帅的谋士，应该懂得礼仪，聘礼应该由父母或兄长来送。"

公孙阅笑道："钟离姑娘有所不知，公孙阅本是齐国人，齐国内乱，父母身亡。我只身游遍天下，最后来到魏国，庞元帅收留了我，庞元帅就是我的兄长，这些聘礼是庞元帅叫我送来的。"

钟离春也是齐国人，也是因为内乱离开国家，听公孙阅如此一席话，打算收下聘礼。钟离秋怒气冲冲从内室走出，对公孙阅道："公孙阅，把聘礼拿回去！"

公孙阅满脸是笑，道："钟离秋，聘礼你姐姐已经收下了。"

钟离秋仍是怒气冲冲："她收我不收，要娶你娶她！"说完转身进了内室。

钟离秋的举动让钟离春在公孙阅面前无法下台，她对公孙阅道："公孙先生，实在对不起，你先回去吧，我劝劝她。"

钟离春送走公孙阅，回到内室。她坐到钟离秋身旁，和颜悦色地劝道："妹妹，公孙阅仪表堂堂，又是庞元帅的谋士，哪点配不上你？"

钟离秋反唇相讥："你不是说过嘛，这些兵家谋士，惯于搞计谋，他们的话不可信。"

"我说的是庞涓，他让你嫁给孙膑，有自己的目的。公孙阅不同，他对你爱慕已久，娶你为妻是诚心诚意。"

"我不相信他的诚心诚意，我就相信孙膑。"

钟离春欲火又止，说道："孙膑是个疯子，香臭不知，人畜不辨，你怎么能嫁给他呢？"

"我等他，等他病好了再嫁。"

"如果一辈子好不了呢？"

钟离秋眼里含着泪道："好不了，我也不嫁别人！"

钟离春顿时火了："你嫁也得嫁，不嫁也得嫁，你的婚事我说了算！"

钟离秋很认真地对姐姐道："你逼我嫁，我就死，这次不是开玩笑！"说罢，趴在床上嚎啕大哭，伤心至极。

钟离春心疼地看着痛哭不已的妹妹，说："妹妹，别哭了，我不逼你，我这便去回绝公孙阅……"

钟离春带着公孙阅的聘礼来到公孙阅住处，不无歉意地对公孙阅道："公孙先生，实在对不起，我妹妹死活不同意，我只好把聘礼送回。"

公孙阅沉默了一会儿，缓声说："钟离秋的心情我理解，我可以等她……五年，十年，二十年，我等一辈子！"

钟离春见公孙阅如此痴情，不好再说什么，只有告辞。

钟离春为了断绝妹妹的恋情，决定杀死孙膑。她在街上找到漫游的孙膑，说她是来救孙膑的，把孙膑带到郊外人迹罕至的树林中。钟离春绷起脸，对孙膑正色道："孙膑，我带你到这里来，不是为了救你，而是为了杀你！"她说着抽出剑。

孙膑一愣，颠跛着回头就跑，边跑边叫："先生救救我，魏王要杀我！"

第四回 金蝉脱壳

钟离春飞身跳到孙膑面前,拦住他的去路。孙膑转身向左,钟离春再次拦在他面前,手中剑指向孙膑咽喉处,冷笑道:"就凭你这两条废腿,还想跑?"

孙膑一屁股坐倒在地上,面对钟离春,前额不停地磕碰在拱起的双手上:"大王饶命,大王饶命,小人再也不跑了,再也不请天兵天将了……"

"别磕头了!我不是大王。"说着钟离春踢了孙膑一脚。

"你是大王,小人的命全在大王之手,请大王饶命。"孙膑一脸憨样,说着又向钟离春磕头。

钟离春用剑背使劲拍了孙膑肩膀一下,厉声道:"你磕头也没用,我照样杀你!"

孙膑立刻坐直了身子,呆呆地看着钟离春,问:"你为何杀我?"

钟离春恨声道:"为了我妹妹钟离秋!她对你一往深情,如今你疯了,但她还惦着你……只要你活在世上,她就终身不嫁。我不能让你害了我妹妹,我必须杀了你!"

孙膑恢复常人神态,仰天长叹道:"孙膑空有《孙子兵法》,不但不能驰骋疆场,建立功业,连自己的命都保不住,这是天意呀……"

钟离春闻此,愣愣地看着孙膑,疑惑地问:"你是真疯还是装疯?"

孙膑苦笑道:"当然是装疯。"

"你为什么要装疯?"

"庞涓要杀我,为了躲避杀身之祸,我不得不装疯。"

"庞涓与你情同手足,他怎么会杀你呢?你是不是又在说疯话?"钟离春仍是不解。

孙膑把庞涓陷害他的前后经过一五一十告诉了钟离春。钟离春是一个嫉恶如仇的侠义女子,她气愤地痛骂庞涓笑里藏刀,陷害兄弟,不得好死!她劝孙膑逃出魏国。孙膑叹道:"我双腿不能疾走,又无人相助,如何逃走呢?"

钟离春说:"我给你找辆车,帮你逃出魏国。"

孙膑摇头道:"不行,你一个人不行,如果庞涓发现我失踪了,会立即派人追赶，凭一个人的力量，我们逃不出去，即使逃出去，也很难找到落脚之地。"

钟离春问："你说怎么办？"

孙膑沉声道："必须依靠一个国家的力量，最好是齐国。"

钟离春为了解救孙膑，女扮男装，日夜兼程，来到魏国东方的齐国。她听说齐国大将军田忌为人正直坦率，又掌握军权，便去拜访田忌，把孙膑遭受庞涓陷害的事告诉田忌，请求田忌解救孙膑。田忌担心孙膑是魏国的要犯，如果救出孙膑，魏国必兴兵问罪，他无法向齐王交代。

钟离春道："孙膑可以让齐国摆脱魏国的威胁。"

田忌微微一笑，道："你言过其辞了，一个孙膑，没有这么大的力量。"

"孙膑的才能远在庞涓之上，而且他还拥有可以使人百战百胜的《孙子兵法》。"

"《孙子兵法》随着吴国的灭亡，已经失传了。"

"还有一套副本，在鬼谷先生手里，他已经传给了孙膑。"

"你这种说法，很难使我相信。"

田忌的谋士禽滑是一个很有见识的年轻人，钟离春请求田忌解救孙膑时，他一直在观察着女扮男装的钟离春。这时他对田忌说："将军，这位……"他看了钟离春一眼，接着道："这位后生说的不是没有根据，几年前我听墨翟先生说过，《孙子兵法》的副本在鬼谷先生手中，鬼谷先生从不将这套兵法传给别人。而孙膑是孙武子的后代，鬼谷先生将兵法传给他不是没有可能。"

田忌知道禽滑是想让他解救孙膑，为难地道："救出孙膑势必得罪魏国，此事重大，应该禀告大王。"

禽滑道："正因为此事重大，才不能禀告大王。齐国屡屡败给魏国，如果大王知道此事，决不会因为一个孙膑而得罪魏国。"

田忌虽然认为禽滑说的有道理，但仍是犹豫不决。

禽滑看出田忌是怀疑孙膑的才能，不想冒如此大的风险，便说："将军，我以齐国使者的身份到魏国走一趟，见见孙膑，当面考考他，如果是人才，我就想办法救他出来，如果不是，我就打道回国，如何？"

田忌思索再三，最终答应了禽滑。钟离春由此对禽滑十分感激。

禽滑亲往郊外送别钟离春，他有意点破钟离春的姑娘身份，并说正因为钟离春为救朋友女扮男装，坚持不懈，才打动了他，他一定要帮钟离春的忙，解救孙膑。钟离春对禽滑更为感激。

禽滑作为齐国使者来到魏国，先按礼节觐见魏惠王，向魏惠王表达了齐王愿两国和好之意。随后，禽滑又去拜见庞涓，将贵重的珠宝献于庞涓，说是田将军想和元帅交朋友。庞涓微微一笑，道："我是田将军的敌人，怎么可能和他交朋友呢？"

禽滑气定神闲地说道："当今天下，诸侯争霸，强者胜，弱者亡，君王将相，为了各自国家的存亡，今日是敌，明日可为友，哪怕只是暂时的朋友。"

庞涓有意难为禽滑，又道："如果我不愿意和田将军交朋友呢？"

"齐国数次败在魏国手下，已无力和魏国争霸，楚国也臣服于魏国，如今唯一能与魏国争霸的是秦国，魏国要战胜秦国，应该和田将军交朋友。"

"这是两国之间的事，只要两国君王为友，我和田将军交不交朋友，就无所谓了。"

"元帅此话差矣。魏国不是因为魏王而强大，而是因为有了元帅才所向披靡，元帅如果不答应做田将军的朋友，寡君和田将军将寝食难安。"

庞涓哈哈大笑道："禽先生，你很会说话。"命人收下珠宝，禽滑向庞涓施礼致谢。庞涓不解，问道："禽先生，你送我珠宝，我应该谢你，你为何谢我呢？"

禽滑回答道："我听人说，愿意送元帅珠宝的国家很多，但元帅很少会接纳。只要元帅肯收下，就是打算与这个国家做朋友。今日元帅收下我们齐国的珠宝，说明打算与齐国做朋友。庞元帅与齐国做朋友，其他国家就不敢小视齐国，作为齐国的使者，当然应该感谢元帅了。"

庞涓很欣赏禽滑，亲设酒宴款待禽滑。

钟离春得知禽滑来到魏国，立刻赶到禽滑住的宾舍，从太阳下山一直等到月亮爬上树梢，仍不见禽滑归来，钟离春不免着急。禽滑的随从说禽滑是一个爱交往的人，如果兴起，常彻夜不回，让钟离春明天再来。

钟离春正打算离开，禽滑回来了，钟离春要带他立刻去见孙膑。禽滑看看窗外天色，说："这么晚了，还是等明天吧。"

钟离春道："孙先生说，兵贵神速。"

禽滑眼睛一亮，道："兵贵神速……好，这句话好。走，我们去见他。"

自从庞涓对孙膑的疯癫信以为真，孙膑便早出晚归，有时乞讨，有时给人算卦，有时谈笑自如，有时悲哭不停。开始庞涓还派人盯着他，后来也就松懈了，他时常混宿市井之中，几夜不归。这夜，他按照和钟离春的约定，蓬头垢面侧卧在街旁，等待钟离春。

公孙阅乘坐马车从街上经过，正巧看到了卧在路边的孙膑，跳下车，让车夫驾车先走。公孙阅来到孙膑身旁，劝道："孙膑，还是回府歇息吧。"

孙膑回头看了他一眼，道："回府？天府还是地府？"

公孙阅冷笑道："孙先生，在我面前不要装疯了。"

孙膑坐起，看看周围，道："公孙先生，我们不是说好了吗，我的事你不管，你的事我也不问。"

"我想得到钟离秋，可她至今不答应，我想让你帮我想个办法。"

"女人的事，我没办法。"

公孙阅冷冷一笑："如果得不到钟离秋，你的事我无法继续为你保密。"

孙膑预感钟离春快到了，想快点打发走公孙阅，便道："给我几天时间，让我好好想想。"

公孙阅走了，孙膑重新卧倒街旁。钟离春从一间屋后闪出，走到孙膑身旁，低声道："孙先生，跟在我的后面。"

孙膑爬起，看了看四周，远远跟在钟离春身后。

第四回 金蝉脱壳

公孙阅并没走远，他躲在一间店铺的阴影处，看着远去的钟离春和孙膑，脸上露出一丝阴笑。

孙膑跟着钟离春来到一所简陋的客栈，见到了商人打扮的禽滑。孙膑和禽滑相互施礼后，钟离春扶孙膑坐在席垫上。

禽滑看着孙膑残疾的双腿，开门见山道："恕我直言，孙先生双腿如此无力，以后如何征战疆场？"

孙膑淡定地说道："征战疆场的是将军，我只想做一个谋士，为将军疆场获胜出谋划策。"

"一个谋士可能一辈子都会默默无闻。"

"我是一个废人，不求有名，但求有功。"

禽滑想了片刻，问："有两个国家，一强一弱，你身为弱国的谋士，你有什么办法使弱国的军队打败强国？"

孙膑回答道："首先使国政盛明，使百姓与君王一心；其次作战时具有天时；其三占有地利；其四让具备智、诚、仁、勇、严的人作为将领；其五严明军制与粮草的掌管。这就是《孙子兵法》上所说的道、天、地、将、法。"

禽滑微微颔首，继续问："战胜敌人的上策是什么？"

"孙子曰：上兵伐谋。挫败敌人的作战谋略。"

"其次呢？"

"其次伐交。挫败敌人的外交。"

"再次呢？"

"伐兵。打败敌人的军队。"

"其下呢？"

孙膑回答："攻城。"

禽滑击掌道："妙！回答得太妙了！孙先生，禽滑就是肝脑涂地，也要救先生脱离险地！"

孙膑感动至极，道："禽先生，孙膑终生不忘你的大恩大德……"说着起身欲跪在禽滑面前，钟离春抢前一步，拉住孙膑："孙先生，你的腿，不能跪。"

"不跪无法表达我对禽先生的感激之情。"

"现在不是感激的时候，赶快商量一下怎么离开魏国才是。"

禽滑对孙膑道："钟离姑娘说的对，孙先生，我要救你出去，但又不能惊动魏国，你有什么好办法吗？"

"办法倒是有一个……"

客栈外传来杂乱的脚步声。一群士兵推门而入，他们是来找孙膑的。钟离春欲上前阻拦，被禽滑拉住。禽滑低声道："小不忍则乱大谋。"

钟离春长叹一声："如此英才，竟受这样的侮辱，我实在忍不下去。"

"为了孙先生不再受侮辱，忍不下去也得忍……"

钟离春和禽滑眼睁睁地看着那些士兵把孙膑带走了。

孙膑被重新关进猪圈，一连数日不能出去。孙膑感到有些意外，他怀疑公孙阅把他装疯的事告诉了庞涓。孙膑对前来猪圈看望他的公孙阅威胁道："把我的事告诉庞涓，对你没什么好处，是你泄漏了他的阴谋。"

公孙阅并不介意："得不到钟离秋，我宁可铤而走险。"

孙膑也毫不示弱："你敢走险，我这个无牵无挂的疯子又有何不敢？"

公孙阅微笑道："你不敢，因为有钟离春，还有那个齐国使者。"

孙膑一愣，问道："你怎么知道？"

公孙阅答道："你们一起去客栈，我都看见了。"

孙膑非常气愤，骂公孙阅卑鄙。

公孙阅并不生气，他对孙膑说："你不要生气，如果不是我看见，别人也会看见，那样更糟。孙先生，庞涓对你并没有放松警惕，每天都有人盯着你。你没有别的路可走，只有帮助我得到钟离秋，换取我的帮助。"

孙膑沉默片刻，道："过几天我再答复你。"

公孙阅冷冷一笑，道："几天之后，你就不在魏国了。"

孙膑道："正因为我不在魏国，才不会妨碍你。"

第四回　金蝉脱壳

公孙阅一想，孙膑说的有道理，便答应帮助孙膑离开魏国。

一个夜黑风高的晚上，钟离春和禽滑的一个随从翻过庞府院墙，悄悄来到猪圈旁。早已等候在猪圈外面的公孙阅从黑影中闪出，打开猪圈的门。钟离春和那个随从走进猪圈。孙膑和随从相互换上对方的衣服，随从将自己的脸弄脏，头发弄乱，像孙膑一样，侧躺在猪圈里。公孙阅带着孙膑悄悄离开了庞府。

第二天一早，孙膑躲在禽滑的马车里，向东方齐国急驶而去。他感到东方的太阳是那样灿烂美好，感慨道："真没想到，我孙膑竟还有出头之日。"

话音未落，远处有数辆兵车向他们追赶过来。禽滑连忙让孙膑藏在车内麻布下。

疾驰的兵车追上来，第一辆车上坐着庞涓。庞涓对禽滑高声问道："禽先生为何不辞而别？"

"昨日我去府上告别，元帅不在。"

"禽先生，你不能离开魏国。"

禽滑一愣，心想难道庞涓发现了孙膑……他很快又镇静下来，对庞涓道："我乃齐国使者，为何不能离开魏国？"

庞涓笑道："我曾经说过，禽先生是一个非常聪明的人，我很欣赏你，你如果能留在魏国，我一定让大王重用你。"

禽滑暗自舒了一口气，道："将军如此看重禽滑，禽滑感激不尽，可是禽滑答应过田将军，为他效力三年，禽滑不敢背信弃义。"

"三年之后呢？"

"我将跟从天下最杰出的兵家。"

"好，三年之后我等你。"

庞涓的马车闪到一旁。

禽滑点头致意，驾着马车，载着孙膑向东方齐国飞奔而去。

按:"金蝉脱壳"为三十六计中的第二十一计,原意是保持原来的形态,迷惑敌人,隐蔽转移。孙膑等人按照此计,让齐国仆从装扮成孙膑,假作其壳,隐蔽脱身,逃离魏国。欲知后事如何,请看下回:"李代桃僵"。

第五回　李代桃僵

　　孙膑离开魏国后，公孙阅悄悄将猪圈内的假孙膑放走，然后报告庞涓说，孙膑昨夜未归，今天他找遍了全城，也没看见孙膑的影子。庞涓满脸愠怒，指责公孙阅没早告诉他，命令道："城内没有，就立刻带人到城外寻找，一定把孙膑找回来！"

　　公孙阅带着一群士兵在城外找了很长时间，最后在河边找到孙膑穿过的衣服。回到帅府后，公孙阅对庞涓推测孙膑极有可能不慎淹死在河里。庞涓想起在鬼谷时，孙膑就喜欢下水摸鱼，加之受过膑刑后的他神志不清、行动不便，就相信了公孙阅的推测。

　　听说孙膑淹死了，钟离秋痛不欲生，哭得死去活来。钟离春帮助妹妹把孙膑的衣服埋在郊外幽静的林子里，并堆了一个坟头，算是孙膑的坟墓。钟离秋跪在孙膑的坟墓前继续哭，一直哭到如血的夕阳慢慢落下。

　　钟离春担心妹妹哭坏了身体，劝她忘记孙膑。钟离秋说她永远也忘不了孙先生，孙先生是受冤枉而死去的。

　　钟离春见钟离秋对孙膑如此痴心，轻轻叹了口气，自语道："早知如此，我就不该答应公孙阅。"一个念头从她心中闪过：杀掉公孙阅！

　　月光如水，从窗户流进公孙阅的住室。屋门被轻轻拨开，一个持剑的人闪身进屋，正是钟离春。钟离春轻手轻脚走到公孙阅的睡榻前，低声道："公孙阅，实在对不起了……"她说着挥剑向公孙阅砍去。

一声金属的碰撞声，钟离春手中的剑被挡至一旁。

手握长剑的公孙阅从床上跃起，站在钟离春面前，冷笑道："钟离春，没想到你还有这么一手！"

钟离春愣了片刻，镇定心神后道："我这是没有办法的办法，我妹妹她死也不愿嫁给你。"

"她愿不愿意我不管，你既然答应了我，就得想办法让她嫁给我。"

"我的办法就是杀掉你！"

说着，钟离春持剑又向公孙阅刺来，公孙阅用剑挡开。钟离春再刺，又被公孙阅的剑挡开。又刺，还是被挡开。

公孙阅抽身跳到一旁，道："钟离春，你杀不了我，你剑术虽好，但不是我的对手。"

"未必！"钟离春很不服气，她说着又连进几招，公孙阅挥剑抵挡。

公孙阅一边拆招一边漫不经心地说："钟离春，罢手吧，你真的不是我的对手。"

钟离春越攻越急，但总不能得手。钟离春变了一招，眼看得手，公孙阅躲闪之中以迅猛之势将钟离春手中的剑打落。

公孙阅将剑拾起，交给钟离春，道："回去吧，好好劝劝你妹妹。"

钟离春接过剑转身欲走，公孙阅似又想到了什么，喊道："你等等。"

钟离春站住了，背对着公孙阅。

公孙阅道："告诉你妹妹，她如果不答应，我就把孙膑逃走的消息告诉庞涓，庞涓肯定率兵伐齐，齐国害怕庞涓，必然会把孙膑交出来。"

钟离春回过身，冷笑道："孙膑逃走，你也有关连，庞涓知道后，你也活不了。"

公孙阅很认真地对钟离春说："得不到钟离秋，我宁可死。"

钟离春回到家，不知如何劝说妹妹。她思前想后，只好如实把孙膑逃离魏国的前后经过一五一十地告诉了钟离秋。

钟离秋知道孙膑没有死，一颗心终于落在了地上。

第五回 李代桃僵

钟离春内疚地说:"秋,为了救出孙先生,我们只好答应公孙阅,这也是没有办法的办法……我知道,你会因此一辈子都怨恨姐姐……"

"姐,我不怨你。"钟离秋平心静气地对钟离春道:"如果我是你,也会这么做……不过,孙先生已经到了齐国,我们没必要再承担胁迫之下的许诺。"

钟离春无奈道:"妹妹,国家之间的事你还不太明白。如果庞涓知道孙膑还活着,他决不会善罢甘休。齐国惧怕庞涓,在庞涓的威逼之下,很有可能交出孙膑。所以,孙先生到齐国的事,决不能让庞涓知道。"

"姐姐,我不说,你不说,公孙阅不说,庞涓不会知道孙膑在齐国。"

"公孙阅威胁我,如果你不肯嫁给他,他就把孙膑的事告诉庞涓。"

"可是……如果庞涓知道了孙先生的事,公孙阅他也活不了。"

"公孙阅说,不能娶你为妻,他宁可死。"

钟离秋恨恨地说:"那就让他死好了!"

"我也这么想过,今天晚上我去杀他,可我不是他的对手……我只好再来求你……"钟离春深深感到一种无力的匮乏。

钟离秋沉默不语,泪水如珍珠断落,不停地流了下来。

钟离春看看妹妹,道:"好妹妹,姐姐知道是在难为你……可是姐姐再也没有别的好办法了……"

钟离秋一把抱住钟离春大哭道:"姐姐,我的命怎么这么苦啊……"

钟离春搂着妹妹的肩膀,也不禁潸然泪下。

钟离春办完妹妹的婚事,第二天就离开魏国,到齐国去找孙膑。孙膑对钟离春的到来喜出望外,禽滑也很高兴。禽滑试探性地询问她住在田将军府里如何,钟离春回答道:"我是来照顾孙先生的,当然要住将军府。"禽滑脸上闪过一丝醋意和尴尬。

田忌将军好马,钟离春来的这天他正准备和齐威王赛马,还让禽滑到赛场和他一起观赛。结果田忌的一等马、二等马、三等马都输给了齐威王。齐威王得意地对田忌笑道:"田将军,你与寡人三战三败,该服输了吧?"

田忌表示不服。

齐国的相国邹忌不无讽刺地对田忌道："田将军与大王每赛必输，已是常败将军，还是服了吧。"

田忌和邹忌素来不和。邹忌辅佐齐威王励精图治，使齐国强盛，自此他居功自傲，不把田忌放在眼里。田忌兵权在握，也不买邹忌的账。之前田忌败于魏国庞涓之后，邹忌曾上奏齐威王，要免去他大将军一职。齐威王念田忌与他是同族，没有准奏。田忌和邹忌的矛盾也日愈加深。

田忌又羞又恼面红耳赤，没理睬邹忌，他对齐威王道："大王，五日后，我还要与大王比，非赢不可！"

齐威王捋了捋胡须："好，一言为定。"

邹忌在一旁激将道："田将军，下赌的黄金还够不够？不够我借你。"

"多谢邹相国的好意，黄金我有的是！"

"既然黄金有的是，不知将军下次敢不敢下重赌？"

"这有什么不敢的？下一次，一匹马，一千两黄金。"

邹忌闻此，暗自得意。他心想，田忌既然答应下重赌，输了将倾家荡产，田忌不会坐以待毙，他将不择手段地聚财。只要他不择手段，就能抓住他把柄，迫他交出兵权。

回府的路上，禽滑埋怨田忌不该与相国赌气下如此重赌。田忌无奈道："哎，我是被相国所逼。你知道他说我什么？说我是常败将军！他这是明说赛马，暗指打仗，讥讽我数次败于魏国，我如何能咽下这口气呢？"

田忌让禽滑想办法买几匹好马，禽滑几经周折，好不容易找到几匹，可一打听，这几匹马都被相国府的人买下了。禽滑又恨又气，却无可奈何。禽滑沿着街市，沮丧地往回走，一边走，一边打量着过路的车马，以图奇迹。

钟离春在街上遇见禽滑，听说他在街上选马，笑他在街市上买马纯粹是胡闹。禽滑也自嘲说只是想碰碰运气。

一个老者牵着一匹马从他们身旁走过，将禽滑的目光吸引过去。禽滑疾步追上那老者，问："长者，你这匹马卖吗？"说话间他的目光不住地打量着老者的马。

老者看了他几眼，说："卖。"

"多少钱？"

"一钱是它，千金也是它。"

"你的意思是说，你的马无价？"

老者笑道："不是无价，我是不愿讨价还价，你出价吧。"

禽滑思索片刻，道："十两黄金，如何？"

还没等老者回话，邹府的一个仆从抢上前，道："我出二十两。"

禽滑看了他一眼，道："我出二十五两。"

邹府仆从加码道："我出三十两。"

"三十五两。"

"四十两。"

老者看了看二人，牵着马待要离去。

禽滑连忙追上去，道："长者，我出五十两。"

老者头也不回就说："你出多少两我也不卖。"

禽滑跟在老者身旁，追问道："你方才说卖，为何又不卖了？"

"我方才说过，我不愿讨价还价。"

"那好，你说多少钱？"

"无价。"

禽滑满脸是笑，道："长者，再好的马也有价，你说个价钱吧。"

老者站住了，没好气地说："三千两黄金，你出的起吗？"

这么多黄金，禽滑的确出不起。老者牵马而去，禽滑突然在马屁股上使劲拍了一下，那马扬蹄飞奔。老者着急地在马后追赶。

禽滑在后面高声道："老头，赶快追啊，那可是三千两黄金啊！"

钟离春笑得前俯后仰，也在一旁跟着喊。

一辆马车停在他们身旁，"禽滑，你不去买马，在这里胡闹什么！"说话的是田忌，他满脸愠怒。

禽滑上前对田忌施礼，一边想，一边说："将军，我们不是胡闹……

是这样,那个……钟离姑娘方才说,她有个好主意,可胜过大王,我们一高兴,就有些得意忘形。"

田忌的脸色缓和了许多,问钟离春:"钟离姑娘,你有什么好主意?"

钟离春一时语塞,不知如何回答。

禽滑对田忌道:"将军,街上说话不方便,回府再让钟离姑娘告诉你。"

田忌走后,钟离春埋怨禽滑道:"你对将军胡说什么,我哪有什么好主意?"

"钟离姑娘,实在对不起,我方才一急,就来了个急中生智。"

"你急中生智不要紧,叫我如何向将军交代?"

禽滑眼睛一亮,道:"我们可以去找孙先生,让他帮我们出主意。"

禽滑和钟离春来到孙膑住处,把赛马和买马的经过告诉孙膑,请孙膑给他们拿个主意。

孙膑思索片刻问:"上次赛马,将军的上等马,输给大王的马多少?"

禽滑道:"大约一个马身。"

"中等马呢?"

"也是一个马身。"

"下等马呢?"

"还是一个马身。"

"这么说,将军的马与大王的马相差不多。"

"虽然不多,但屡赛屡败,因此将军要换马。"

"不用换马,我也可以让将军取胜。"

禽滑笑道:"这不可能,你可能没赛过马,别看差一个马身,要想追上,没有半年一载,是练不出来的,况且大王的马也在练。"

孙膑微微一笑,道:"舍弃一匹马,便可换取全局胜利。"

禽滑似乎领悟到什么,道:"请先生细讲。"

孙膑沉声道:"让将军的下等马对大王的上等马,将军的上等马对大王的中等马,中等马对大王的下等马。这样,舍弃下等马,将军的上等马与中等马将稳操胜券。败一场,胜两场,将军还可赢金一千。"

钟离春在一旁击掌道:"太妙了!"

禽滑将赛马的对策告诉了田忌,田忌显得犹豫不决,道:"孙膑的主意好是好,可我担心这么做有欺君之嫌。"

禽滑笑道:"将军多虑了,这不是欺君,是谋略。赛场就如同战场,允许以谋略取胜。"

"话是这么说,可大王是一个非常爱面子的人,若他知道了,定会怪罪于我……"

禽滑看了眼犹豫不决的田忌,轻咳一声,道:"将军,恕我直言,将军之所以数次败在庞涓手下,一个重要原因就是优柔寡断。"

田忌脸色顿时阴沉了下来,用力一拍面前的大几,怒道:"禽滑!枉我如此器重你,没想到你也这般小视我!"

"将军息怒,我无意小视你,只想忠言相告。不论做任何事,当断不断,必败无疑。"禽滑沉声道:"不知将军想过没有,如果连赛马这点风险你都不敢承担,两军恶战之时,你就更不敢用孙膑之计了。那样的话,虽有孙膑,又有何用?"

田忌缓和了情绪,微微颔首,决定采用孙膑的策略。

赛马的日子终于到了,这次观看的人很多,孙膑、钟离春也在观看的人群中。齐威王坐在观看比赛的帐篷前,他的左边是田忌,右边是邹忌。田忌面前的几上摆着一堆黄金,齐威王面前的几上却一块黄金也没有。

邹忌看了一眼田忌面前的黄金,笑吟吟地说道:"看来田将军已经做好了输的准备。"

田忌爽朗一笑:"也做好了赢的准备。"

邹忌也抚掌笑道:"田将军的确有大将风度,很会安慰自己。"

执赛大夫手中的令旗一举,帐篷前侧的战鼓擂响。

起跑处,两匹马飞奔而出。一匹马脖子上扎着一条黄丝帛,另一匹马的脖子上扎着红丝帛——前者是齐威王的马,后者是田忌的马。齐威王的马渐渐领先，而且越跑越快。田忌的马拼命追赶，但毕竟力所不及。

齐威王摇摇头，对田忌道："田忌，你的马怎么越来越不行了？"

田忌泰然自若道："这匹马不行，还有下一匹。"

在一阵欢呼声中鼓声停止了，齐威王的马领先十数步到达终点。执赛大夫站在帐前高声道："第一场，上等马相比，大王获胜。赢金千两。"

宫卫拿走了田忌面前的黄金。

邹忌幸灾乐祸，对田忌道："田将军，下一场的赌金带来没有？"

田忌"哼"了一声："不用相国操心，我都准备好了。"

齐威王笑道："如果没有，可以先欠着。"

"请大王放心，微臣绝不会欠大王的赌金。"

战鼓再次擂响，第二场比赛开始。两匹马飞奔而来，一匹马扎着两条黄丝帛，另一匹马扎着两条红丝帛。田忌的马越跑越快，渐渐超越了齐威王的马。

观看的人们颇感惊讶和疑惑，议论纷纷。

两匹马一前一后冲过终点，前面那匹是田忌的马，它超出齐威王的马两个马身。

钟离春高兴地抓住孙膑的手，喊道："赢了！我们赢了！"

孙膑平静地说："现在只是平，还没赢。"

第三场比赛很快开始了。两匹飞奔的马几乎难分高下。

所有观看的人都紧紧盯着两匹赛马。田忌紧张地盯着自己的马，齐威王更为紧张，双拳紧握，似乎在为自己的马鼓劲。

田忌回头低声问身后的禽滑："不会弄错了吧？"

禽滑回道："不会。"

田忌的马渐渐领先了半个马身。齐王的马不甘落后，拼命追赶。

钟离春紧张得没有勇气再看下去，抬起手蒙住了自己的眼睛。周围突然爆发出震耳欲聋的欢呼声——田忌又赢了！

帐篷前，齐威王的脸色十分难看，他对田忌道："田将军，寡人没带赌金，回宫以后，寡人再给你，可以吗？"

第五回　李代桃僵

田忌躬身道："大王的赌金，微臣不要了。"

齐威王非常不快，沉着脸道："你这是什么意思？你是想让天下人说寡人不讲信义吗？"

田忌答道："不是，此次赛马微臣赢得偶然，不敢要大王的赌金。"

邹忌在一旁道："我看田将军赢得不是偶然，而是做了手脚。"

"我没做手脚，我用的是计谋。"

齐威王一怔，问田忌用的是何计谋。田忌把孙膑舍一胜二的计谋告诉齐威王。齐威王不禁击掌道："妙，赢的妙！这是何人为你出的计谋？"

"微臣想单独告诉大王。"

田忌随齐威王回到王宫，把孙膑的身世和经历告诉齐王，并把孙膑举荐给齐威王，说孙膑能够打败魏国。齐威王颇感意外，立刻召见了孙膑。

孙膑拄着拐杖走进齐国王宫，他一步步走到齐威王面前，并没有下跪，拱手施礼道："草民孙膑，拜见大王。"

齐国人拜见齐王还没人不跪的，齐威王有些不快，问："孙膑，你为何不跪？"

孙膑坦然道："草民受过膑刑，不能下跪。"

齐威王看了看孙膑的腿，这才释然。又问："寡人听说你是魏国的要犯？"

"不错，但我也是魏国的死敌。"

"你能为寡人打败魏国吗？"

"目前不能。"

"为何不能？"

"目前魏国军队实力比齐国军队强大。"

"何时可以战胜魏国。"

"需要等待时机。"

"要等多久？"

"多则三年，少则一年。"

孙膑的话，齐威王不太相信，他认为孙膑不是在等待时机，而是在推诿，于是又问孙膑："寡人想知道，一年之后，或者三年之后，你如何才能打败魏国？"

孙膑看出了齐威王的疑惑，便道："大王，如果你愿意听，草民可以多说几句。"

齐威王微微一笑，道："只要你真能帮寡人打败魏国，别说几句，就是几十句、几百句，寡人也愿意听。"

孙膑躬身施了一礼，侃侃而谈道："当今大争之世，一个国家能否夺取战争的胜利，是关系到生死存亡的大事！唯有战胜者方能避免亡国，把江山世代延续下去；若战不能胜，招致诸侯相继欺凌，就会被迫割让国土以致危及社稷。"

齐威王不由点了点头。

"但是，"孙膑随即面色一转，严肃道，"胜利并不是靠侥幸而随便贪求的。要取得胜利，一是战前就要做好各方面的充足准备。这样，哪怕城池再小、敌众我寡，面对来犯之强敌，也能够固守防御甚至逆转局势。二是所发动的战争需是正义的。战争不是儿戏，用兵必须慎之又慎，那些以战争为乐的穷兵黩武者，终有一日会自取其辱，遭致灭亡。"

当听到孙膑说发动战争需是正义的，齐威王有些不以为然，齐国稷下学宫的一些儒士经常向他阐述灌输广施仁政、以德服人，不需使用武力从而一统天下的理想。难道眼前这位所谓孙武子的传人也是个不知权变的迂腐之士？齐威王只是轻轻皱了皱眉头，道："孙膑，你接着讲吧。"

为免齐威王误解，孙膑进一步阐述："战争诚然是残酷的，人们不喜欢战争是情有可原的。草民所反对的是轻率好战、为打仗而打仗的行为，但若单纯因厌恶而反对战争，主张以德服人、以礼服人，就未免迂阔天真了。"

齐威王眼前一亮，示意孙膑明言。

孙膑道："昔者神农伐燧人，黄帝战蚩尤，唐尧讨共工，虞舜征三苗，商汤、周武王推翻桀、纣，周公东征。无一不是通过战争手段解决问题，实现统一。现今之人功德不及三王，才能不及五帝，智略不及周公，却奢谈以仁义礼乐杜绝战争，实是贻笑天下。先贤并非不想以仁义礼乐化解干戈，垂拱而治，而是在现实中根本行不通！故不得已而用兵。尤其是在当今群雄争霸的大争时代，唯有通过正义之战制止不义之战，让自己居于强者地位。战胜而后强立，天下归服，何况一魏国？"

这一番独到的分析令齐威王大受震动，而后又请孙膑就诸国形势和具体的战略问题谈谈看法，每每听到精彩处频频点头，击节赞同。听完孙膑的宏论，齐威王不由站了起来，带着几分激动对孙膑道："孙膑，你来到齐国，是寡人之幸，是齐国之幸！寡人拜你为大将军……"

孙膑连忙道："大王，万万不可。"

齐威王不解，问："为何？"

"草民腿有残疾，脸有刑痕，大王拜草民为大将，天下将笑齐国无人。再者，草民尚未建功，难以服众。还是让田忌为大将的好。"

"那寡人封你为军师如何？"

"目前不可。"

"为何？"

孙膑道："庞涓不知草民在齐国，因此不以齐国为患，大王若封草民为军师，必然传至庞涓耳中，庞涓若带兵进犯，目前的齐国军队将难以抵挡。"

齐威王微微点头，他内心称赞孙膑想得周到，他问孙膑："你认为何时出任军师为好？"

"大王不得已而动兵之时。"

按："李代桃僵"是三十六计中的第十一计，计名出自后人，近似中国象棋中的"丢车保帅"，其意是舍弃局部，换取全局的胜利。孙膑小用此计，助田忌赛马获胜，令齐王敬重。欲知孙膑何时疆场显威，请看下回："围魏救赵"。

第六回　围魏救赵

公元前354年，庞涓率十万军队讨伐赵国，魏国军队所向披靡，直逼赵都邯郸，邯郸危在旦夕。赵国使者赵离奉赵王之命来到齐都临淄游说齐威王。他对齐威王说，赵王打算献给齐国三座城池，请齐威王出兵救赵。

齐威王召集朝中大夫商讨救赵一事，"诸位贤臣，"他问大夫们，"救赵国对寡人的国家有利，还是不救赵国有利？"

邹忌出列道："大王，臣以为不救赵国有利。邯郸乃赵国国都，赵国肯定不会轻易放弃，必然与魏国以死相拼，魏国即使攻破邯郸，也将元气大伤，这样，魏国对我齐国的威胁就会减轻。大王若派兵救赵，必将有一场血战，且不说齐军不是魏军的对手，即便是魏军的对手，也会两败俱伤。因此还是不救赵国有利。"

齐威王认为邹忌说的有道理，许多大夫也赞成邹忌的主张。

而田忌反对邹忌的主张，他对齐威王说："大王，相国的说法微臣不敢苟同。微臣认为，救赵国对我齐国有利。赵国与齐国是魏国共同的敌人，若赵国灭亡，魏国就会全力对付齐国，这样，魏国对我齐国的威胁不是减轻了，而是增加了。若大王派兵救赵，使赵国免于灭国之灾，赵王将终生感激大王，一旦魏国进犯齐国，赵国将全力以赴，使魏国首尾难顾，那样，魏国就不敢贸然进犯齐国。因此说，救赵对我有利。"

齐威王认为田忌说的更有道理，不少大夫赞成田忌的主张。

邹忌道："田将军说的固然有道理，可不知大王想过没有，齐军数次败在庞涓手下，若在远国他乡再被庞涓打败，不但救不了赵国，还将有全军覆没的危险。"

邹忌的话引来一阵纷纷议论，大夫们纷纷表示赞成邹忌的主张，不救赵国，齐威王则沉思不语。

田忌着急地对齐威王说："大王，若不救赵国，赵国必灭，赵国灭亡，齐国也将不存！"

邹忌对田忌道："田将军，不要危言耸听，赵国灭了，我们还可以与楚国、秦国、韩国还有燕国结盟，魏国灭不了齐国。"

田忌反唇相讥道："相国，不知你是真糊涂还是装糊涂，此次魏国进犯赵国，你所说的这几个国家，皆因为惧怕魏国，不敢相救。来年，若魏国进犯齐国，他们就不怕魏国了吗？"

邹忌冷笑道："田将军，我不是装糊涂，你说的我都明白。可是，你率领的军队不是庞涓的对手，如何能救得了赵国？"

田忌知道邹忌是在嘲讽他指挥无能，不由面红耳赤，道："我可以交出兵权，让有才智的人带领军队。"

"这话你该早说，现在说太晚了！情急之下别说找不到这种人，就是找到，他也不是庞涓的对手。"

"我能找到，而且这个人有绝对把握打败庞涓。"

邹忌一阵冷笑，道："大话谁都会说。"

"我说的不是大话，是实话。"

"这个人是谁？"

"孙武子的后代，《孙子兵法》的传人，他叫孙膑。"田忌对齐威王道："大王，微臣举荐孙膑为大将军，他肯定能打败庞涓。"

齐威王也想到了孙膑，他亲自到田府请孙膑当齐国的大将军。孙膑对齐威王施礼道："大王亲自来请草民，草民诚惶诚恐，但草民曾经与大王有约在先，草民不当将军，只做军师。"

齐威王道："军师无权指挥军队，先生的才智难以发挥，寡人不放心。"

孙膑道："草民与田将军相处多日，田将军是一个善于听从他人意见的将领，由田将军统率军队，草民的才智照样可以充分发挥。"

一旁的田忌对孙膑道："我已经当着众大夫的面，同意交出兵权，若再当大将军，岂不是出尔反尔？孙先生，你就不要再推辞了。"

"田将军，我不是推辞，身为统领全军的大将军，应该有威严，我身有残疾，脸有刑痕，毫无威严可言，如何统率全军？"孙膑又对齐威王道："大王，还是由田将军统率全军，我做他的军师为妥。"

齐威王沉吟片刻，道："好吧，就按你的意思办。但寡人有言在先，征战大事，必须听取军师的意见，如若再次败于魏军，军师与田将军同罪。"

赵离听说齐国的军师是孙膑，兴冲冲地赶到城外齐国大营，拜见孙膑。久别重逢，今非昔比，二人一番寒暄后。赵离感慨道："这回我们赵国有救了。孙先生，庞涓绝对不会想到你还活着并与他对决。"

孙膑微微一笑，道："他更不会想到，我不去赵国，而是去魏国。"

"什么，去魏国？"赵离不解地问，"你不去赵国，如何解邯郸之围？"

孙膑道："如果齐军千里迢迢奔赴赵国，疲惫之师难以取胜，那样不但救不了赵国，齐军自身也将难保。现在魏国空虚，我将军队开往魏国，庞涓必然撤军，这样，邯郸之难不就解除了吗？"

赵离对孙膑的做法不放心，问："庞涓如果不撤军呢？"

孙膑胸有成竹地说："齐军威胁魏都大梁，他不敢不撤。"

"如果齐国军队对大梁尚未构成威胁，庞涓便攻破邯郸呢？"

"如果邯郸真的这么脆弱，我们就是到了赵国，庞涓的军队也早就占领了邯郸。"

"孙先生，最有把握的办法，还是直奔赵国的好，齐赵两国军队里应外合，庞涓必撤。"

"最有把握的，往往是最没把握的。赵先生，你不必担心，我一定让庞涓撤军就是了。"

赵离非常不满，冷冷道："你是不是害怕庞涓？"

孙膑笑了笑："你不要激我，激我也没用，我不会改变主意的。"

第六回　围魏救赵

赵离认为孙膑就是害怕庞涓，有意把孙膑的打算告诉了齐国将军田国。田国是个脾气直爽、性格暴躁的将军，他怒气冲冲地走入孙膑帐内，毫不客气地质问孙膑为什么不去赵国。

孙膑淡淡说道："孙子曰：将军之事，静以幽，正以治。能愚士卒之耳目，使民无知。时机不成熟，将军的计谋不能让属下知道，这样，属下才能不折不扣地按照将军的计谋行事。"

田国冷笑道："你的计谋，我已经知道了。你想去魏国，不是赵国。"

孙膑很坦然："是又怎么样？"

"哼，你是害怕庞涓，虚张声势，不敢去赵国！你真为我们齐国丢人！"

"这是何人说的？"

田国理直气壮地道："我说的，我刚说过。"

"来人。"孙膑厉声道，"把田国拖出去，杖刑三十。"

未及田国反应，两个卫士上前架住他的胳膊。田国大怒，用力推开卫士，指着孙膑骂道："孙膑，你好大的胆！你也不问问我是何人？我告诉你，我是大将军的堂弟，齐国的功臣，身经百战，杀敌上千，大王见了我都敬我三分，你竟敢打我？你也太不自量力了吧！"

"不管你是何人，你无视军师指令，就应该打你。"孙膑十分严厉地对卫士道："拖出去，杖刑四十。"

卫士们把田国拖到帐外，对田国行刑。田国趴在地上大骂孙膑是胆小鬼，为齐国丢人。几个将军闻声走来，夺下卫士手中的竹杖。一个姓曹的将军上前将田国扶起，问："田将军，怎么回事？"

田国怒骂道："孙膑害怕庞涓，不敢去赵国，我责问他为何不去赵国，他就对我动用杖刑。"

曹将军气愤地对众人道："如此胆小鬼，怎能做军师？走，我们去找大将军。"

其他将军随声附和，要找大将军罢免孙膑。

孙膑缓步走来，对众人道："你们找大将军也没用，大将军与我是一个主意。"

曹将军根本不把孙膑放在眼里，"哼"了一声，说："你休要胡说，大将军绝不是贪生怕死的人。"

孙膑道："这不是贪生怕死，这是军队作战的秘密。"

曹将军冷笑道："狗屁秘密，不去赵国，你与何人作战？"

孙膑欲火又止，道："与何人作战不是你该问的事。"

曹将军逼问孙膑："我非问不可呢？"

"我劝你还是不问的好，否则，杖刑的滋味不好受。"

"就是死刑，我也得问个明白！"曹将军胸脯一挺，显得大义凛然。

孙膑对卫士命令道："来人，杖刑三十。"

帐外的卫士上前欲抓曹将军，曹将军抽出剑喝止道："我看你们何人敢动我一根毫毛？"

"大胆！"孙膑勃然大怒，对曹将军厉声道："你竟敢用兵刃威胁军师，军法不容！"他吩咐卫士，"将他拉至营门，斩首示众！"

众将军闻此，纷纷抽出兵刃，护住曹将军。

孙膑扫了众将军一眼，道："怎么，你们都想死吗？"

其中一个将军喊道："死也比让人指脊梁骨，骂胆小鬼强！"

双方正相持不下，大将军田忌走来。将军们立刻收回兵器，闪至一旁。曹将军上前欲状告孙膑，田忌打断他的话，道："不用说了，我都知道。一切按军师的意见行事，这是大王的旨意！"

众人哑然。

孙膑指着曹将军，对士兵道："将他拉至营门，斩首示众。"

众将军齐刷刷跪在地上，施礼道："军师手下留情，饶曹将军不死。"

田国也跟跟跄跄来到孙膑面前，跪在地上道："军师，曹将军是因为田国得罪了军师，军师要杀，就杀田国吧。"

孙膑沉思片刻，对众将军道："当你的属下违背军纪，你不以军法惩处，能维护军纪的尊严吗？当你对属下发出命令，而且你的命令没有错误，你能够收回命令，而不损害军令的威严吗？一个军队军纪不严，军令不威，这个军队上了战场能赴汤蹈火在所不辞吗？一个不能赴汤蹈火在所不辞的军队,能战胜强大的敌人吗?"

众将军无话可言。

孙膑对卫士道:"将曹将军拉至营门,斩首示众。"

曹将军老老实实地被士兵们架走了。众人默默地看着被架走的曹将军。

孙膑转过身,他眼中有两颗泪珠滚出。

事后,田忌埋怨孙膑道:"军师,你应该将去魏国的真实目的告诉将军们,那样,今天的事就不会发生,曹将军就不会死。"

"大将军,如果把真实目的告诉大家,人多嘴杂,难免不透漏风声,若传到庞涓的耳朵里,他就不会从赵国撤兵,我们的目的也就无法达到。"孙膑解释道,"因此,必须隐瞒我们的真实目的,摆出一副真正进攻魏国的架势,所谓真正的进攻,就要封锁一切消息,隐蔽行踪而后突然出现在魏国,庞涓是一个会用兵的人,虚张声势他不怕,他怕的就是突然的袭击。"

晨光照亮原野,齐国军队马不鸣,人不喧,旗不扬,迅速向魏国开进。士兵们的脸上都带着大战前的严峻之色。

赵离回到齐都,把孙膑的所作所为禀报齐威王。齐威王向他解释,这是孙膑的一计。"真是异想天开,"赵离不屑道,"庞涓根本不会上孙膑的当,孙膑的真实目的是借大王之兵,报他的私仇。"

齐威王沉思不语。

赵离又道:"魏国强大,即使一时空虚,孙膑也难以如愿,如果庞涓攻破邯郸立刻回军,齐军休矣!"

齐威王命令宫卫立刻赶上田忌,命他停止讨伐魏国,立即带兵前往赵国。

田忌接到齐王的命令,问孙膑怎么办。孙膑告诉田忌:"作战部署一旦确定,最忌反复无常。"

田忌心有疑虑,说:"大王一旦怪罪下来,我们无法交代。"

孙膑果决道:"将军在外,君命可以不受。"

田忌还是疑虑重重："话是这么说，可大王最忌讳违背王命的将军。"

"大王之命是救赵，我们只要使庞涓撤军，就没有违背大王之命。"有了孙膑的坚持，齐国大军按原计划前进。

齐国军队偃旗息鼓进入魏国境内，直奔国都大梁。魏惠王闻此，立刻召集大夫们商讨此事。有的大夫认为应该立刻调庞涓回兵，让齐国人有来无回；有的大夫则认为，齐国人没有胆量进攻大梁，只是虚张声势，乘机夺取魏国边城。魏惠王命边城军队沿途袭扰齐军，迫使齐军暴露企图。

齐国军队不断遭到魏国士兵的袭击，但他们毫不理睬魏国的袭击，义无反顾，继续向大梁开进。

魏惠王不再犹豫，命一名大夫，拿上他的兵符，日夜兼程，调庞涓立刻返回魏国，消灭齐国军队。

庞涓接到魏惠王的命令，刚开始对齐国人的行为有些疑惑，后来听说齐国军队偃旗息鼓，视边城守军的骚扰而不顾，直奔大梁，这才决心回兵。

田忌、孙膑得知庞涓回军，立刻召集将军们来到他们的营帐。孙膑对众人道："庞涓一向轻视齐国，此次回师，必然分前后两军，他将亲率先行军队直奔大梁，我们在庞涓必经之路桂陵埋下伏兵，打他个措手不及，庞涓必败。"

众将军群情激奋。

田国上前道："军师，我要将功补过，请让我第一个迎击庞涓。"

孙膑摇头道："你不行。"

"军师，你是不是信不过我？你可以问问大将军，我田国作战一向将生死置之事外，勇猛杀敌，从不后退。"

"你说的我信，我所不放心的，是你不能按照我的部署作战。"

田国信誓旦旦地表态道："我能！军师，你说吧，你让我怎么打，我就怎么打！"

"我要你败。"孙膑道出了他的计划："第一个迎击庞涓的人必须败，不能让庞涓看出一点破绽，才能引诱庞涓进入我们的伏击地带。"

田国按照孙膑的部署，率领他的军队拦住庞涓。庞涓气恼齐军打乱他进攻赵国的计划，亲自督战，打算一口吃掉拦在他面前的齐军。田国的军队边打边退，庞涓的军队紧随其后。田国弃车换马而逃，庞涓也弃车换马，带领他的士兵紧追不舍。

田国的军队"仓惶"逃进一条长长的山谷，将士们丢盔卸甲，狼狈不堪。

庞涓亲率军队追入山谷，喊杀声铺天盖地。

恰在此时，山谷中突然响起了隆隆的战鼓声，许多手持盾牌的齐国士兵自草丛树林中蜂拥而出，拦在魏军面前。盾牌后面是持弓的士兵，他们手中的弓箭瞄准魏军。

庞涓不由一惊，很快又镇静下来，高声道："盾牌上前，弓箭在后。"

手持盾牌的魏国士兵，很快在魏军前方排成一面盾牌墙，手持弓箭的士兵涌至盾牌墙之后。

又是一阵鼓声。两侧山上，树起大量齐军的旗帜，山坡草丛间，涌出许多持弓的士兵。

庞涓又是一惊，见势不妙，高声道："前队做后，后队做前，撤！"

话音未落，山上传来他熟悉的声音："庞涓，你走不了了！"

庞涓大吃一惊，扭头看去。

孙膑立在一高坡处，他旁边站着田忌，身后站着钟离春，周围是许多手持盾牌的士兵。

庞涓吃惊地看着孙膑，颤声问道："你……你是何人？"

孙膑微微一笑，道："师弟，连你师兄都不认识了吗？"

庞涓简直不相信自己的眼睛，摇头道："不，你……你不是我师兄，我师兄已经死了。"

一旁的钟离春高声道："你见过孙先生的尸体吗？"

庞涓一怔。

孙膑道："我那是金蝉脱壳之计，明白了吗？"

"雕虫小技，让你得逞一次！"庞涓气急败坏。

孙膑淡定自若地道："那就再得逞一次，这一次叫围魏救赵！"

庞涓气得一时说不出话来。

孙膑继续道："庞涓，你已经被包围了，放下兵器，束手待擒，还有一条生路，否则，我这个做师兄的也救不了你。"

庞涓咬牙切齿道："你这是做梦！你们齐国军队，草包一般，拦不住我！"

"那就试试吧。"

随着一声鼓响，两侧山上如雨般的箭矢向庞涓的军队飞过去，山谷中的魏国军队顷刻间便人仰马翻，鲜血横飞。

又是一阵鼓声，齐国士兵们手持长戈排山倒海般从山上冲下来，气势不可阻挡！一队又一队的魏国士兵倒在他们脚下。

庞涓的卫兵们手举盾牌，紧紧护在庞涓两侧。一个卫兵倒下，另一个卫兵顶上去，他们在庞涓的指挥下，用鲜血和生命保护着庞涓，向来路撤退。

山谷中激烈的喊杀声渐渐远了。

如血的夕阳染红了激战之后的山谷。山谷入口处躺着许多战死的魏国士兵，也有不少齐国士兵，看得出，这里曾经有过一场血战。一些身带血迹的齐国士兵在整理战场。

孙膑、田忌、钟离春和几个卫士从这里经过。田国迎上前，道："大将军，军师，先头魏军几乎全军覆没，只是让庞涓跑了，没有军师的命令，我们没敢去追，如果去追，他逃不了。"

旁边的将军请求道："军师，大将军，你们下令吧，现在去追，还来得及。"

孙膑摇了摇头，道："不能追击，应该迅速撤军回国。"

田国不解，问："军师，我们打败了庞涓，魏军已成惊弓之鸟，若乘胜追击，必胜无疑，为何要撤军呢？"

孙膑道："庞涓先头军队虽败，但大队人马并未受挫，打败魏军，非易举之事。此外，我们深入魏国境内，不可久战，久战就会使军队疲惫，锐气挫伤，到那时，再足智多谋的人，也无法挽回危难。"

田忌和孙膑率齐国大军回到临淄。齐威王带领大夫们到城外迎接凯旋之军，路旁也站满了欢呼雀跃、夹道相迎的齐国百姓。齐国上下这些年来，从来没有如此扬眉吐气过。

按："围魏救赵"是三十六计中的第二计，此计就是来自孙膑救赵的故事。这一计的意思是，攻打正面强大集中之敌，不如迂回到敌人虚弱的后方，迫使敌人退兵或分兵，然后寻找机会，消灭敌人。孙膑运用此计，既救了赵国，又重创庞涓。庞涓绝不会善罢甘休，欲知后事如何，请看下回："擒贼擒王"。

第七回　擒贼擒王

庞涓兵败桂陵，恼羞成怒，尤其不能让他容忍的是，孙膑竟然在他的眼皮底下逃之夭夭。庞涓怀疑公孙阅参与了此事，怒目质问公孙阅："孙膑是怎么逃跑的？是不是你帮的忙？"

公孙阅恭敬道："我对元帅忠心耿耿，决不会帮助元帅的死敌。"

庞涓拔出剑，指着公孙阅厉声道："你不说，我杀了你！"

公孙阅坦然道："你就是杀了我，我还是不知道。"

庞涓的眼睛直视着公孙阅。

公孙阅依然坦然。

"钟离秋肯定知道，你把她叫来。"说着，庞涓抽回了剑。

"她也不知道。"

"你怎么知道？"

"钟离春的事，从来不告诉她。"

"这不是钟离春的事，这是孙膑的事，她喜欢过孙膑，孙膑的事她肯定知道。你把她叫来，我要当面问她。"

公孙阅不为所动："正因为她喜欢过孙膑，她才不知道。她如果知道孙膑还活着，决不会嫁给我。"

庞涓沉吟片刻，道："你说的虽然有道理，但我还是要当面问她。"

钟离秋听说孙膑率领齐国军队打败了庞涓，高兴地拍手道："太好了！我早就说过，孙先生一定能成大事。"

"你先别高兴,"公孙阅不快地看了她一眼,"你姐姐去齐国的事,庞涓已经知道了,他正在追查帮助孙膑逃走的人。"

钟离秋脱口而出:"你就说是我,与你们都没关系,他要杀,杀我好了。"

"他要杀的不是一个人,而是满门杀尽。"

"我在魏国没有亲人,满门杀尽我不怕。"

"我呢?我不是你的亲人吗?"

钟离秋一怔,低下头细声道:"你可以逃走,我一个人死就够了,我不想牵连你……"

公孙阅握起钟离秋的双手,温柔而坚定地说:"你死,我也不活。"

钟离秋被公孙阅的话所感动,她问公孙阅怎么办,公孙阅让她见到庞涓后如此之说……

钟离秋来到庞涓住处,庞涓摆出一副坦率的样子,"可能你已经知道了,孙膑还活着,而且还当了齐国的军师……"说着,他扫了钟离秋一眼,"你一定很高兴吧?"

钟离秋冷冷道:"不高兴。"

庞涓盯着钟离秋问:"为何不高兴?"

"我恨他,他欺骗了我。"钟离秋露出幽怨的眼神,恨声道:"我不在乎他的腿,也不在乎他的地位,心甘情愿嫁要给他,可他欺骗了我,装疯卖傻,逃之夭夭,把我一个人留在魏国……"

"他怕我杀他,才装疯卖傻,逃离魏国。"

"元帅不会杀他,要杀,他早就不在人世了。"

"那你说,他为何要逃走?"

"他看中了我姐姐,"钟离秋啜泣道,"为了抛弃我,他们才双双逃走……我恨他,恨我姐姐……"她的话不知触动了自己的哪一根神经,突然眼泪涌出:"我恨你们所有的人!你们都欺骗了我……"钟离秋说不下去了,失声痛哭起来。

庞涓凝视了钟离秋片刻,没发现任何破绽,便相信了钟离秋的话。

庞涓为报桂陵一战之仇，请求魏王准许他联合楚国、韩国、燕国共同讨伐齐国。魏王问他有什么办法可以让楚、韩、燕三国出兵伐齐。庞涓自信地回答道："大王可答应韩国，将占领的城池归还；答应燕国与其分享赵国的土地；答应楚国与之结盟，共同对付秦国，他们就会出兵。"

魏惠王沉声道："寡人可以答应楚国，与之结盟；也可以答应燕国，分享赵国的土地；唯独将城池还给韩国，寡人不能答应，那是寡人的将士用生命换来的果实。"

庞涓道："只要齐国灭亡，大王便无后顾之忧，而后微臣率兵伐韩，大王得到的不止是几座城池，而是整个韩国。"

魏惠王同意了庞涓的建议，他告诫庞涓："庞元帅，即使你有三国军队的相助，也不要轻视孙膑，他的才能在你之上。"他看看庞涓又道："你和孙膑之间的恩怨，寡人也多少看出些眉目，寡人之所以没有点破，而且事事依着你，是因为你是魏国人，他是齐国人。"

魏惠王的话令庞涓额头冒出一层细密的汗珠，他向魏惠王表示："臣决不会辜负大王，不打败孙膑，庞涓誓不为人。"

"不是打败孙膑，而是打败齐国，打败所有的国家。"

楚国、韩国、燕国应庞涓之邀，出兵进攻齐国，占领了齐国数座边城，直逼齐国国都临淄，齐国上下惶恐不安。齐威王召大夫们询问退敌之策，连续发问两次，大夫们均沉默不言。齐威王有些恼火，道："你们都是寡人的谋士贤臣，大难当前，应该为寡人出谋划策，一个个为何不开口说话？"见还是无人开口，齐威王正欲发火，身穿将军便服的田忌和孙膑匆匆步入王宫。孙膑拱手施礼，田忌跪地行礼道："大王，微臣与军师走得急切，未能换上朝服，请大王恕罪。"

"大敌当前，以后前方将军面见寡人，可以不换朝服，请起吧。"齐威王道，"田将军，孙军师，你们可有退敌良策？"

"有。"孙膑道，"我与田将军商议，打算分而治之。"

第七回 擒贼擒王

"如何分而治之？"齐威王问。

孙膑道："楚国出兵，是因为魏国答应与之结盟，共同对付秦国，大王可以答应与楚国修好结盟；韩国出兵，是因为魏国答应韩王还他城池，大王可派使者向韩国晓之以理，说齐国若亡，魏国无后顾之忧，韩国的城池将得而复失；燕国是为了赵国的土地出兵，大王可将赵国送给大王的土地让给燕国。楚、韩、燕三国目的达到，就会撤军回国，三国撤军，庞涓将孤掌难鸣。是为伐交之策。"

齐威王又问："如若伐交不成呢？"

"放弃临淄。"孙膑道："楚、韩、燕三国进犯我国，各有自己的目的，他们得到临淄后，魏国将如约履行诺言。三国目的达到，便会自动撤军。我军主动放弃临淄，元气不伤，实力无损；魏军得到临淄，将骄傲轻敌。骄兵必败，我们可乘机夺回临淄，收回所有失地。"

孙膑话音刚落，高大夫道："大王，孙膑的主意万不可行，临淄有齐国的宗庙，放弃临淄，齐国将不复存在。"

孙膑反驳道："当年楚国都城被吴国攻克，楚国并未灭亡，后来亡国的却是吴国，此事如何解释？"

高大夫无言以对。

晏大夫也表示反对："大王，放弃临淄，临淄的百姓将遭受涂炭，大王不能保护自己的百姓，必失去百姓的信任，大王万万不能这么做！"

孙膑道："我们留给庞涓的将是一座空城，不但没有百姓，而且没有粮食，庞涓也将无法久留。"

邹忌正欲言，鲍大夫出列道："大王，不论是空城还是实城，临淄都是齐国的都城，把临淄让给敌人就是出卖齐国！"

孙膑针锋相对道："若不放弃临淄，必有一场血战，敌众我寡，胜数极微，一旦临淄失陷，军队必遭重创，数年之内，将无力夺回临淄。放弃临淄，是为了尽快夺回临淄，怎么是出卖齐国呢？"

鲍大夫冷笑道："我齐国乃东方大国，若不战而退，岂不让天下笑话！宁可战死，也不能让敌人吓死。大王，万万不可放弃临淄！"

大夫们大都不愿离开自己的家园，齐威王也是这样，他对众人道："伐交之策，寡人赞同。但放弃临淄，就是放弃寡人的社稷，寡人决不赞同。若有人再言放弃临淄，按通敌论罪。"

齐威王主意既定，孙膑不便再坚持放弃临淄的主张，他立刻派禽滑等人秘密游说楚、韩、燕三国将的军，劝他们退兵。三国将军心有所动，楚国将军当场答应即便一时不便退兵，也不与齐国军队交战。

间人把楚国将军的话告诉庞涓，公孙阅催促庞涓道："元帅，事不宜迟，我们还是早些进攻临淄，否则，等齐国的说客说动了韩国与燕国的将军，我们就孤掌难鸣了。"

庞涓听后，不但不打算进攻临淄，还准备撤军。公孙阅大惑不解，问："临淄指日可下，元帅为何要撤军呢？"

庞涓笑道："撤军是有条件的，齐国必须交出孙膑，等交出孙膑，我再挥师东进。"

"这……齐国能答应么？"

"能，他们肯定答应。"

庞涓派人把撤军的条件告知齐威王，齐威王立刻召田忌、邹忌进宫，对二人道："寡人找你们来，有一件非常重要的事……"他停顿了片刻，继续说："庞涓主动提出撤军，条件是三日之内交出魏国要犯孙膑。你们说此事该如何处置？"

田忌道："大王，这是庞涓的阴谋，孙膑若不在，临淄难保。"

邹忌反驳道："即使孙膑在，他也没把握保住临淄。"

田忌不快地问邹忌："你有什么根据说孙膑没把握？"

"他如果有把握，就不会提出放弃临淄。"

"孙膑说的是若伐交不成，才放弃临淄。而今伐交之策，初见成果，楚国已答应不与我们交兵，韩国与燕国也有此意，只凭庞涓一国之军，孙膑不但能守住临淄，还可以打败庞涓的军队。"

第七回　擒贼擒王

"如果楚国变卦呢?"

"这不可能。"

邹忌嘴角一勾,笑道:"两军对垒,任何事情都可能发生,作为大将军,必须要做好各种准备。"

"即使楚国变卦,孙膑也能守住临淄。"

"那他为何主张放弃临淄?"

"孙膑说的很明白,他是为了保存实力,最终战胜敌人。"

邹忌摇了摇头:"你只是说了一个方面。从另一个方面说,孙膑对坚守临淄没有把握,若有把握,他就不会冒放弃宗庙百姓之罪名撤离临淄。"

齐威王不由微微点头。

邹忌继续说道:"既然他没有把握保证大王与临淄百姓的安全,我们就必须另想办法。庞涓要我们交出孙膑是有阴谋,但只要交出孙膑,庞涓就没有理由留住其他三国的军队,三国撤军,庞涓难以攻克临淄,到那时,他不想撤,也得撤。"

田忌本就不善言辞,但依然坚持自己的立场:"孙膑在,庞涓不敢小视齐国;孙膑不在,庞涓可将齐国玩于掌股之上。"

"你们不要争辩了。"齐威王制止了二人的争论,"寡人知道你们心里想的是什么。你们虽然各有各的打算,但寡人希望大敌当前,能以国家为重。因此,寡人决定答应庞涓,三日之内交出孙膑。"

田忌恳求齐王不要交出孙膑,齐威王又道:"寡人这是缓兵之计,三日之内,孙膑必须设法让楚、韩、燕三国退兵。否则,寡人将按期交出孙膑。"

田忌为难道:"大王,三天的时间……怕是难以让三国退兵。"

齐威王冷冷道:"孙膑既然足智多谋,三日内就应该能退兵;如果不能退兵,寡人留他何用?"

三日期限已过去两日,孙膑还是没有想出退敌良策,田忌长叹一声,对孙膑道:"孙先生,真是对不起你了。"

孙膑安慰他说："别这么说，我不怪你们，只能说庞涓这一计用得好。"

这时，钟离春怒冲冲闯入营帐，用剑指着田忌，质问道："田将军，你们为什么要把孙膑交给庞涓？"

孙膑连忙上前拦住钟离春："钟离姑娘，这不怪田将军，是大王的决定。"

"我要告诉大王，即使三国不撤军，你也能打败庞涓，他不能把你交出去。"

"事情已经决定，无法改变。"

"那，我们就离开忘恩负义的齐国，永远不回来！"

孙膑劝道："我走了，田将军无法向大王交代，齐国也无法向庞涓交代。"

钟离春埋怨孙膑："孙先生，你总是替别人考虑，可别人却从不考虑你！你为齐国立下那么大的功劳，他们却要把你送给你的仇敌，你就不感到寒心吗？"

孙膑一时无言以对。

"走吧，孙先生。"钟离春语气恳切地劝着孙膑。

田忌在一旁也劝孙膑："孙先生，齐国太对不起你了，你走吧。"

孙膑问田忌："我走了，将军怎么办？齐国怎么办？"

田忌苦笑道："把你交给庞涓，齐国更不知道要怎么办了。"

田忌话音未落，田国带着几个将军闯了进来。田国对田忌道："大将军，我们知道怎么办。"

"怎么办？"

"杀进宫去，把主张交出军师的昏君庸臣全部杀掉……"

话音未落，田忌一掌重重打在田国的脸上，血从田国嘴角流出。

"你这混蛋！"田忌骂道："这话若让外人听见，你的妻儿老小都要因你而丧命！"

田国道："我不混蛋，我明白得很，若把军师交出去，齐国必亡。齐国若亡，我妻儿老小的命也将难保。与其国亡家灭，不如家灭国不亡。我

第七回 擒贼擒王

情愿全家被杀,也要让孙先生留在齐国,留在军中!"

田国身旁的将军们异口同声道:"我们也是这样!"

田国伸出胳膊,胳膊上有盟誓时留下的剑痕。其他几个将军也伸出胳膊,也都留有盟誓的剑痕。

"我们已经盟誓,用我们与家人的生命,留住孙先生!"

大颗的泪珠从孙膑眼中流出。田忌也流下了眼泪,他将身子侧了过去;钟离春则忍不住哭出了声。

孙膑猛然擦干了脸上的泪水,对众人道:"你们都不能死!你们的妻儿老小更不能死!我一定寻找一条良策,阻止庞涓的阴谋!"

是夜,月已上中天。孙膑独自一人坐在帐内,轻轻弹拨着面前的一具琴。帐外,田忌、钟离春、田国、禽滑等人坐在篝火旁,面上挂着焦虑与不安,谁也不说话,只是时不时地看一眼身后的帐篷。缓慢而艰涩的琴声从帐内飘出,有一瞬间琴声戛然而止,众人几乎同时回头,望着帐篷,眼里充满了期待。可琴声又响了起来,还是那样艰涩缓慢。众人面上的期望之色顿时消失,待之而来的还是先前的焦虑和不安。

田国终于忍耐不住了,懊丧道:"我看军师没有办法了,也难怪,就是神仙来了也无可奈何!"

"我在想,孙先生是不是有意拖延……"禽滑这时开口道。

众人一怔。田忌问:"你这话是什么意思?"

"孙先生不愿连累将军与我们在场的所有人,他想稳住我们,拖至最后时限,以身殉义。"

"我们不能让他这样!"田忌说着,猛然站起。田国、钟离春也随即起身。

"你们别着急,这只是我的估计……"禽滑一边说,一边聆听着帐内飘出的琴声。这时,琴声变得流畅起来了。禽滑突然激动万分地站起来,道:"大将军,军师有了!"

众人兴奋地冲进帐篷,询问孙膑是否有主意了。孙膑停止了弹奏,微微一笑，点了点头，对大家道："答应庞涓，如期把我交给他，但要求他当着其他三国大将军的面接纳我。到那一天，找两个勇猛无比、视死如归的将军押解我，把我交给庞涓，请他验明正身，我们趁机擒住庞涓，以死相逼，让他当着三国的面答应我们的条件。此前，三国已有撤军之心，之所以没有付诸行动，是因为没有体面的机会，只要庞涓当众答应撤军，他们便可以堂而皇之地离开齐国，庞涓也再无脸面留在齐国境内，齐国之难便可迎刃而解！"

田国击掌赞道："好计！好计！"

田忌忧心忡忡地道："此计太险，万一失手，后果不堪设想。"

禽滑也非常担心，对孙膑说："孙先生，大将军说的对，万一失手，满盘皆负。你还有没有别的计策？"

孙膑道："这是唯一可行的计策，正因为剑走偏锋，庞涓才意料不到。这正如孙子所言：攻其不备，出其不意。因此，这反会是最保险的计策。"

钟离春开口道："能不能找一个人装扮成你，就像你逃离魏国那样。"

"不行，"孙膑摇摇头，"上次是因为庞涓没有想到，我才得以蒙混过关。这次庞涓肯定有所提防，加之我与庞涓同窗三年，一举一动他都非常熟悉，如果叫他看破，那才叫满盘皆负呢。"停顿了片刻，孙膑对田忌笑道："大将军，你应该相信我，没有把握的事情我是不会做的，所有的步骤，包括押解我的人，我都考虑好了，决定吧。"

"好，就这么办。"田忌点了点头。

交接孙膑的地点在两军阵前的原野上，那里有一高高的土台，土台上飘扬着魏、楚、韩、燕四国的旗帜。土台前方，一边是排列整齐的魏国士兵，另一边是其他三国的士兵。士兵们手持长戟，如一道不可逾越的铜墙。两列士兵中间形成了一条长长的通道。庞涓和楚、韩、燕国的大将军立在各国的旗帜下。公孙阅也在，他和魏国其他将军立在土台一侧。

两辆马车远远驶来，车后跟着许多齐国士兵。第一辆车上是田忌和孙膑，第二辆车是田国和钟离春，钟离春再次女扮男装，身穿同田国一样的将军服饰。

马车在距离土台一百步远的地方停了下来,田国和钟离春将孙膑扶下马车,押着孙膑向土台走去。

站在土台上的庞涓望着走来的孙膑,脸上浮现一丝得意的冷笑。

田国、钟离春押着孙膑走到士兵们面前,一个士兵用长戟拦住他们的去路,命令道:"放下你们的兵器。"

田国和钟离春将身上的佩剑递给旁边的士兵。

士兵们让开路,田国和钟离春空手押着孙膑继续向土台走去。

田国三人来到土台下,一位将军拦住他们:"好了,把孙膑交给我们吧。"

田国道:"大将军有命,我们必须将孙膑亲自交给庞元帅,庞元帅验明正身,我们才可回去复命。"

土台上的庞涓对台下的将军道:"让他们上来吧。"

那个将军闪到一旁,田国和钟离春押着孙膑走上土台。

土台一侧的公孙阅认出了钟离春,不由一愣,右手悄悄握住了腰间的佩剑。公孙阅心想,钟离春装扮将军押解孙膑,一定有什么阴谋,他想上前揭穿钟离春,但又担心钟离秋会因此和他分道扬镳。

公孙阅正犹豫不决的时候,田国已将孙膑带到庞涓面前。

田国向庞涓施礼道:"请庞元帅验明孙膑。"

庞涓走过来,看着孙膑道:"孙膑,抬起头。"

孙膑抬起头,蔑视地看着庞涓说:"师弟,难道为兄有假吗?"

庞涓得意地对孙膑笑道:"你常说兵以诈立,我可不敢马虎……"

庞涓话音未落,田国突然跨步上前,一拳将庞涓打倒在地,极快地从袖中抽出匕首顶在庞涓咽喉。与此同时,钟离春伸手将庞涓的佩剑夺在手中,护住田国。

整个过程在电光火石间完成。

台上台下的人愣了片刻,随后才有几个将军反应过来,抽剑上前。钟离春手疾眼快,一剑砍倒冲在最前面的一个将军。

田国大声喝道:"都别动,再动我就杀死庞涓!"

将军们立时止步,不知如何是好。

公孙阅的剑已经抽出,随即心想,钟离春既已得手,不达目的不会罢休;再说,自己上手未必能救得了庞涓,而且还有可能失去钟离秋……他又把剑放了回去。

庞涓躺在地上恶狠狠地对孙膑道:"你们杀死我,一个也活不了!"

孙膑平静地对庞涓道:"庞涓,我们几个本来就没想活,尤其是我,与其被你杀死,不如先看着你死,再被别人杀死。"

庞涓气得直喘粗气,一时语塞。

孙膑继续说道:"如果你不想死,必须答应我们的条件。"

相持了片刻,庞涓缓缓道:"好,你说吧。"

"第一,四国军队立刻撤军;第二,还我齐国边城;第三,保证不再进犯齐国。"

庞涓沉默不语。

孙膑微笑道:"庞涓,你是一个能成大器的人,如今大器未成,就死在我们手里,岂不是太可惜了吗?"

庞涓使劲咬着自己的嘴唇,片刻后,极不情愿而又无可奈何地说了声:"好,我答应……"

按:"擒贼擒王"是三十六计中的第十八计,意思是摧毁敌方的主力,抓住敌方的首领,就可以瓦解敌方的整体力量。孙膑用此计迫使庞涓退兵,使齐国暂时脱离危难。庞涓受此大辱,肯定要报复孙膑。欲知后事如何,请看下回:"以逸待劳"。

第八回　以逸待劳

楚、韩、燕三国撤兵后，庞涓率领魏国军队离开齐国。他对盟坛上大意被擒、遭逢奇耻大辱一事耿耿于怀。一路上他都紧锁眉头，沉默不语。即将行至魏国边境时，庞涓侧脸看了一眼与他同车的公孙阅，好像很随意地问了问："对我发难的两个齐国将军，有一个是钟离春，难道你没看出来吗？"

"钟离春？"公孙阅一惊，掩饰道："不会，不可能是钟离春！"

"我已经派细作打听过了，她就是钟离春。"

公孙阅愣了片刻，然后道："我怎么没认出来？"

庞涓冷笑道："你如果认出来，一切就不会是现在这个样子了。"

公孙阅看出庞涓开始怀疑自己，便转移话题，问："元帅，难道你真的认输了吗？"

庞涓微微一笑，反问道："你说呢？"

公孙阅知道庞涓是不肯轻易认输的人，何况遭到此等耻辱，决不会善罢甘休。便说："我只是不明白，元帅此时为何不杀回齐国，打孙膑个措手不及？"

"时机不成熟。"

"元帅指的时机是什么？"

"呵，军心。"

魏国的军队踏上了自己的国土，尽管许多士兵对于不战而撤感到很憋屈，但回到自己的国家，还是非常高兴。是夜，他们燃起篝火，一边高声呼喊，一边兴高采烈地跳着粗犷的舞蹈。

庞涓来到士兵中间，很随和地跟他们打着招呼，然后和士兵围坐在篝火旁，聊起了家长里短。

他问坐在身旁的一个年轻士兵："小伙子，回到魏国，是不是心里很高兴？"

年轻士兵毫不掩饰地回答："那当然，我可以见到母亲了。"

旁边一个士兵插嘴道："嘿嘿，还有漂亮的媳妇。"

年轻士兵不好意思地笑骂道："别胡说，还没结婚，哪来的媳妇？"

那个士兵连忙纠正道："是未婚媳妇，对了吧？"

年轻士兵红着脸点了点头："就算是吧……"

庞涓拍了拍年轻士兵的肩膀说："结婚的时候，请我去好吗？"

年轻士兵激动地道："好，好，当然好，我要请元帅喝我们家乡最香的酒。"

庞涓笑道："我们说定了。"他侧过身问坐在另一侧的一个长着络腮胡子的中年士兵："你家里有什么人？"

中年士兵回答："一个老婆，两个儿子。"

庞涓又问："你回家，家人们一定很高兴吧？"

中年士兵点点头，道："他们高兴，我不高兴。"

庞涓不解地问："久别相逢，为何不高兴？"

中年士兵叹了口气，道："回家说什么？打胜了，还是打败了？都是，又都不是。这仗打的……心里憋气……"

庞涓的脸色变得十分难看，他猛然站起。

中年士兵急忙止住话，看了庞涓一眼，躬身道："元帅，我说话直，你不要见怪。"

庞涓又坐下来，拍拍中年士兵的肩膀，动容道："我不是怪你，是怪我自己，我这个当元帅的没本事，让你们受到齐国的羞辱，我对不起你们。"

"不，元帅，我们不怪你，"中年士兵忙道，"你带着我们打过许多胜仗，你使我们魏国的士兵,得到了最大的荣耀。这一次,孙膑的阴谋虽然得逞,但元帅的军队并没有败,如果元帅带着我们杀回齐国,我们一定能打败齐国人!"

周围的士兵纷纷嚷道:

"元帅,我们不应该撤军,我们应该打回临淄!"

"元帅,我们应该狠狠教训一下那帮齐国人!"

"元帅,带我们打回去吧,我们一定能打败齐国人!"

"元帅,带我们打回去吧……"

庞涓十分感动,他拱手对众士兵施礼,感激道:"我的好兄弟们,我谢谢你们,谢谢……"

中年士兵对庞涓道:"元帅,你发令吧,只要你一句话,我们就是死,也要抹去齐国人对我们的羞辱!"

庞涓摇了摇头:"我们不能回齐国……"

"元帅是不是担心失信于天下?"

"不是,我宁可失信于天下人,也不失信于我的士兵。"

"那是为什么?"

"你们离家多日,家人们想你们啊……"

中年士兵被庞涓的话感动,他对庞涓坚定地说:"没有荣誉,我们没脸回家,元帅应该带着我们杀回齐国,夺回荣誉!"

庞涓看了看中年士兵,又放眼看了看周围的士兵,道:"我不知道是不是所有的兄弟,都愿意杀回齐国,夺回荣誉。"

中年士兵猛然转身,抽出剑高举着,大声道:"弟兄们,愿意杀回齐国,夺回荣誉的,举起你的兵器。"

在场的士兵们纷纷举起手中的各种兵器,高声道:

"杀回齐国,夺回荣誉!"

"杀回齐国,夺回荣誉!"

"……"

士兵们的喊声在辽阔的原野上久久回荡。

庞涓感到时机到了,他率领复仇心切的魏国士兵,浩浩荡荡再次杀奔齐国。

魏国大军再次进犯齐国,齐威王紧急召见田忌和孙膑,道:"庞涓背信弃义,再次进犯寡人的国家,寡人要与庞涓决一死战。若寡人获胜,魏国将不能再称霸中原;若庞涓获胜,寡人的国家休矣。因此,我们只能胜,不能败。二位觉得该如何应对庞涓?"

孙膑对齐威王说:"大王,要战胜庞涓,必须答应我们一个条件。"

齐威王道:"只要能战胜庞涓,别说一个条件,就是十个条件,寡人也答应。说吧。"

孙膑道:"要战胜强敌,必须集中军力,统一指挥,大王应将调动军队的权力集中于田将军与微臣手中,臣是指齐国所有的军队。"

齐威王微微颔首:"可以。"

"还有,朝中大夫也要听从田将军与微臣的调遣,要人给人,要粮给粮,若有不从者,无论何人,田将军与微臣都有权先斩后奏。"

"这……有必要吗?"齐威王有些不情愿。

"有。"孙膑的态度很坚决,"战争乃国家大事,非军队独战所能取胜,尤其是如此大战,上下内外,必须协调一致。"

齐威王沉吟片刻,最终答应了孙膑的要求。

孙膑和田忌招集朝中大夫,开始部署作战事宜。

孙膑对大夫们道:"国家危难之时,田将军与我受命于大王,统领军队朝臣,战胜强敌。孙膑希望所有朝中大夫,能全力协助田将军与我,打败庞涓。"孙膑扫了一眼众人,唤道:"邹相国。"

邹忌乃一人之下万人之上的相国,除了齐王,还没人用如此的口气对他说话,于是,脸上露出不屑一顾的样子,看都没看孙膑一眼,轻慢应道:"听着呢。"

孙膑威而不露,继续道:"邹相国,上前听令。"

第八回 以逸待劳

邹忌站着没动。

"我的话，你听见了吗？"

"听见了。"邹忌不耐烦地应了句。

孙膑满脸威严地问："那你为何不上前听令？"

邹忌冷笑道："你不是大王，我没有必要上前听令。"

"我受命于大王，我的命令就是大王的命令，请你上前听令。"

"我身为相国，一人之下万人之上，在此听令已经是给你很大的面子了，你不要公报私仇，有意刁难我。"

"这不是有意刁难，我是按军令行事。请你上前听令。"

"我不听从你的军令又能怎样？"

"你违抗军令，本当该斩，念你有功于齐国，死罪可免，但活罪难逃。"孙膑高声道："宫卫可在？"

两个宫卫走上前道："在。"

孙膑命令道："将邹忌拉出去，绑于街市，示众三天。"

大夫们一阵哗然：

"孙军师胆子也太大了，竟敢让相国当街示众！"

"军队就是这样，军令如山倒……"

"可我们不是他的士兵……"

见宫卫犹豫不决，孙膑厉声道："你们听见没有？将邹忌拉出去，绑在街市，示众三天！违令，斩首！"

"且慢！"这时，齐威王从侧门疾步走出。

齐威王来到孙膑面前，道："孙军师，邹相国是寡人的功臣，你不能绑他示众。"

孙膑道："大王，如若不严惩相国，再有违抗军令者，我将无法处置。不处置违抗军令者，军令就无法执行，军令不能执行，如何战胜敌人？"

齐威王道："这……能不能罚的轻一点，给相国留个面子？"

孙膑道："我可以给他留面子，但庞涓不会给我留面子；要战胜庞涓，我就不能给任何人留面子。"

齐威王脸色逐渐凝固，道："寡人的面子你也不给？"

孙膑道："大王若想保住齐国，大王的面子就不能给；大王若不想保住齐国，大王的面子我可以给。"

齐威王望着孙膑沉默片刻，沉着脸十分不快地道："你看着办吧！"说完，又转身进了后室。

宫卫按照孙膑的命令把邹忌架走了。邹忌临出宫门的时候忿恨地喊道："孙膑……来日方长！"

孙膑惩罚了邹忌，朝中的其他大夫，再没有一人敢对孙膑的命令有丝毫怠慢，有的监管城内粮草，有的负责向青壮百姓发放兵器，有的负责制造弓箭，修理兵器马车……朝中所有的人都调动起来了，临淄很快组成了一个兵民一体的作战体系。

孙膑布置完临淄的防御工事，又前往数十里外的齐军大营。临行前，他嘱咐留在临淄的田忌以坚守为主，不要出击，若非出击不可，与禽滑商量后，再做定夺。田忌答应，一定按作战部署行事。

孙膑来到临淄二十里外的大营，将作战部署告诉田国等将军。孙膑对他们说："我们的大营与临淄成掎角之势，遥相呼应。庞涓若全力围攻军营，将担心田将军从背后袭击；他若围攻临淄，又担心我们从背后袭击；他若同时围攻临淄与军营，兵力难以为继。因此，你们尽管放心，他绝不敢孤注一掷，强攻临淄或大营。魏军远道而来，加之一去一回，士兵已经疲惫不堪，我们坚守不出，拖住庞涓，待魏军粮草匮乏，军心波动，我们再与之决战，魏军尽管强大，也必败无疑。"

为了对付孙膑的一"城"一"营"，庞涓打算绕开孙膑，围攻临淄，调动孙膑离开大营，救援临淄，然后在营外与孙膑决战。公孙阅认为孙膑不会上当，庞涓不以为然，认为齐王会逼他上当。

庞涓的军队对临淄城展开猛烈进攻，城上城下打得昏天黑地。

田国沉不住气了，他问孙膑："军师，庞涓大军围攻临淄，我们为何

第八回 以逸待劳

不出兵相助？"

"兵法曰：不动如山。"孙膑回答道。

"如果临淄失守，我们没法交代。"

"有大将军在，临淄不会失守。"

庞涓见孙膑按兵不动，便又调五千士兵进攻临淄。公孙阅建议他再多调一些军队攻城，庞涓不同意，他要预留足够的兵力对付孙膑。

攻城的魏国军队越打越多，齐威王担心田忌守不住临淄，加之朝中大夫污蔑孙膑视临淄危难于不顾，按兵不动，是另有所图。齐威王派宫卫出城，命孙膑立刻出兵救援临淄。

孙膑告诉出城传达王命的宫卫，魏军只是虚张声势，临淄不会有危险。宫卫返回临淄前，孙膑特意叮嘱他们："你们再告诉大王，知胜者有五，其中之一是：将帅有才能，而君王不加牵制。希望大王能予以信任。"

庞涓见孙膑久不出兵，便命令军队停止攻打临淄，围困孙膑的大营，计划引诱田忌出兵，先消灭田忌。他对公孙阅道："你多派细作，混入临淄，散布谣言，就说孙膑粮草被烧，人心浮动，再无救兵，大营难保。"

公孙阅道："田忌恐怕不会相信。"

庞涓意味深长地道："我不是让田忌相信，是让齐王相信。"

齐威王果然相信了庞涓的谣言，他立刻召见田忌，命田忌出兵解救大营之困。田忌劝齐威王不要妄信谣言，孙膑最看重粮草，粮草不会轻易出事。齐威王对田忌道："田将军，依寡人之见，不论粮草之事是真是假，你都应该带一支军队从背后袭击庞涓，让他首尾难顾，一来可以减轻孙膑的压力，二来可以趁敌人混乱之机派人进入大营，了解真情。"说到这里，齐威王得意地说："怎么样，寡人这一计不亚于孙膑吧？"

"大王的计策的确很好。"田忌想到孙膑的嘱托，向齐威王解释道："但军师临别时有言，坚守为主，不可出击……"

"田将军，"齐威王十分不快，打断他的话，"难怪你数次败于庞涓手下，就是因为你优柔寡断。出兵的事，寡人决定了。"

田忌迫于齐王的压力，打算出兵，禽滑不同意，他对田忌说："大王曾经说过，作战之事，皆由将军与军师定夺。"

"大王毕竟是大王，我怎么可以不听大王的呢？"

"如果因此使军师的作战部署落空，何人负责？"

"我负责。"

"你负不起这个责任！整个齐国都负不起这个责任！"

田忌沉默片刻，道："好吧，我们照原计划进行。"

田忌没有出兵，公孙阅对庞涓说："我们把田忌估计低了。"

"不是估计低了，而是估计高了，田忌根本就没出城的胆量，就算齐王要杀了他，他也不敢。"庞涓说罢，端起一樽酒一饮而尽，随后咬了一大块肉。

公孙阅看庞涓如此气定神闲，以为他有主意了，问："元帅，你是不是有主意了？"

庞涓苦笑着摇摇头，道："不吃不喝更没主意。"他倒上一樽酒递给公孙阅，"来，我们一起喝。"

另一边，孙膑与田国也在饮酒。田国喝干一樽酒，抹了一下嘴，说道："军师，我算服你了，有人说你料事如神，我看神仙也不过如此。"

"田国将军，你也学会奉承人了。"孙膑饶有趣味地笑着说。

"不是奉承，是真的……"田国喝了一口酒，"只是你太厉害，大家都怕你，不敢跟你说话，我是指心里话……"

"莫非田将军有心里话？不妨说来听听。"

"嘿嘿，"田国又喝了一大口酒，不好意思地憨笑道，"军师啊，我这人不打仗，心里就难受，这几天眼睁睁地看着魏国士兵在我们面前晃来晃去，尤其是他们指着我们的脸骂胆小鬼，真让人受不了。我恨不能冲出去，杀个痛快……可是为了大局，我只能'不动如山'，老老实实地挨骂……军师，能不能给我们个机会，让我们出去解解恨，哪怕只是很少一点机会。"

"说实话，我也想出去，痛痛快快打一仗，可是我这腿……"孙膑说着，低头看看自己的腿，思索片刻，突然抬起头，对田国道："田国将军，我们今晚就出战。"

田国有些难以置信，问："军师，你不是开玩笑吧？"

孙膑认真地回答："军中无戏言。"

田国高兴地一拍大腿，"太好了！军师，你说怎么打？"

"你带数百名精干士卒，偷袭魏军，叫他们不得安宁。"

是夜，魏军营内又燃起篝火，魏国士兵们围坐在篝火边，默默地听着一曲充满思乡之情的乐曲，那个高个子中年士兵也在其中。旁边的士兵问他想家吗，他说："当然想啊，本来想痛痛快快地打一个胜仗，回家风光一番，没想到如今，打不能打，走又不能走……"

突然一支箭从夜幕中射过来，那个准备回家娶新媳妇的年轻士兵一头栽倒在地上。紧接着，一片箭雨射了过来。

射箭的是田国的士兵，他们穿着魏国士兵的铠甲，一边射箭，一边高喊："齐军来了！齐军来了！"

顷刻间，魏国军营乱作一团，还燃起了大火，烧毁了许多营帐。不少魏国士兵死在混乱中，那个高个子中年士兵也死了。

第二天清晨，魏国大营安静下来。庞涓脸色铁青，站在一顶燃尽的帐篷前，看着一具具士兵的尸体被人抬着从面前经过，心中很不是滋味。他看见了那个中年士兵的尸体，拦住抬尸体的人，上前握住中年士兵的手，泪水流下，道："兄弟，我对不住你……"

他抽出剑指着天，发誓道："此仇不报，我庞涓枉为男人！"

魏国将士们带着仇恨向齐军大营猛烈冲击。齐国士兵则退守在圆木扎成的栅栏墙内，很有秩序地一排接一排交替着向外射箭。最前面的魏国士兵中箭倒下，后面的人迈过死者的尸体，继续向齐军大营冲过来。齐军大营内外喊杀声和兵器的碰撞声惊天动地……

禽滑得知庞涓进攻齐军大营，劝田忌出兵。田忌问："庞涓不会有诈吧？"

禽滑道："我估计不会。庞涓被军师拖急了，人急容易失智；此外，他以为大将军不敢出击。所以……"禽滑说着，只见田忌仰头大笑道："我不是不敢，是时机不到。"当即率领军队出城袭击庞涓。

当庞涓听说田忌出兵时，不由一惊，很快镇静下来。他问细作："田忌出来多少人？"

细作回答："浩浩荡荡，足有三百乘马车。"

庞涓冷笑道："我叫他们有来无回。"

庞涓立刻命令魏军撤离齐军大营，孙膑知道田忌出兵了。

田国对孙膑说："军师，我们是不是也在庞涓背后突击一下？"

孙膑道："不，我们还是'不动如山'。"

庞涓企图把田忌堵在城外决战，一路催促士兵疾步前进，士兵跑得气喘吁吁，加上这数日来的折腾，体力濒临透支。殊不知田忌却早已撤回临淄，他返程时笑着对禽滑道："虚虚实实，真真假假，军师这一手，我也学会了。"

事后，庞涓恼羞成怒，怒气冲冲地质问报信的细作："你谎报军情，该当何罪？"

"元……元帅，我亲眼看到田忌出了临淄……谁想到他们半路又回去了……"细作支支吾吾地回答道。

"你只长眼睛，没长脑子，留你何有？"庞涓冷漠道，对身旁的卫士下指示，"拉出去，杀。"在处置了细作后，庞涓命令全军明晨鸡鸣吃饭，整装待命。

"元帅，明天还打吗？"公孙阅问庞涓。

"你说呢？"庞涓反问。

公孙阅想了想，心领神会，叹道："元帅，当初你就应该把孙膑杀掉。"

庞涓斜了公孙阅一眼，道："你是说，我不是他的对手？"

"不，当今天下，只有你们两个配做对手。但这次，元帅难以取胜，只是无奈我们的士兵太疲劳了……"

孙膑在帐内独自下棋，他看着面前的棋盘，对坐在一旁的田国道："庞涓明天肯定撤军，你率全军尾随追击，有把握打败庞涓吗？"

田国笑道："以我养精蓄锐之师，追击庞涓劳顿疲惫之旅，岂能没有获胜把握？只是我们不该尾随而战，应当拦截庞涓，彻底消灭魏军。"

孙膑道："孙子曰：归师勿遏。敌军归国心切，若遇阻拦，必然死战，这样不但不能消灭敌人，反而会被敌人重创，得不偿失。因此，我们尾随追击即可。"他说着将一枚棋子放在棋盘上。

第二天，庞涓果然撤兵，田国率领齐国军队尾随追击，再次大败魏军。

　　按："以逸待劳"一语出自《孙子兵法》，这一计是三十六计中的第四计，其意是保证自己养精蓄锐，迫使敌人疲惫不堪、处于不利的地位，从而战胜敌人。孙膑不动如山，以逸待劳，再次战胜庞涓。欲知庞涓下次与孙膑如何较量，请看下回："无中生有"。

第九回　无中生有

庞涓率领败军回到魏国后，越想越气，他恨孙膑，恨钟离春，恨那些欺骗他的人……他命令士兵把钟离秋抓了起来。

"钟离秋，你可知道我为何请你来吗？"庞涓对钟离秋冷笑道。

钟离秋面带愠怒，摇了摇头。

"你姐姐在齐国当着众人的面羞辱我，使我无脸见人。"

"那是她的事，与我没关系。"

"怎么没关系？你们放走了孙膑，是孙膑指使她这样做的。"

"孙膑不是我放走的。"

"不是你是谁？是不是公孙阅？"庞涓逼问道。

"不，不是他……"钟离秋坚决否认。

庞涓一阵冷笑，威胁道："你不说，我就把你交给我的士兵，让他们处置你……你明白我的意思吗？"

钟离秋气愤万分："你……你不得好死！"

"不得好死的是你。"庞涓冷笑道，"来人，把她带到军营，让士兵们轮流享用。"

守在门外的士兵们走进来，架着钟离秋准备把她带走。

"放开我，我说！"钟离秋对庞涓大声喊道。

庞涓示意，让士兵们放开钟离秋。

钟离秋对庞涓道："是我放走的孙膑。"

庞涓问："还有谁？"

钟离秋答道："我姐姐。"

庞涓冷笑着："只凭你们两个办不到。"

钟离秋不屑地道："这有什么办不到的？我把孙先生藏在家里，把他的衣服扔到河边，风平浪静后，我姐姐驾着车把孙先生送到齐国……"话音未落，庞涓一巴掌狠狠打了过去，将钟离秋打倒在地。

钟离秋挣扎着从地上爬起来，抹了一下嘴角的血迹，对庞涓道："你打吧，你打死我，孙先生会为我报仇，你不是他的对手，他早晚会杀了你……"

庞涓怒不可遏，命令士兵把钟离秋拉到街市斩首示众。

公孙阅听说庞涓要杀钟离秋，快步跑到刑场，夺下刽子手的刀，让他们稍等片刻，他去求庞元帅刀下留人。公孙阅来到庞府，跪在庞涓面前，求他放过钟离秋。

庞涓看了看公孙阅，冷冷道："她放走了孙膑，我不能不杀她。"

"可孙膑不是她放走的，是钟离春。"公孙阅辩解道。

"她与钟离春一同放走了孙膑。"

"她没有，是我与钟离春一同放走了孙膑。"

庞涓冷冷一笑："为了一个女人，毁了你的一生，值吗？"

公孙阅斩钉截铁地道："值。她是我最需要的女人。"

庞涓望了他片刻，叹道："起来吧，我可以放了钟离秋。"

公孙阅感激涕零，对庞涓道："元帅，为了你我可以赴汤蹈火！"

庞涓又道："公孙阅，我要你帮我除掉孙膑。"

"行，但不要让钟离秋知道。"

"不用你亲自动手，借别人的手除掉他。"

"你吩咐吧，怎么干？"

"今天我之所以大动干戈，就是让人们都知道，我要杀钟离秋。你带着钟离秋投奔齐国，他们肯定不会怀疑你。你到了齐国后，去找邹忌，想方设法得到他的信任。邹忌与田忌、孙膑素来不和，你可以利用邹忌之手，除掉孙膑。"庞涓说着，幽邃的双眼透出一道杀气。

公孙阅拍手称妙，欣然答应。

公孙阅带着钟离秋离开魏国，前往齐国。一路上钟离秋兴高采烈，盼望早一天见到姐姐和孙先生。公孙阅一边驾着马车，一边说："孙膑逃走的时候，我们之间有个契约，我帮他逃走，他帮我得到你，还发誓永远不再见你。"

钟离秋道："孙先生那是迫不得已。"

公孙阅回头看看钟离秋，叹道："一个男人如果真心喜欢一个女人，就是死，也不会答应不见这个女人。前些日子，庞涓逼我做出选择：一面是死亡，但能与你在一起；一面是生，但是要永远失去你。我选择了死亡，因为我真心喜欢你。孙膑他对你不是真心的，所以他选择了生，永远不再见你。"

钟离秋沉默无言，望着远方，显得有些茫然。

公孙阅来到临淄后，便投奔了邹忌。两人坐定后，邹忌问公孙阅："你为何要离开庞涓，投奔齐国？"

"庞涓要杀我夫人。"公孙阅回答道。

"庞涓为何要杀你夫人？"

"我夫人曾经帮助孙膑逃离魏国。"

"那你应该投奔孙膑，不该来找我。"

"我夫人钟情于孙膑，我若投奔孙膑，岂不妻离家散吗？"

邹忌思忖片刻，道："我可以收留你，但是，你暂时不要抛头露面。"

公孙阅道："我明白，相国需要验证我方才所说的话。"

"我不是不相信你，"邹忌解释道，"我不但需要你做我的谋士，还需要你做齐国的谋士。因此，不得不慎重行事。"

邹忌派人到魏国打听公孙阅的情况，确定公孙阅所说都是实情。便设酒宴款待公孙阅，并向他表示歉意。

第九回 无中生有

两人推杯问盏，相谈甚欢。席间，公孙阅对邹忌道："相国，你可知道我为何投奔你？"

邹忌笑道："我是齐国的相国，我可以让你得到荣华富贵。"

公孙阅摇头道："公孙阅并不看重荣华富贵，如果只为荣华富贵，我就不必离开庞涓了。"

"那你看重的是什么？"

"女人，我心爱的女人。"

"你不是已经有了嘛。"

"但她随时都有可能回到孙膑那里。"

"我能帮你什么？"

"除掉孙膑。"

"你怎么知道我会帮助你？"

公孙阅道："孙膑曾将相国绑于街市，羞辱相国，相国恨他刻骨铭心。"

邹忌每当想起此事，便气得浑身哆嗦，他咬牙切齿地说道："我与孙膑誓不两立！"

公孙阅继续道："要除掉孙膑，必须除掉田忌。"

邹忌猛地一拍桌子："他们二人一个也不能留！"说罢，他叹了口气，又道："自从孙膑和田忌打败了庞涓，大王对他们的信任与日俱增……除掉他们太难了。"

公孙阅阴恻恻地道："不难。大王最担心的是别人夺他的王位，尤其担心他的宗亲对其发难。田忌是大王的宗亲，而且兵权在握，只要我们让大王相信，田忌有夺取王位的野心，这就够了。"

"田忌没有这种野心，大王不会相信。"

"我们可以诱导大王相信。"

邹忌常和齐威王一起玩投壶游戏，输者饮酒。这天正玩得高兴，他对齐威王道："大王，人心叵测，田忌、孙膑兵权在握，大王不可不防。"

齐威王道："田忌、孙膑对寡人忠心耿耿，不会做对不起寡人的事。"

邹忌又道："大王难道忘了，魏国大军压境的时候，他们无视大王，目中无人，屡屡违抗大王的命令，根本不把大王放在眼里，对这种人不可不防。"

齐威王笑道："那是为了战事，他们做的对，而且最终为寡人打败了庞涓。"

邹忌回到府中，告诉公孙阅大王并不相信田忌、孙膑有野心。

公孙阅道："相国说的次数太少了，说一次不行就两次，两次不行，三次，说多了，大王即使不完全相信，也会心有疑虑。"

邹忌无奈道："空口无凭，必须有证据。"

公孙阅笑道："那是下一步，需要等待机会。"

自打钟离秋来到齐国，一直住在邹忌府中，她想念姐姐钟离春，但公孙阅不让她见，说等一些日子。许多天过去了，公孙阅还是没有让她去见姐姐的意思。钟离秋对公孙阅说："我已经等了好几天，你还要我等多久？"

公孙阅苦笑道："我们在齐国，人生地不熟，全靠相国了，相国与田将军不和，而你姐姐又是田将军的座上客，此时你如果去看她，相国知道了，会怎么想？"

"那……我何时才能见到姐姐？"

"等我取得相国信任之后。"

钟离秋嘱咐公孙阅："嗯，你可要好好为相国做事，让他早些信任你。"

钟离春自从认识孙膑后，就对他产生了敬慕之心，钦佩孙膑并不因身有残疾而自暴自弃，反倒愈加奋发有为；日子长了，渐渐地由敬慕变为爱慕，尤其是孙膑奇计百出，运筹帷幄数次打败庞涓后，这种爱慕之心更加强烈。她想嫁给孙膑，终生陪伴他，可她毕竟是个姑娘家，难以开口。

这天禽滑约钟离春投壶，玩的正高兴，禽滑问她："钟离姑娘才貌双全，想嫁一个什么样的丈夫？"

钟离春没有回答。

第九回 无中生有

禽滑又问："你……是不是想嫁给孙先生？"

钟离春还是不回答。

禽滑笑道："不回答就是承认。"

钟离春忙道："我没承认。"

禽滑再问："那你想嫁给谁？"

钟离春不快地说："不知道！"

"钟离姑娘，"禽滑试探道，"如果，孙先生不打算娶你的话，我倒是愿意……"

钟离春脸色立时沉下来，生气道："这种话我不愿听。"

禽滑的话使钟离春再也忍不住了，她要把自己的心里话告诉孙膑。当天晚上，她找到正在钻研兵法的孙膑，开门见山问道："孙先生，你想不想成家？"

孙膑放下简册道："我曾经答应过鬼谷先生，先建功，后成家。"

"你建立功绩后，打算娶什么样的女人？"

"我还没考虑。"

"你还惦着钟离秋？"

孙膑忙道："不是，她已经是别人的妻子了。"

"那你……想到我了吗？"钟离春鼓足勇气，小声问道。

孙膑一愣，不知如何回答。

钟离春看了看面红耳赤的孙膑，知道他脸皮薄，便道："你不用立刻回答，我等你，等多少天都可以，但你必须给我一个明确的答复。"钟离春起身道："孙先生，早些歇息吧，我回去了。"说罢，转身离开。

钟离春走后，孙膑心里很乱，他真心喜欢钟离春，不仅仅是因为钟离春于他有救命之恩……可是，他身患残疾，怎么能让钟离春照顾他一辈子呢？那天晚上，孙膑几乎一夜没睡。

第二天，禽滑来找孙膑，问他想不想娶钟离春，孙膑沉吟片刻，说："钟离姑娘对我恩重如山，可是我身有残疾，生活多有不便，如果娶了她，她要照顾我一辈子，我不值得她这么付出。"

禽滑道："她如果愿意照顾你一辈子，你如何拒绝？"

孙膑想了想，说："那我就说，她的性格太像男人，做朋友可以，做妻子不合适。"

禽滑摇了摇头道："你不能这么说，这么说太伤害她的自尊心了，她毕竟……还是个姑娘。"

"那我该怎么说？"

禽滑想了想，道："我带你去占一卦，如果占卜者说你们的婚姻难成，你就把占卜者的话告诉她，对双方都算有个交代。"

禽滑和孙膑坐着田忌的马车来到占卜老者家中，说明来由后，占卜老者占了一卦，他对孙膑道："你回去对那位姑娘说，不是老夫不成全你们，是你们命中注定，就如水与火一样，虽然生命离不开它们，但若强行将它们合为一体，终不相容，因此，还是不合在一起的好……你明白了吗？"

"明白了……"孙膑给了老者一块银子。

孙膑在占卜者家占卦的时候，邹忌带着公孙阅也打算到这家来占卦。路上，公孙阅对邹忌道："我相信计谋，不相信占卜，如果占卜能预知胜负，还要谋士干什么？"

邹忌对他解释道："你来齐国时间不长，有些事不太了解，齐国大夫凡有大事，都到这家占卜，我占卜过几次，每次都灵验。"

他们坐着马车来到占卜者住的地方，突然发现田忌的马车停在屋外，邹忌皱了皱眉头，告诉公孙阅，孙膑、田忌可能也来占卜了。公孙阅闻此，思忖片刻，对邹忌道："相国，机会到了。"

"什么机会？"

公孙阅低声道："相国方才说过，朝中大夫凡有大事，都到这家占卜，我装扮成田忌的随从……"

邹忌明白他想说什么了，怕街上的人听见，让他回府细讲。

回府后，公孙阅把他的计谋详细告诉邹忌，邹忌击掌道："好主意，

第九回　无中生有

就这么办！"说完，转念又想，道："万一大王要双方对质，如何是好？"

公孙阅道："你对大王晓之利害，就说田忌他们兵权在手，如若对质，反会惊动他们，逼他们起事，大王就不敢对质了。"

这天晚上，孙膑来到钟离春住处，把占卜老者的话告诉了钟离春，钟离春还没听完，就气冲冲地说："他胡说八道，该死！"

孙膑道："你可不能这么说，他占卜很准，朝中大夫都信他。"

钟离春冷笑道："孙膑，我记得你说过，孙武子预测战争的胜负，从来不信占卜，而是看筹划是否周密，条件是否充分。"

孙膑一时不知如何自圆其说。

"婚姻与作战一样，应该相信自己，而不是占卜。"钟离春轻咬嘴唇，道："孙先生，你说实话，你愿不愿意娶我为妻？"

孙膑沉吟片刻，道："钟离姑娘，我们可以做好朋友，但是，我们不能成为夫妻。"

"为什么？"钟离春问。

"我们的性格……差别太大，如果成为夫妻，恐怕……"孙膑吞吞吐吐道。

"你不用说了，"钟离春打断他，"我明白了，你看不上我。你走吧。"

"不是，你对我恩重如山……"孙膑欲作解释。钟离春不想听他说下去，把他推出门外，重重关上了门。

孙膑隔着门，对钟离春道："钟离姑娘，我真的不是看不上你，我是……唉，算了，不说了，以后你会明白的。"

孙膑离去的脚步声渐渐消失。两行泪水从钟离春眼中流了下来。

孙膑把去见钟离春的事告诉了禽滑，禽滑了解钟离春的脾气，他来到钟离春住处，打算劝劝她，却发现钟离春已经走了。禽滑立刻招集了几个家臣，打着火把去找钟离春。

是夜，公孙阅装扮成田忌的随从，敲开占卜老者家的门，将几块黄金放在老者面前。老者一愣，问："你这是干什么？"

公孙阅说："我奉田将军之命，请先生为他占卜。"

老者道："老夫占卜，从不收这么多钱。"

公孙阅说："此次占卜，非同小可。我家将军乃大王同宗，掌齐国军权，得孙膑辅佐，威震天下。而今，将军欲谋大事，请先生占一卦，预知可成否。事成再给你百两黄金。"

此时屋外传来敲门声，接着传来叫门声："长者，我是相国府的人，相国有要事相请。"

公孙阅用剑逼住老者，低声道："我方才所言，不可泄漏，否则，我杀了你。"

占卜老者连连点头。

占卜老者跟着邹忌的随从前往邹府，路上遇见了正在寻找钟离春的禽滑，占卜老者主动上前和禽滑打招呼。因为钟离春的出走，禽滑对老者有气，冷冷回了一句便匆匆擦肩而过。

占卜老者来到邹忌府中，问邹忌找他何事。邹忌问："听说田忌府的人找你占卜，不知所问何事？"

老者回答道："是求婚姻之事。"

邹忌冷笑："如果是问婚姻之事，他们绝不会给你那么多黄金。"

老者闻此，不免有些心虚。

邹忌又问："听说田忌窥视王位，图谋不轨，他该不是问这种事吧？"

老者一惊，连忙叩头道："相国明察，小人没有为他们占卜。"

邹忌带着老者连夜进宫，把田忌派人占卜的事告诉了齐威王。邹忌对齐威王道："大王，田忌军权在握，大王若不早作决断，王位休矣！"

虽然有占卜老者作证，齐威王仍心存疑惑，他让邹忌带着占卜老者到田府查找那个去占卜的人。邹忌道："大王，田忌军权在握，公开查找，必然惊动田忌，他若狗急跳墙，如何是好？"

"嗯……相国所虑甚是。"

邹忌又道："大王应该当机立断，把田忌、孙膑抓起来。"

第九回　无中生有

齐威王摇头道："田忌、孙膑乃齐国的功臣，只凭占卜者的一面之词，寡人不能处置他们。"

邹忌道："大王，你不处置他们，他们将处置大王，当年，齐康公被田太公废黜，不就是个教训吗？"

齐威王沉思不语。

第二天朝会后，田忌与孙膑同车而行回府。车后不远有一辆马车跟着他们，那辆车上坐着两名宫卫。孙膑向后瞄了一眼，对田忌低声道："将军，我越想越不对，大王突然宣布调用军队必需有他的命令，而且还派人监视我们，肯定有人向大王进谗言。"

"一定是邹忌……他以前为大王献过不少治国良策，大王十分信任他。能说动大王对我们猜忌至此，也就只有他了。"

"而今的邹忌又为何如此小人？"

"嫉妒损害了他的品德。"田忌无奈地轻叹道。

"我明白了，"孙膑也叹道，"他与庞涓患的都是一种病……"

两人在回府的途中，路过占卜老者家，那里围了许多人，像是出了什么事。孙膑下车询问老者的邻居，方知占卜老者昨夜被人杀了，据邻里所知老者从未得罪过任何人，也不知是何人下的手。孙膑表情严肃，上前掀开盖在老者身上的麻布，赫然看见老者脖子上有一道刺眼的剑伤，在愣住的同时耳旁响起了昨夜钟离春忿恨的声音："他胡说八道，该死！"难道是钟离春么？

占卜者的死讯很快传进王宫，邹忌认为是田忌杀人灭口。齐威王对田忌的疑心加重，命宫卫传田忌速速进宫。

按："无中生有"是三十六计中的第七计，本意是指凭空捏造，栽赃陷害。该计用于作战，是指先用假象迷惑敌人，然后假中生真。公孙阅、邹忌用此计使齐威王对田、孙二人产生疑心，为除掉田忌、孙膑铺平道路。欲知后事如何，请看下回："借刀杀人"。

第十回　借刀杀人

孙膑情急之下，怀疑钟离春是因为姻缘不合之卦，一怒之下杀了占卜者。他把占卜的前后经过告诉了田忌，田忌不相信钟离春如此鲁莽，正欲派人寻找钟离春询问真情，家臣来报，齐王命他速速进宫。

田忌进宫叩见齐威王，齐威王开门见山，问田忌可知占卜老者是何人所杀。"这个……"田忌一时拿不定主意，不知该不该把钟离春的事告诉齐王。齐威王见田忌吞吞吐吐，便单刀直入，道："有人说是你手下人所杀。"

田忌以为齐王可能听到了什么风声，只能点点头，说："而今只是推测，尚未有证据。"

"你推测是何人？"

"钟离春。"

"她为何要杀占卜者？"

"据说是为了婚姻，占卜者说她命中注定与孙膑不可能结为夫妻，她一怒之下，便杀了占卜者。"

"你速速把钟离春带进宫来，寡人要亲自审问她。"

"她已于昨晚离开了微臣的家。"

齐威王命田忌速速派人捉拿钟离春。

昨夜带人寻找钟离春的禽滑，疲惫不堪地回到田忌府中，他告诉孙膑、田忌，他找遍了临淄的客栈，也没有发现钟离春的身影，而后他去了四个城门，西门的士兵说，昨天晚上有一个背剑的人，从墙上爬下去了，按照

第十回 借刀杀人

士兵对那人的描述，估计是钟离春。他找了匹快马，出了城门疾驰追赶了一段路，也没追上，看来钟离春是远走他乡了。

孙膑告诉禽滑："占卜老者昨晚被人杀死了，我怀疑钟离春杀人潜逃。"

"绝不可能。"禽滑道，"昨晚夜深时分我在街上见到过占卜者，占卜者和邹忌的随从在一起，而西门的士兵说，钟离春夜深之前就翻过了城墙。"

"邹忌的随从……你没看错吧？"

"错不了，我在邹府见过他。"禽滑肯定地答道。

"如此说来，占卜者的死，很有可能是邹忌的阴谋。"孙膑若有所思。

另一边，邹忌担心夜长梦多，催促齐威王说："大王，既然田忌已经承认占卜者是他手下人所杀，就应该立刻把田忌、孙膑抓起来。"

齐威王道："待他们抓住钟离春之后，有了口供，寡人再处置他们也不迟。这样，朝中大夫与百姓才能心服口服。"

"如果他们抓不到钟离春，或者根本就不抓钟离春呢？"

"那就证明他们做贼心虚，寡人照样有理由处置他们。"

宫中的风言风语吹进了田忌府中，孙膑对田忌道："大将军，现在最好的办法是交出军权，以守代攻。"

田忌迟疑不决，他担心交出军权，就更难对付邹忌了。

孙膑又道："邹忌奈何不了我们，关键是大王。交出军权，我们就可以解除大王的疑心，避免杀身之祸。只要留得青山在，还怕没柴烧么？再者，我们虽然交出军权，军中还有田国众将军，邹忌一时难以插手军务。"

禽滑也赞同孙膑的主意，劝田忌交出军权，解除大王的疑心。

次日，齐王宫中。田忌手托兵符，跪在齐威王面前；孙膑手托军师大印，立在他身后。田忌率先对齐威王道："大王，微臣近来身体不适，不宜再执掌军权，请大王收回兵符，另选将才。"

宫卫上前拿过兵符。齐威王微微颔首，对田忌道："田忌，寡人希望你好好休养身体，待身体康复之后，再为寡人效力。"

田忌叩首拜谢后。孙膑躬身道："大王，微臣乃田将军门客，既然田将军已交出军权，微臣不宜再担任军师一职，请大王收回军师之印。"

"孙膑，你是难得的帅才，寡人真不愿收回你的军师印。可是，钟离春是你带过来的人，她杀了占卜者，寡人若再让你留任，恐怕朝中大夫多有非议，寡人也暂且罢免你军师一职。"宫卫上前拿过孙膑手中大印，齐威王继续道："你为寡人立下汗马功劳，寡人不会亏待你，寡人将乐安之地赐给你，那里曾是你祖先的封地。"

"谢大王。"孙膑拱手施礼。

田忌、孙膑失去军权，邹忌高兴异常，请公孙阅饮酒观舞，以示庆贺。"哈哈，相国，没想到钟离春这么一搅，假戏成真，一切都顺水推舟，真乃天意！"公孙阅笑着敬了邹忌一樽酒，继续道："田忌、孙膑虽然交出军权，但绝不会就此罢休，若不除去二人，后患无穷。"

邹忌屏退了跳舞的女乐，问公孙阅有什么计策除掉他们。

公孙阅道："最简单的办法，就是重金收买刺客，把他们杀掉。"

邹忌摇头道："不行，田忌虽然没有了军队，但手下门客众多，门客中不乏剑术高手，刺客若失手，我们将前功尽弃；此外，即使得手，在齐国除掉他们，田忌手下的将军必然怀疑是我所为，那时我就不得安宁了。"

公孙阅轻皱眉头，来回踱着步子。突然眼前一亮，道："有了，相国选一个时机上奏大王，让大王派田忌、孙膑作为使者前往楚国，商量结盟之事。然后，相国让手下人收买楚国安插在齐国的细作，让他们送密信给楚王，就说田忌、孙膑野心勃勃，自上次打败魏国后，欲征服天下诸侯，此次前往楚国，明为使者，实则是去探察楚国虚实，楚王必然会杀掉他们。"

邹忌认为此计甚高，既可借楚王之手除掉自己的对头，又可做到神不知鬼不觉。

过了几天，邹忌进宫对齐威王道："大王，魏国兵败，元气大伤，数年之内，不会对齐国再有威胁；韩国、燕国、赵国国力都不如齐国，也不足为患；秦国远在西方，更不会危害齐国。天下诸侯可与齐国相抗争的只有楚国，若大王与楚国结盟，其余各诸侯小国都将投靠大王。"

齐威王问他何人前往楚国最为合适，邹忌推荐田忌和孙膑。

齐威王沉吟道："田忌、孙膑熟知齐国军情，他们若借机投奔楚国，对寡人的国家将是一个很大的威胁。"

"这好办，可以暗示他们，如果叛齐投楚，就诛他们全族。"

"孙膑孤身一人，你杀何人？"

"他的两位堂兄孙平与孙卓前些日子回到了齐国，孙膑已经把他们安置在他的封地乐安。"

齐威王采纳了邹忌的建议。

钟离秋听人说她姐姐因为杀人逃亡他乡，孙膑也因此丢了军权，伤心地痛哭起来。她流着眼泪对公孙阅说："我再也见不到我姐姐了……"

公孙阅搂住她的肩膀安慰道："别难过，过些日子，等风声一过，我就请求相国上奏大王，赦免你姐姐，然后请她回来，让她跟我们住在一起。"

钟离秋啜泣着问："相国能听你的吗？"

"能，相国现在对我非常信任。"

"大王能听相国的吗？"

"能，大王治国安邦主要靠相国。"

"我再求你一件事行吗？"

"说吧，不论你求我多少事，我都答应。"

钟离秋平缓了情绪，说："我听说，孙膑丢了军权，是因为得罪了相国，你求求相国，别再难为孙膑了，好吗？"

公孙阅叹了口气，道："别的都可以答应，这件事……相国与孙膑积仇太深，不好办……"

"你不是说相国最信任你么，你去求他，他还能不给你面子吗？"

公孙阅道："相国虽然信任我，可是这件事……"

钟离秋乞求般地对公孙阅说："只要你答应，以后做什么事，我都依着你……"

为了让钟离秋高兴，公孙阅只好违心地答应了她。

钟离秋越是为孙膑求情，公孙阅心里越是嫉妒孙膑。他安抚好钟离秋，立刻去找邹忌。他告诉邹忌，他已经收买了刺客，半路刺杀孙膑和田忌。

邹忌顿时一怔，问："你不是说借楚王之手杀死他们吗？"

"由楚王杀是杀，刺客杀也是杀，不管由谁杀，除掉他们就行。"

"这不一样，如果田忌、孙膑途中被杀，朝中大夫必然怀疑我。"

"不让他们死在齐国，让他们死在楚国，就说是庞涓所为。"

邹忌沉吟片刻，道："亦可，但不能可让刺客知道我。"

公孙阅微微一笑："相国放心，我公孙阅办事，滴水不漏。"

田忌、孙膑遵照齐王之命，带着随从踏上了去楚国的道路。孙膑对田忌说："这几天，我越想越纳闷，大王为何偏偏让我们二人出使楚国。一个大将军，一个军师，大王就不怕楚王留下我们？"

田忌苦笑道："我怕你担心，一直没告诉你。受命之时，大王曾暗示我，若不回国，杀我们全族。大王特别强调，他已经知道你的两位堂兄回到齐国了。"

孙膑沉默片刻，叹了口气，说："我一向把别人看得太善，几番周折后，遇事我不得不考虑其中有无恶意。"

"大王会有什么恶意？大王若有恶意，也不会派我们出使楚国。"

"不是大王，是邹忌。邹忌本想置我们于死地，我们主动交出军权，避免了杀身之祸，邹忌担心我们有朝一日东山再起，决不会就此罢休，因此，这次出使楚国，其中必有邹忌的阴谋。"

田忌点头称是，然后问孙膑："他的阴谋会是什么？"

孙膑道："可能是收买刺客，半路行刺。"

田忌愤愤地说："这种卑鄙的伎俩，邹忌这个小人做得出来！"

于是两人一路小心翼翼，不敢有丝毫大意。

第十回　借刀杀人

多日后，田忌和孙膑的车队终于越过边境，到达楚国境内。田忌长舒一口气，对孙膑道："我们可以松口气了，邹忌鞭长莫及，无法杀害我们了。"

孙膑说："这可难说，若我是邹忌，就在你想不到的地方下手，这叫出其不意，攻其不备。"

田忌笑道："你若是邹忌，那可麻烦了……这些天，你睡得倒是很香，我天天晚上起来值夜。"说着他打了个哈欠："再这样下去，我可受不了了。"

太阳落山的时候，他们在一个驿站住下来。

夜深了，窗外的风吹得树叶哗哗作响。

田忌躺在睡榻上睡不着，他坐起来，走到屋门处，试了试门栓，木栓很牢，仍是不放心，又拿过一根木棍顶在门上。

另一张睡榻上的孙膑翻了个身，问："你怎么还不睡？"

田忌"嘿嘿"地笑了一声："我害怕他们攻其不备。"说着将木棍顶牢，回到睡榻上。

院子里，风吹树叶的声音似乎更响了。

田忌又坐起，盯着窗外。

孙膑睁开眼，看看田忌，说："怎么，不敢睡了？"

田忌掩饰道："不是不敢，是睡不着。"

孙膑也坐起来，笑着说："别不好意思，不敢就是不敢，这是人之常情，再勇敢的人，也有胆怯的时候，尤其是不知道敌人会在何时何地向我进攻……说实话，我也睡不着。"

田忌看看孙膑，叹道："孙先生，你我在疆场之上是何等威风，而今让一个无中生有的刺客闹得夜不敢寝……想起来我就恨邹忌，堂堂的相国，竟使用如此小人手段，真卑鄙！"

"咒骂邹忌没用，当务之急是想办法如何安寝。"

"你就是有千条妙计，我也睡不着，除非没有刺客。"

"我们之所以害怕刺客，是不知道他们何时何地袭击我们，孙子兵法说……"

田忌打断他："兵法对刺客没用。"

"你听我说完,就知道有用没用了。"孙膑继续说,"兵法上道:善守者,敌不知其所攻。我们让刺客不知其所攻,不就可以安睡了吗?"

"如何才能让刺客不知其所攻呢?"田忌问。

"这很容易。刺客尾随的是齐国使者,要杀的是你我,我们让随从穿上使者的衣服,在沿途驿站散布消息,说你我半途生病,已返回临淄,他们代行使者之事。刺客找不到你我,便无从下手。"

"然后呢,我们怎么办?"田忌问。

孙膑笑道:"我们换上百姓的衣服,从小道骑马前往楚都……大将军,我这计策怎么样?"

田忌故意说道:"不怎么样。"

孙膑一怔:"为什么?"

田忌道:"这是明天及以后的事,今天晚上我们还是没法睡觉。"

孙膑笑了笑:"我再告诉你一个计策,保你睡个安稳觉。只不过,要委屈你一夜。"

"委屈不怕,只要能睡个安稳觉就行。说吧,什么主意?"

孙膑欲言又止,看看窗外,然后来到田忌的睡榻,对田忌耳语几句。

田忌不住点头,乐呵道:"嘿嘿,行,我能行。"

月上中天的时候,风声弱了。一高一矮两个刺客出现在驿站院内,他们潜行至田忌、孙膑住室窗下,向内窥视片刻,然后从背上拿下弓,透过窗棂,瞄准睡榻上的人,然后连发两箭。

那两支箭都命中了睡榻上被子下的人。

一个刺客道:"进去看看。"

另一个道:"不用,中了毒箭,没有不死的人。"

这时,身后有人冷笑道:"他们就没有死。"

二人急忙回头,一身武士打扮的钟离春站在他们身后。

"你是何人?"一个刺客问。

"杀你们的人。"钟离春冷冷道。

第十回 借刀杀人

"能杀我们的人还没生下来呢。"另一个刺客说着,拔剑向钟离春刺去。

钟离春早有防备,用剑挡开,然后顺势一剑,直奔刺客要害,刺客一惊,连忙后退。

钟离春道:"放下剑,我可以饶你们不死。"

刺客厉声道:"休想!"

两个刺客联手向钟离春攻去,三只剑打在一起,搅起剑光一片。

钟离春和刺客厮杀的时候,屋内的孙膑和田忌灰头灰脸地从各自的睡榻下面探出头来。

田忌对孙膑悄声道:"外面好像是钟离春。"

孙膑看看窗外,说:"兵以诈立,别是假的……"

话没说完,门被一脚踢开。孙膑和田忌立即将头缩回到睡榻下面。

一个人被推了进来,重重摔倒在地上,是矮个刺客。紧接着钟离春走了进来,她来到孙膑睡榻前,使劲踢了睡榻一脚,道:"孙膑,出来吧。"

孙膑探出头来,见是钟离春,惊喜万分:"钟离春,真的是你!"

钟离春一脸冷淡,道:"跑了一个,抓住一个。"说完,她转身走了出去。

孙膑从睡榻下爬出,呼喊着钟离春的名字,颠跛着追到驿站外。

而钟离春的身影早已经消失在夜幕中。

孙膑此时才知道,钟离春一直在暗中跟着他们,保护着他们。这个侠肝义胆的女人,重重地冲撞着孙膑的内心。

与此同时,田忌厉声审问那个矮个刺客是何人收买的他,矮个刺客缄口不言,趁田忌不注意,突然越起一头撞在墙上,重重倒在地上,自尽身亡。田忌叹道:"倒也是条汉子。拉出去,好好埋葬。"

第二天上路的时候,孙膑还在想钟离春,他喃喃道:"我真希望再有个刺客。"

田忌呛了口水:"你可别吓唬我。"

"再有个刺客,钟离春还会出现……"此时孙膑眼中透着柔情,继续道:"我想问问她,离开临淄去了什么地方……我还想问问她,何时跟上了我们,昨天晚上，她什么都知道，我们躲在睡榻下面她也知道，而我们却不知道她在何处。"

田忌亦赞叹道："钟离春如果是个男人，天下少有她的对手。"

"钟离春即便是女人，天下也少有她的对手，我所知道的只有一人是她的对手。"

田忌问是谁。孙膑道："庞涓的门客，公孙阅。"

田忌点了点头，道："我听说过这个人，幸亏邹忌没得到他。"

邹忌听说刺客失手不免有些担心，公孙阅安慰他说："不是还有楚王嘛，他们到楚国之时，楚国奸细的密信早就到了楚王手里，楚王能放过他们吗？"

另一边，田忌和孙膑来到楚国国都，楚国的史皇大夫安排他们住在楚国的宾舍，数日之后，楚王仍不召见他们，孙膑告诉田忌，其中定有变故。

史皇大夫观察田忌和孙膑多日，没发现他们有异样之举，便对楚王道："大王，田忌、孙膑不像是来探听楚国虚实的。"

楚王道："可细作来信，说的明确无误……你说，此事该如何处置？"

"大王，他们是不是来探听虚实不重要，重要的是如何把他们留下。"史皇大夫道，"田忌曾为齐国大将军，熟知齐国军情，大王若重用田忌，齐国不足惧也；孙膑是当今天下难得的帅才，据说又精通《孙子兵法》，若能将他留在楚国辅佐大王，天下将归大王所有。"

楚王点了点头，然后问："他们如果不肯留下呢？"

"杀掉他们，大王得不到的东西，也不能让别人得到。"

"可若杀掉他们，齐国会因此怪罪寡人。"

"齐国失去了田忌、孙膑，就是怪罪大王，又能如何？"

楚王认为史皇大夫说的有道理，命他立刻拜访田忌、孙膑。

史皇大夫见到田忌、孙膑，寒暄一番，拿出来自齐国的密信让他们看，并告诉他们，信上所说，皆出自齐国朝中要人之口。

田忌看罢信，非常气愤："信上所说都是谣言！"田忌对史皇大夫道：

第十回　借刀杀人

"史皇大夫，寡君的信你们已经看过了，请相信我们，我们的确是为结盟而来，决非是来探听楚国虚实的。"

史皇大夫笑道："你们这些兵家，讲的是虚虚实实，真真假假，我怎么知道什么是真，什么是假。"

田忌道："我可以对天发誓！"

史皇大夫思忖片刻，说："我可以相信你的话，可寡君不一定相信。"

"你说吧，如何才能让楚王相信。"

"留在楚国，辅佐寡君。"

"这不可能。"

"齐国朝中既然有人说你们是派往楚国的细作，不论是真是假，都是陷你们于死地，你们即使回去，也不会有什么好处，不如留在楚国，寡君一定会重用你们。"史皇大夫一番好言相劝，让田、孙二人好好考虑一下。

孙膑、田忌没想到会发生这样的事，田忌问孙膑怎么办，孙膑道："先确定结盟之事，把楚王给大王的亲笔信拿到手，让随从送回国，再想下一步。"

楚王为了留住田忌和孙膑，答应与齐国结盟，并给齐王写了信。

孙膑拿到信后，立刻派随从带着楚王的信，骑快马返回齐国。

孙膑估计随从已进入齐国的时候，告诉史皇大夫，说他们不能留在楚国。史皇大夫板着脸问："你们不打算改变主意了吗？"

田忌毫不示弱地回应道："大丈夫一言九鼎，何况我们是不可能背叛齐国的！"

"你们倒很有骨气。"史皇大夫冷笑道："寡君有令，不肯留在楚国，就杀了你们！你们好自为之。"

　　按："借刀杀人"是三十六计中的第三计，其意是，借别人的手，除掉对手。邹忌和公孙阅用此计，借楚王之手陷孙膑和田忌于死地。

欲知后事如何，请看下回："趁火打劫"。

第十一回　趁火打劫

史皇大夫劝楚王立刻杀掉田忌、孙膑，否则必留下后患。楚王犹豫不决，感到杀了他们太可惜。他对史皇大夫说："人心换人心，黄土也成金。只要寡人真心对他们好，他们就能回心转意。让他们继续住在寡人的宾舍，好好款待他们，他们想要什么，就给他们什么，包括女人。"

史皇大夫特意找了两个漂亮的姑娘照顾田忌、孙膑。姑娘们给田忌、孙膑送来酒菜，"谁让你们进来的？"田忌板着脸大声训斥道："我们不吃，出去！快出去！"

姑娘快要急哭了，说："求你们了，你们不吃，史皇大夫他会惩罚我们的。"

"算了，别为难她们了。"孙膑开口道，"姑娘，他跟你们开玩笑，别在意。把酒菜放下吧。"两名姑娘含着泪，将酒菜放在几上，转身走出。"你这是何苦呢？这两位姑娘又没惹你。"孙膑说着，为田忌和自己各倒了一樽酒，笑道："美女加美酒，神仙过的日子。来，干。"

"到了这地步了，你还有心思取笑。"田忌没动酒樽。

孙膑喝了一大口酒，道："这比我在魏国可是好多了……那时候，睡猪圈，吃猪食，你想都想不到是什么样，可我依然笑口常开。"

"别说的这么轻松，如果笑口常开，就不会装疯卖傻了。"

"装疯卖傻就是为了笑口常开，"孙膑又喝了一大口，"而且想怎么笑就怎么笑……话说这酒真不错，田将军也来一起喝啊。"

"你想喝就喝吧，我没兴致。"

第十一回 趁火打劫

孙膑对田忌道："田将军，自从离开齐国，我们还没痛痛快快地喝过酒呢，今天我们一醉方休，醉了，就回家。"

田忌一时没明白孙膑"回家"的意思。

孙膑笑着解释道："醉了就能梦见回家了。"

田忌苦笑着，只好端起酒樽说："好，为了回家，喝。"

两人没喝上几樽，便昏睡过去，原来史皇大夫在酒中做了手脚，他让两个楚国姑娘守着他们，记住他们说的每一句话，包括在梦里。

窗外月光如水。室内，孙膑安详地躺在睡榻上，火烛闪烁的光在他的脸上晃动。楚国姑娘坐在孙膑身旁，注视着他的脸。孙膑动了一下，嘴里喃喃念道："钟离春……"

姑娘探着身，俯在他脸前，柔声问："孙先生，你说什么？"

孙膑喃喃地念叨着："钟离春……"

姑娘这次听清了，问："钟离春是何人？是你的夫人吗？"

睡梦中的孙膑没再说什么。姑娘看着熟睡的孙膑，慢慢坐直身子，嘴里默默念道："钟离春……"

此时钟离春就站在窗外，她透过窗棂间丝帛上的小孔，含情脉脉地望着睡榻上的孙膑。

第二天，史皇大夫问照顾孙膑的楚国姑娘："孙膑说什么了？"

姑娘一字一字念道："钟离春。"

史皇大夫又问："他还说什么了？"

姑娘摇摇头，道："他翻来覆去总是这三个字。"

史皇大夫又问照顾田忌的姑娘："田忌呢，他说什么了？"

那个姑娘回答："回国，回齐国。"

楚王宫内，史皇大夫对楚王道："田忌、孙膑什么都不要，漂亮的姑娘也不要，就是要回齐国，梦里也在想，他们已不可救药，杀掉算了。"

楚王思索片刻，道："不，不杀他们，把他们关进牢狱，他们何时答应寡人，何时放他们出来。"

"他们如果一辈子不答应呢？"

"那就让他们终生不见天日！"

庞涓听说孙膑和田忌被扣在楚国，兴奋异常，称赞公孙阅干得漂亮，他打算亲往楚国去见楚王。他的侄子庞葱为他担心，说道："叔父曾在方城大败楚军，使楚王丢尽脸面，若亲往楚国，楚王必危及叔父。"

庞涓笑道："楚王最喜欢两样东西，一是美玉，二是恭维，我带着他最喜欢的东西去见他，他不但不会为难我，还会把我当做座上宾。"

庞涓来到楚国，进宫拜见楚王。楚王宫内一片杀气，宫中卫士手握兵器，虎视眈眈盯着走入王宫中的庞涓。庞涓一脸坦然，来到楚王面前，跪地叩头，道："外臣叩见大王。"

楚王看着庞涓，眼含杀机，对庞涓缓缓道："庞元帅，你胆子可不小啊。"

庞涓故作不解地看着楚王，道："大王的话，外臣不明白。"

楚王冷冷一笑，道："方城一战，你令寡人无颜面对天下，而今你只身来楚国，就不怕寡人杀你吗？"

庞涓坦然一笑，说："外臣不怕。大王是闻名天下的贤王，讲信义，明道理，从不斩杀他国来使，怎么会杀外臣呢？此外，方城一战，外臣身为魏国元帅，当为魏王拼死而战，一个贤明的君王决不会杀害忠诚于国君的臣下。"

楚王哑然，凝视了庞涓片刻，道："庞元帅很会说话。"

庞涓趁势恭维道："不是外臣会说话，是大王会做君王。楚国有如此贤明的君王，虽有一时失利，终将称霸天下。"

楚王的脸色缓和了许多，他让庞涓坐在贵客的位置。

庞涓谢过楚王，从随从手中拿过放宝玉的盒子，高高捧起，对楚王道："大王，外臣有一点小礼物送给大王，请大王笑纳。"

楚王接过盒子，打开一看，不由心花怒放——盒子内放着一块硕大美丽的宝玉。楚王赞不绝口："这块宝玉太美了，完全可以与和氏璧相媲美！"

第十一回 趁火打劫

他问庞涓："庞元帅将如此珍贵的宝玉送给寡人，一定有要事相求吧？"

庞涓笑了笑，说："小事一件。"

楚王捧着宝玉爱不释手，对庞涓道："庞元帅，有事尽管说，寡人一定满足你。"

"外臣听说孙膑落入大王手中，不知大王有何打算？"

"寡人想让他留在楚国，辅佐寡人。"

"外臣曾与孙膑同窗三年，了解他的品性，他身为齐国人，极重乡土之情。外臣曾将他举荐于寡君，寡君非常器重他，拜他为客卿，答应以后让他替代外臣做魏国的元帅，可是他却背叛寡君。寡君念他是人才，饶他不死，他却使用诡计，逃奔齐国……大王即使留住孙膑，他也不会与大王同心同德。"

"庞元帅的意思是……"

"杀了他。"

楚王看了看面前的宝玉，又看着庞涓，问："你送寡人如此贵重的礼物，就是为了让寡人处死孙膑？"

庞涓道："孙膑既是魏国的要犯，又是外臣的死敌，外臣请求大王将孙膑交给魏国，由魏国处死他。"

楚王微微一笑，道："寡人明白了，孙膑曾数次打败庞元帅，令庞元帅威风扫地，庞元帅是想借此公报私仇。"

庞涓心中直骂楚王不得善终，脸上却强带笑容，说："大王，外臣如何想、如何做并不重要，重要的是由外臣除掉孙膑，到时齐国所怨恨的将是外臣，而不是大王了。"

楚王权衡利害，认为庞涓所说对楚国有益，便答应了庞涓的请求。

史皇大夫极力反对把孙膑交给庞涓，他对楚王说："大王，如果有人抓住了大王的仇敌，大王能用稀世珍宝，换取亲手处置仇敌的痛快吗？"

楚王道："那就要看这个仇敌的价值，是不是比稀世珍宝还要贵重。"

"庞涓如此聪明的人，从不做亏本的买卖。大王,如果微臣没猜错的话，他肯定是为了《孙子兵法》。"

"兵法在孙膑的心里，他如何得到？"

"微臣还没想出来……不过，这倒提醒了我们，我们为何不想办法得到《孙子兵法》？有了兵法，大王不是照样可以称霸天下吗？"

楚王认为史皇大夫说的有道理，他让史皇大夫设法从孙膑那里得到《孙子兵法》。

史皇大夫来到关押田忌和孙膑的牢狱，对孙膑笑着说："孙先生，我给你带来一个不好的消息，庞涓来了，他要把你带回魏国。"

"我呢，他要不要？"田忌在一旁没好气地问。

"你不值得他要！"史皇大夫斜了他一眼。

田忌道："我与孙先生是患难兄弟，他不要我，孙先生也不能走。"

史皇大夫说："孙先生可以不走，只要孙先生将《孙子兵法》写下来，大王不但不把你交给庞涓，还放你们回国，怎么样？"

田忌不同意，孙膑却一口答应，他对史皇大夫道："楚王必须答应我一个条件。先放田将军回国。"

"不行，孙先生。要回去，我们一起回去。"田忌坚决道。

"哼。"史皇大夫冷笑道，"你们一个也走不了。"

孙膑道："不放田将军走，我就不写。交给庞涓就交给庞涓，不就是一个死嘛，我已经死过一次了，再死一次也没什么了不起。"

史皇大夫看着孙膑，叹道："好吧，我把你的想法禀告寡君。"说罢起身离去。

田忌不同意让孙膑一人留在楚国，孙膑对他道："你我二人只要有一人回去，邹忌就不敢为所欲为。"

"如果邹忌借此说你背叛齐国，加害你那二位堂兄，如何是好？"

"只好委屈他们了……让他们再一次离开齐国。"

田忌过意不去，还是不肯走。

"田将军，"孙膑发自肺腑地对田忌说，"这不仅仅是为了你，也是为了齐国，你必须回去！"

第十一回 趁火打劫

田忌感动万分,他承诺一旦回到齐国,一定让齐王设法营救孙膑。孙膑说:"我不需要齐王的营救,齐王也救不了我,只要齐王不把兵权也给了邹忌,我留在楚国也值了。"

楚王为了得到《孙子兵法》,同意让田忌回国。史皇大夫问如何应付庞涓。楚王道:"就说孙膑已经同意留在楚国,真心辅佐寡人,让庞涓回去。"

史皇大夫把楚王的意思告诉庞涓,庞涓指责楚王出尔反尔,失信于天下。史皇大夫趾高气扬地对庞涓笑道:"大王有孙膑辅佐,即使失信天下,天下对大王又能如何?"

庞涓冷笑道:"孙膑是在欺骗楚王,他怕我杀他,用的是缓兵之计,我走了,他还会改口。"

田忌和孙膑即将分别,天色已经很晚了,田忌坐在孙膑住室内还是不愿离去。孙膑劝他早些休息,明天好上路,田忌说:"我想在你身边多待一会,守着你。"

孙膑笑道:"刺客早就死了,不用你值夜。"

田忌叹了口气:"我倒希望刺客还在……"

这时,窗外有人轻轻敲了敲窗户。二人一愣,田忌抽剑在手,厉声问:"谁?"

窗外的人低声道:"是我,钟离春。"

二人甚是惊喜,连忙走出内室,打开屋门。

钟离春闪身进屋,关好门,对二人道:"我收买了几十名剑术高强的敢死之士,他们答应帮助你们逃走。"

田忌问:"可靠吗?"

钟离春道:"绝对可靠。"

田忌对孙膑道:"先生,我们走吧。"

孙膑不同意。

钟离春着急地对孙膑道:"庞涓来了,他要杀你!"

孙膑自信地说:"庞涓一时还杀不了我,楚王需要我写兵法。"

"楚王是个反复无常的人,即使你给他写出兵法,他还会把你交给庞涓。先生,走吧!"

田忌也认为楚王不会放过孙膑,劝他一起逃走。

孙膑对田忌道:"将军,楚王已经答应放你回国,如果我们逃走不成,就一个也回不到齐国了。"

钟离春在一旁说:"能,我们一定能逃出去。"

"楚国如此之大,楚军若沿路拦截,我们逃不出去。"

"逃不出去也比在这里等死强!"

"我不是等死,是等待时机。"

"这么说我是多此一举了?"钟离春有些不快,赌气地说。

孙膑正要解释,屋外来了一位不速之客,是史皇大夫。他在屋外敲门道:"孙先生,开门啊。"

孙膑示意钟离春到内室躲一躲,钟离春犹豫片刻,还是跟着孙膑走进内室。

田忌打开屋门,史皇大夫走进住室,目光四处打量着,问:"方才孙先生与何人说话?"

田忌说:"是我。"

史皇大夫笑道:"那不是你的声音。"

说着,史皇大夫向内室走去。

田忌连忙拦住他:"史皇大夫,你不能进。"

史皇大夫拂了拂衣袖:"怎么,难道里面有见不得人的事?"

田忌支吾道:"这个……没有……孙先生睡了。"

史皇大夫冷笑道:"你连谎话也不会说。他方才还与人说话,须臾间,怎么可能入睡呢?"

"你说对了,我还没睡。"这时候,孙膑走了出来。

史皇大夫得意地笑了笑,问:"里屋的人是谁?"

第十一回　趁火打劫

"你没有必要知道。"

"寡君让我保护你们，凡是与你们在一起的人，我都应该知道。"

"我如果不答应呢？"

"我只好让士兵们帮忙了。"史皇大夫威胁道。

田忌气愤地指着史皇大夫："史皇大夫，你不要欺人太甚！"

史皇大夫反唇相讥："不是欺人太甚，是尽职尽责。"

三人相持片刻，孙膑说："史皇大夫，你可以进去，但我有一事相求。"

"说吧。"

"你不能把所看到的告诉别人。"

史皇大夫答应了，孙膑让他走进内室。

史皇大夫进入内室，看见一位女子坐在睡榻上。正是钟离春，为配合孙膑她已换回女装。钟离春见有人走进，故作害羞地转过身子。史皇大夫打量了钟离春片刻，走出内室，对孙膑笑道："孙先生，你并非君子。"

"我也没说我是君子。"

"上次，那么漂亮的姑娘，孙先生为何拒绝？"

"我是怕受人所制。"

"不打扰你们的好事了，告辞。"史皇大夫不怀好意地笑了笑，转身离去。

钟离春也要走了，孙膑不愿让她带着误会离开，欲解释刚才的事，钟离春道："别解释了，我心里明白，你好自为之吧。"

钟离春向田忌告别，嘱咐他一路小心，随后悄然离去。

次日清晨，孙膑给田忌送别，出了楚都很远，田忌仍恋恋不舍。他握着孙膑的手惭愧地说："让你自己留在楚国，我真过意不去。"

"放心吧，他们不敢把我怎么样。"

"两个人在一起，遇到麻烦还可以商量，如今只是你一人，而且你的腿又不好……"

孙膑安慰田忌说："将军放心，我有办法，上车吧，家人都盼着你呢。"

田忌上了马车,站在车上,慢慢抬起双手,拱手施礼,嘱咐孙膑多加保重。

孙膑亦拱手回礼,祝田忌一路平安。

田忌猛然转过身,泪水在眼眶中转动。车夫抖动了一下缰绳,马车驶去。田忌眼中的泪水终于溢出,顺着脸颊向下流淌。

孙膑站在路旁,久久望着远去的马车……

庞涓没有离开楚国,他让随从买通王宫卫士,打听到楚王留下孙膑的真实用意后,进宫来见楚王。他问楚王:"大王是不是想得到《孙子兵法》?"

楚王没想到庞涓这么快就得到了消息,问:"你是听何人所说?"

庞涓道:"这是外臣的推测。大王此时的想法,与外臣当初一样。当初孙膑在魏国犯下死罪,他也是说为外臣写一套兵法,让外臣在寡君面前为他说情。外臣信以为真,就答应了他。他以写兵法为名,窥测时机,逃离魏国。这次,他又故伎重演,外臣希望大王不要上他的当。"

楚王笑道:"寡人不会上当,寡人派重兵看守,不写完兵法,他休想离开宾舍。"

"大王知道《孙子兵法》的内容吗?"

"不知道。"

"楚国何人知道?"

"据寡人所知,没人知道。"

"孙膑诡计多端,如果他为大王所写并非真正的《孙子兵法》,大王如何知晓?"

楚王不知如何回答。

庞涓道:"外臣在鬼谷求学的时候,曾听鬼谷先生讲过《孙子兵法》有关篇章,外臣可帮助大王识别兵法真伪。"

楚王高兴地抚掌道:"太好了!庞将军,你如果帮助寡人得到真正的《孙子兵法》,寡人一定重重赏你!"

庞涓笑道:"大王,外臣不要重赏,外臣只求大王让外臣抄录一套《孙子兵法》，外臣就心满意足了。"

楚王一口答应。

一只十分精致、装饰华丽的箱子摆在孙膑面前的几上。孙膑坐在几前，默默看着面前的箱子，心中默道："鬼谷先生，对不起了，弟子迫不得已，请先生见谅……"平静心绪后，孙膑从箱中取出几根细长精致的竹简，持笔蘸墨开始写起来。

这时，有人推门走进。"请出去。"孙膑没抬头，全神贯注地写着。殊不知那人不但没有出去，反而走了过来，坐在孙膑面前。

"是你？"孙膑一愣，来者正是庞涓。

"怎么，不欢迎吗？"庞涓笑了笑。

孙膑放下笔，冷冷地看着庞涓，肃然道："楚王有令，在我写兵法的时候，任何人不得入内。"

"是楚王叫我来的。"庞涓抚摸着几上那只精美的箱子，啧啧道，"楚王真肯下本钱，把他盛宝的箱子也给了你。"他抬起头对孙膑道："你想知道楚王为何叫我来吗？"

"不想知道。"

"你还是知道的好。"庞涓拿起一枚竹简看了看，悠悠道："楚王怕你用假兵法欺骗他，特意请我来监督你，我可以辨别《孙子兵法》的真伪。"他放下竹简，脸带微笑看着孙膑，又道："楚王还同意让我抄一套《孙子兵法》带回去。"

孙膑听罢，便将竹简收拾起来，说："我不写了！"

庞涓冷笑道："赌气没好处，不写，楚王会杀死你。"

孙膑淡淡地说："人总有一死，早死晚死都一样。"

"你不一样，你是天下少有的将帅之才，尚未建立功业，死了不可惜吗？"

"功业有大有小，我在齐国，三次打败你，已扬名天下。"孙膑对庞涓讥讽地笑了笑，"我已经知足了……"

"孙膑！"庞涓不由一阵恼怒，抽出佩剑指着孙膑，道："你知足吧，我这就叫你命归九泉！"

孙膑非常镇定，道："你不敢杀我，你杀了我，楚王要你的命！"

庞涓冷笑道："我杀了你，把你的尸体扔到郊外喂野狗，就说，你逃跑了！"

按："趁火打劫"是三十六计中的第五计，原意是当敌方出现严重危机，就应趁机出击。庞涓趁孙膑被困楚国之时，来到楚国，推波助澜，欲得孙膑和《孙子兵法》。欲知孙膑如何摆脱危难，请看下回："瞒天过海"。

第十二回　瞒天过海

史皇大夫到宾舍查看孙膑抄写兵法，推门而入，见到眼前这副场面顿时一愣，问道："庞元帅，你这是干什么？"

"他要杀我。"孙膑率先开口道。

"庞元帅，"史皇大夫闻言冷笑道，"这不是在你的魏国，是在楚国。"

庞涓忙收了剑，解释说："我这是为楚王效力，楚王让我监督他写兵法，他不写，我是在警告他。"

孙膑针锋相对道："我不是不写，我是不给你写。"

"给我写，跟给楚王写，都一样。"

"不一样，我给楚王写，是履行诺言，我若给你写便是助纣为虐。"

史皇大夫在一旁抚掌笑道："说的好，好极了！"

庞涓瞪了史皇大夫一眼，对孙膑道："你说我什么我都不在乎，你写出的《孙子兵法》，必须经过我鉴别真伪。"

史皇大夫把孙膑和庞涓吵闹的事告诉楚王，楚王兴高采烈地说："好，闹的好！寡人就是要让他们闹，闹到最后，庞涓就得不到《孙子兵法》了。"

史皇大夫道："大王，依微臣之见，现在就应该把庞涓打发走。"

"他走了，《孙子兵法》何人鉴别真伪？"

"对孙膑说，等兵法全部写完，再让庞涓鉴别真伪，有庞涓跟他作对，孙膑不敢以假作真。"

楚王微微点头："你与寡人想法一样。"

史皇大夫将楚王的决定转告庞涓请他暂时离开楚国，庞涓非常气愤，但表面上却一副无所谓的样子，问史皇大夫："孙膑写完兵法，楚王打算放他走吗？"

"不放，他写的兵法还不知道真伪，怎么能放他走呢？"

"如果知道真伪了呢？"

"不论是真是假，都不能放，如果放他走，岂不是放虎归山吗？"

"这我就放心了。"

"既如此，元帅何时离开呀？"

"后天。"

"好，我即刻回禀寡君，请寡君设盛宴欢送元帅！"

"不必了，我还要回来，下次吧。"

庞涓送走史皇大夫，立刻来找孙膑，这次他十分客气，敲了敲本来就开着的门，问："可以进来吗？"

孙膑正在抚琴，他听到庞涓的声音，抬起头说："只要我不是在写兵法，你就可以进来。"

庞涓走进来，坐在孙膑身旁，对孙膑道："孙膑，我是来告别的。"

"哦，不再监督我写兵法了？"孙膑问。

庞涓一副坦然的样子，道："其实，根本用不着我监督，你是讲信义的人，只要是你答应的事，一定会办。"

孙膑说："那可不一定，这要看在何时，何地，对何人。"

庞涓微微一笑："史皇大夫对我说，你即使写出兵法，楚王也不打算放你，他说不能放虎归山。"

孙膑也微微一笑："呵，我很佩服你，谎话说得跟真的一样。"

庞涓惆怅道："我知道，我在你眼里很卑鄙，你一辈子也不会相信我了。其实，我们以前不是这样，在鬼谷我们同窗的时候……"

"你不配再提鬼谷同窗！"孙膑打断他的话。

第十二回 瞒天过海

"是，我不配。我之所以不配，就是因为嫉妒。比我有才能的人，我嫉妒；比我有地位的人，我嫉妒；比我幸运的人，我嫉妒；我得不到的东西，别人能得到，我也嫉妒……嫉妒使我忘记同窗之情，使我们兄弟二人反目为仇；嫉妒使我做了那么多对不起你的事！嫉妒使我变成天下最卑鄙的人……"庞涓越说越激动，眼圈不由发红。

意识到自己的失态，庞涓让心情平静下来，对孙膑继续道："你可能以为我这是装的，这不怪你，我曾陷你于死地，让你永远失去了对我的信任……但是今天，我决不是装的，我之所以痛恨自己，不是因为悔过，还是因为嫉妒。我嫉妒楚王，他将要得到我所得不到的《孙子兵法》。"

"这句话，我相信是真的。"孙膑淡淡说道。

"所以，我想帮助你逃出楚国，我得不到的东西，楚王也别想得到！"

"我逃出楚国，回到齐国，对你有什么好处？"

庞涓笑道："孙兄，我说帮你逃出楚国，并没说让你回到齐国。"

孙膑一怔："不回齐国，我到何处？"

"魏国，韩国，赵国，燕国，秦国，这几个国家，你都可以去，就是不能回齐国。只要你答应，我就帮你逃出楚国。"

"就这一个条件？"

"不，还有一个，给我一套《孙子兵法》。"

"这才是你的真实目的。"孙膑冷笑道。

"用一套兵法，换一条性命，你应该答应。"

"如果你像楚王那样，得到兵法，还不放过我，怎么办？"

"我可以对天发誓。"

"我不相信你的誓言。"

"那你说怎么办？"

孙膑想了想，然后道："你帮我脱离险地之后，我指的不仅是楚国，还有你们魏国，我再给你兵法。"

庞涓答应。

孙膑说他还有一个要求，想知道庞涓如何帮他逃走。

庞涓大笑："要求不过分，我可以先告诉你。"他压低声音道："楚王让我回去，等你写完兵法再来。我走后，你对楚王说，《孙子兵法》乃兵圣所作，不可在喧哗的都市写，需要寻找一处类似鬼谷的山谷，否则就是玷污圣灵。玷污圣灵，会受到上天的惩罚。楚人向来崇敬鬼神，你如此之说，楚王肯定相信。然后你再说在楚魏边境有这样一处山谷，楚王绝不会怀疑其中有诈，因为我是你的死敌，你不会逃往魏国。你到达山谷后，我立刻率军突袭山谷，把你救出。你看如何？"

孙膑沉思不语。

庞涓知道孙膑还是不相信他，便道："危险和机遇同在，我不会食言。"

孙膑终于定下决心，对庞涓说："那我就再冒一次险。"

说罢两人击掌为信。

史皇大夫催促孙膑尽快写出兵法，孙膑说他不能在喧哗的都市写。史皇大夫指责孙膑玩弄诡计。孙膑道："史皇大夫，你别误会，当初鬼谷先生传我兵法的时候，曾反复告诫我，兵法乃兵圣孙武所作，传授兵法，不可在喧哗的都市，而应在幽静的山谷，否则就是对圣灵的玷污，玷污了圣灵，写兵法者与持兵法者都将受到上天的惩罚。所以，我为大王写兵法，必须找一处幽静的山谷。"

"你为何不早说？"

"庞涓不走，我不能说，如果让他知道，多有麻烦。"

史皇大夫不再怀疑孙膑的话，答应尽快找一条山谷。

孙膑又道："史皇大夫，并不是任何山谷都适合书写兵法，山谷必须要有灵气、仙气，否则，兵法将失去神灵的护佑。当年鬼谷先生花了数年的时间才找到了鬼谷，你要找到类似鬼谷的地方，恐怕也得数年。"

用这么长时间寻找山谷，史皇大夫不能同意，他表示楚王急于看到兵法。孙膑道："若大王急需看到兵法，也不是不可能，我去魏国的时候，在楚魏边境路过一处山谷，极似鬼谷，在那里书写兵法极为合适。可是，那里距离魏国太近，我担心庞涓知道后，会加害于我。"

第十二回　瞒天过海

史皇大夫说："你不必担心，大王可以派军队保护你。"

孙膑摆手道："欸，若派军队，等于将我的踪迹告诉庞涓，他若倾魏国之军进犯，如何是好？此外《孙子兵法》上说，动用十万人马，越境千里送粮，各种费用，日耗千金。大王屯重兵于边境不毛山谷，虽说不比越境千里作战，但每日耗费，也不下五百金。兵法非数日能写就，大王需消耗多少个五百金？这还在其次，若他国乘虚而入，如何是好？"

史皇大夫思索许久，一时难以决断。

孙膑让史皇大夫回去禀告楚王，反复权衡利弊，由楚王决断。

史皇大夫把孙膑的话告诉了楚王，楚王道："庞涓倒不足为患，寡人派一支精干军队埋伏于山谷，然后多派细作，进入魏国，庞涓一有风吹草动，立即保护孙膑撤出山谷。寡人担心的是孙膑，他说楚魏边境有这样一处山谷，是否有诈？"

史皇大夫沉吟道："大王，微臣也考虑再三，孙膑不会有诈。庞涓是他的死敌，他去楚魏边境，对他不利，若是他要去楚齐或楚韩边境，那倒真是有诈了。"

楚王微微点头，然后道："你拿着寡人的兵符调五千军队，保护孙膑。"

史皇大夫把楚王的决定告诉孙膑，并催促他第二天动身。孙膑称有一件事需要史皇大夫帮忙。史皇大夫问他是何事，孙膑有些腼腆，说："这件事有些难以启齿……我想请你帮我找个人……"

"是不是女人？"史皇大夫坏笑道。

孙膑不好意思地点点头，道："我不想随便找一个女人，我想找上次来过的那个……"

"怎么，一夜风流，终生难忘？"史皇大夫又是一阵坏笑，问那个女人姓甚名甚、住在何处，孙膑却是一问三不知。他画了一张钟离春的画像，请史皇大夫派人挂在街上人多的地方。

画像挂出不久，钟离春就看见了那张画像，许多围观的百姓，正在议论画像上的她。钟离春一把撕下墙上的画像，拿着去找孙膑。她一脸怒色地质问孙膑："有你这种找人的办法吗？千人看，万人摸，让我丢尽了人！"

"钟离姑娘，实在对不起。"孙膑一脸歉意，解释道："我明天就要离开，急着找你，一时又想不出别的办法，只好出此下策。"

孙膑把去楚魏边境写兵法的事告诉钟离春，然后请她帮忙。钟离春对孙膑余气未消，冷冷地说："你怎么知道我会帮助你？"

"你我朋友一场，你不会见死不救。"

"你不够朋友！"

"钟离姑娘，我知道对不起你，可我……真的不能娶你……"

"我说的不是这件事，这件事，我永远不会再提。"

"那么，你是指什么？"

"你心里明白。"

"难道是上次……我没跟你走？"孙膑思索着。

"那算什么，那是我自找没趣。"钟离春揶揄道。

孙膑认真地想了想，很诚恳地道："我实在想不起来了。"

"你何时想起来，何时去找我。"

钟离春说完转身欲走，孙膑一把拉住她："来不及了，明天一早我就要走。"

钟离春看着孙膑拉着自己的手，脸一板，厉声道："你放开我。"

孙膑忙松开手。

"你走你的，我走我的，我们之间没有任何关系。"

说罢，钟离春转身走出。

孙膑刚开始有些茫然，随后仔细琢磨钟离春的话"你走你的，我走我的"。他明白了，钟离春话中有话，她会在暗中与自己同行。孙膑心中一块石头落地了，脸上不禁露出欣慰的笑容。

第十二回 瞒天过海

史皇大夫带着五千军队护送孙膑悄悄来到楚魏边境的山谷。在山谷附近等待孙膑的庞涓得知这个消息，高兴地说："孙膑中计了！"

庞涓派手下秘密进入山谷，寻找孙膑的住处，然后命庞葱立刻调后续军队开往边境，同时秘密封锁魏楚边境，不让楚国派往魏国的奸细回到楚国。

山谷中草高林密，不时有雾气飘过。在山谷深处的树林中，立着一间草棚，这就是孙膑写兵法的地方。

孙膑和史皇大夫沿着山谷，仔细查看五千军队的布防。孙膑对史皇大夫道："这五千士兵如此布防，庞涓没有五倍的军队，进不了山谷。"

他们返回草棚时，孙膑的腿因受不了山谷中的潮气，行路更为吃力。

藏在林中的钟离春看在眼里，疼在心上。

史皇大夫刚离开，钟离春就钻出树林，进了孙膑的草棚。孙膑埋怨她不该来，钟离春说她不放心。

孙膑道："有什么不放心的，不是都说好了吗，只要庞涓的大军一来，史皇大夫立刻带着我走，你们在山下等我就是了。"

孙膑刚进入山谷时，钟离春就曾悄悄找过孙膑，她告诉孙膑，自己带了几十名敢死之士，随时可以救孙膑逃离楚国。孙膑说了很多感激的话，然后把自己逃离的计划告诉了钟离春，并给钟离春画了图，让她带着那些敢死之士，按照图上的位置，在山谷外等候。

钟离春道："庞涓诡计多端，他如果从你想不到的地方进入山谷呢？"

孙膑说："地形我都看了，他进不来的。回去吧，你留在山下的那些人，群龙无首，万一出什么差错，我们满盘皆输。"

钟离春道："放心，山下那些人对我俯首帖耳，没我的话，他们绝不敢擅自行动，不会出半点差错。先生的腿不好，又要翻山越谷，我在你身边，可以照顾你。"

孙膑还是坚持要劝她走，说："若被史皇大夫看见，他会起疑心。"

"嗯……那我悄悄守在棚外山林中，这样就不会让别人发现。"

孙膑闻此，由衷感动。

晚上，夜深人静的时候，钟离春再次潜入孙膑的草棚，她让孙膑赤着双腿坐在竹子扎的睡榻上，然后用丝帛蘸着酒，反复擦洗孙膑赤裸的膝盖，说这样可以驱潮。擦完腿，她又把孙膑的腿抱在怀里。

孙膑不由一阵脸红，欲从钟离春的怀里抽出腿，不好意思地说："别这样，不用……"

钟离春按住他的腿，坦然道："别不好意思，我没别的想法，我只是在给你治腿。"

此时的孙膑不仅是腿上，而且全身都感到温暖，从来没有过的温暖。

草棚外有人用小石子击打门帘，孙膑告诉钟离春是庞涓派来的细作来找他。他出了草棚，把楚军的布防图给了庞涓的细作。

魏国的细作回到山谷外，把布防图交给庞涓。庞涓问他按图上所画查看过没有。细作说看了，与孙膑画的一样。庞涓这才放心，孙膑没有识破他的计谋，或者说，即使识破，现在也无计可施了。

清晨，当大雾弥漫山谷的时候，魏国军队分兵数路，沿林中小路悄悄摸进山谷。

埋伏在草丛中的楚军，吹响了牛角号。

山谷中的楚国军队立刻进入改变布防后的战斗位置。

史皇大夫得知庞涓军队偷袭山谷，气喘吁吁地来到草棚，对孙膑道："孙先生，不好了，庞涓的军队来了！"

孙膑故作惊讶，指责问道："你派出的细作是干什么用的？怎么一点消息都没传回来？"

史皇大夫喘着气，道："谁知道，派出的细作都没回来。"

孙膑埋怨道："我说不来吧，你不听，现在可好，你说怎么办？"

史皇大夫信誓旦旦，道："孙先生，你放心，我就是拼上这五千人马，也要把你救回国都。"

第十二回 瞒天过海

魏国军队偷袭没能得手，魏国将军报告庞涓，楚军布防有变，庞涓知道是孙膑在搞鬼，他早已想到这一点，对将军们道："我们已经包围了山谷，孙膑就是搞鬼，也逃不出我的手心。"

他命令军队强行进入山谷。

魏国军队的战鼓声响遍山谷。魏国将军带领士兵们手持盾牌、长戈沿山谷杀了过来。山谷两侧的楚军奋勇拦击魏军，兵器的碰撞声、喊杀声此起彼伏。

史皇大夫按照孙膑提前设定的逃离山谷的小路，带领十数名士兵，保护着孙膑登上山顶，然后沿一条崎岖陡峭、杂草丛生的山路准备逃出山谷。

山谷中的喊杀声渐渐远了。

史皇大夫长出一口气，庆幸着对孙膑道："孙先生，不会再有危险了，庞涓绝对想不到，我们会从没有路的地方逃走……"

话音未落，从树林中闪出十几名手持兵器的汉子，拦在他们面前。

史皇大夫一愣，问："你们……何人？"

为首的汉子回答道："庞元帅的人。"说着他手一挥。

汉子们挥舞着兵器杀过来。

一阵刀光剑影，十数名楚国士兵纷纷倒在地上。为首的汉子向史皇大夫走过来。史皇大夫浑身直抖，双腿跪在地上，叩头道："好汉饶命，小人愿意交出孙膑……"

为首汉子抓住史皇大夫的衣领，将他提起，问一旁的钟离春："春姑娘，怎么处置他？"

钟离春道："留他一条性命，让他回去禀告楚王，就说庞元帅谢谢了。"

史皇大夫愣愣地看着钟离春，他似乎在哪里见过她，还没等他想明白，为首的汉子一拳打过来，史皇大夫重重摔倒在地晕了过去。

钟离春手下的人从林中拉出早已备好的快马，将孙膑扶上马，钟离春也骑上马，保护着孙膑向东方齐国飞奔而去。

按："瞒天过海"是三十六计的第一计，其计名虽出自唐朝，但此计内容在春秋战国时期便多被运用。此计中的"天"始指皇帝,"过海"是指难以逾越的障碍。"瞒天过海"的关键是将隐蔽的计谋深藏于张扬暴露的行为之中。孙膑用此计瞒过楚王,又瞒过庞涓,逃离险境。欲知后事如何,请看下回:"偷梁换柱"。

第十三回　偷梁换柱

　　孙膑和钟离春回到齐国，田忌大喜过望，设盛宴为孙膑洗尘接风。大家开怀畅饮，诉说思念之情。有人提起邹忌陷害田忌、孙膑一事，众人无不气愤填膺。禽滑道："邹忌背后还藏着一个，公孙阅，比他更险恶！"

　　孙膑一愣，问："公孙阅何时来的？"

　　禽滑道："你们出使楚国之前他就来了，当了邹忌的门客，你们走后我才了解到，无中生有、陷害你与田将军，都是他的主意。"

　　钟离春气愤不已，蓦地起身表示要去找公孙阅算账，除掉这个卑鄙小人。田国和在座的将军们也纷纷站起，欲跟着钟离春去找公孙阅。

　　孙膑拦住大家，他对众人说："你们不能杀公孙阅，公孙阅现在是邹忌的人，杀了公孙阅，邹忌会借此把柄将你们满门抄斩。孔夫子有句话，小不忍则乱大谋，我不希望你们逞匹夫之勇。"

　　"我没家没业，不怕被满门抄斩，我自己去。"钟离春说完，独自一人跨出屋子。

　　田国和将军们连忙追上钟离春，拦在她面前。

　　田国劝道："钟离姑娘，孙先生的话从来不会错，还是回去吧。"

　　钟离春抽出剑："你不闪开，我可要动手了。"

　　田国不为所动，说："孙先生的命令，我们不敢违背，你就是杀了我们，也不能放你走。"

　　孙膑和田忌追过来，孙膑对钟离春道："钟离姑娘，千万不能任性，别说你杀不了公孙阅，就是杀了他，邹忌要抓的不仅是你，还会牵扯田将军手下的众多将军。"

"那我把邹忌也杀了！"

"胡闹！杀了邹忌，大王更不会放过我们。"

"我们走，离开齐国！"

"你我二人倒是无牵无挂，可田将军他们怎么办，他们的家人又怎么办？"

钟离春无言以对。

田忌也开口道："钟离姑娘，我们早晚要除掉公孙阅，但不能蛮干，蛮干往往事与愿违。"

钟离春沉默片刻，问道："他的夫人来了没有？"

"据说也来了。"

"我去找他夫人。"

"我们做事，应该堂堂正正，不能拿他夫人出气。"田忌连忙制止。

"我不会的，他夫人是我妹妹。"

钟离春的话一时令众人难以相信，孙膑告诉大家，公孙阅的夫人的确是钟离春的妹妹，而且是唯一的亲妹妹。同时，孙膑嘱咐钟离春，若见到公孙阅，万不可感情用事。

邹府公孙阅住处，钟离秋独自一人坐在屋内的席垫上，聚精会神地缝着一件小孩衣服。听得有人敲门，以为是前来侍奉的婢女，她仍低着头，应了声："进来吧。"

钟离春轻轻地推门走入，一步一步走到钟离秋面前。低头缝衣的钟离秋并没有注意来人，问："什么事？"钟离春已是泪水盈眶，一时百感交集，默不作声，静静地望着自己的妹妹。钟离秋似乎感觉了到什么，抬起头，不由愣住了。

时间似乎凝固了，姐妹二人就这么默默地望着。

"姐姐，你可来了……"钟离秋一把抱住自己日思夜想的姐姐，痛哭流涕。

第十三回　偷梁换柱

钟离春爱怜地看着泣不成声的妹妹，轻轻擦拭着妹妹脸上的泪水，不由也潸然泪下。

姐妹俩哭够了，把这两年各自的经历诉说一遍。当钟离秋得知邹忌害得孙膑颠沛流离，险些丧命时，愤愤地说："没想到邹相国是这么一个人！等公孙阅回来，我叫他离开相国府。"

就在这时，公孙阅回来了。并从守门人那儿得知钟离春的到来，若有所思。

公孙阅推门而入，看见钟离春，面带喜悦之色，"姐，你怎么来了？"

"怎么，不欢迎吗？"钟离春淡淡地说。

"不，是没想到。钟离秋常与我提到你，我们都盼着你来呢。"公孙阅笑道，吩咐钟离秋去准备午膳。钟离秋站起来的时候，身子显得很笨拙，公孙阅连忙让她坐好，拍了拍自己的脑袋，对钟离春道："你看我这记性，钟离秋已经有了，我还麻烦她……我亲自给你准备饭。"

公孙阅离开后，钟离春才注意到钟离秋刚才所缝的小衣服，她长叹一声，道："你真不该有这个孩子……"

钟离秋不解，问钟离春这话什么意思。

钟离春怕妹妹伤心，不好再说公孙阅的事，便话锋一转自嘲道："嗨，我是说，你都有孩子了，可是我……"

钟离秋"嘻嘻"一笑，"你可以嫁给孙先生，以后你不但可以保护他，还可以为他生孩子。"

钟离春正想对妹妹解释她和孙膑的事，公孙阅再次走进屋子。钟离春起身要走，钟离秋拉住钟离春道："姐，你别走，我还有好多话要说呢……"

"是啊，"公孙阅也在一旁劝道，"你们姐妹分别这么久，有很多话要说，吃了饭住在这里，你们姐妹好好叙叙旧。"

钟离春没理睬公孙阅，对钟离秋柔声道："妹妹，当心身子。我还有事，以后再来看你。"

临出门钟离春又警告公孙阅："公孙阅，听说邹忌对你言听计从，你转告他，如果再对孙先生暗下毒手，我决不饶过他，以及你！"

钟离春走后,钟离秋劝公孙阅离开相国府,不再为邹忌做事。公孙阅向她解释说,如果不是他为孙膑求情,孙膑早就被相国杀了。尽管钟离秋相信了公孙阅的谎话,但还是想搬出相国府。

楚国的史皇大夫从楚魏边境的山谷只身回到楚都,把孙膑被劫持的经过报告楚王。楚王怒发冲冠,命史皇大夫立刻到魏国向庞涓要人,庞涓如若不交出孙膑,便游说齐国、赵国,共同讨伐魏国。

史皇大夫来到魏国,向庞涓索要孙膑。庞涓气愤地对史皇大夫道:"史皇大夫,孙膑还在你手里!你不要以为向我要人,我就会相信你的鬼话!"

"庞元帅,你可不能不认账啊,"史皇大夫一脸哭相,"我亲眼看到孙膑被你的人劫走了,为首的是个女的,别人都叫她春姑娘。"

"放屁!"庞涓火冒三丈,猛地一拍桌子,"你再不说实话,我杀了你!"

庞涓和史皇大夫正闹得不可开交,自齐国送来公孙阅的密信,告诉庞涓孙膑已经回到齐国。庞涓气急败坏,大骂孙膑可恶,史皇大夫才知上了孙膑的当。

庞涓亲自来到楚国,向楚王解释孙膑逃回齐国的事。楚王气愤至极:"孙膑就是跑到天边,寡人也要把他追回来!"他对坐在一侧的庞涓道:"庞元帅,你有什么好主意?"

"外臣记得大王为了让孙膑抄写兵法,特意将一个放珠宝的箱子给孙膑放竹简,不知这只箱子如今可在?"

"不在了,孙膑把箱子带走了。"

"大王可以这只箱子为借口,派史皇大夫出使齐国,说孙膑盗窃了大王的稀世珠宝,向齐王索要孙膑与珠宝。"

"那只箱子里只有竹简,并没有稀世珍宝。"

"竹简,珠宝,只有一字之差,齐相国邹忌对孙膑恨之入骨,大王可以命史皇大夫游说邹忌,让邹忌指简为宝。"

史皇大夫来到齐国,先拜会了邹忌,然后才去见齐威王。他诬告孙膑

第十三回　偷梁换柱

偷走了楚王的珠宝，请齐威王派人向孙膑索要珠宝。

齐威王不相信孙膑是鸡鸣狗盗之徒，道："楚王一向视珍宝如生命，派重兵看管，孙膑不可能将珍宝拿走。"

史皇大夫道："孙膑诡计多端，没有做不到的事。那只盛放珠宝的箱子现在还在他手里。"

齐威王命宫卫向孙膑要来箱子，还给史皇大夫。宫卫从孙膑住处回来，对齐威王说："孙先生说，楚王给他的是竹简，不是珠宝。"

"如此精美的箱子是专用来盛放稀世珠宝的，怎么可能盛放不值几个钱的竹简呢？"史皇大夫冷笑着，而后对齐威王进言道："大王，寡君请大王恩准，让孙膑带着偷走的珠宝，前往楚国向寡君谢罪。"

齐威王淡淡说道："孙膑若是真的拿走了楚王的珍宝，让他把珍宝还给你就是了，何必非要他前往楚国谢罪不可呢？"

史皇大夫回应道："大王，若有人偷了大王的珍宝，作为大国的君王，难道只是要回珍宝，大王的面子就可以找回来了吗？"

一直没开口的邹忌在一旁说："大王，史皇大夫所说不是没有道理。"

齐威王没理睬邹忌，径直对史皇大夫说："这只是你的一面之词，何况孙膑未必会拿楚王的珍宝。"

"大王是想包庇孙膑吧？"史皇大夫冷笑道。

"寡人不是包庇。"齐威王眉头紧皱，不耐烦地道，"史皇大夫，你没有证据，寡人不能答应你。"

"大王，这只箱子难道不是证据吗？"

"箱子是箱子，珠宝是珠宝。"

"大王，寡君说，如果大王不愿交出孙膑，寡人只好同魏国的庞元帅联合带兵来要孙膑。"史皇大夫威胁道。

"你这是威胁寡人？"

"不敢，实在是孙膑太可恶了！"

齐威王对史皇大夫十分反感，拂袖道："史皇大夫，寡人不愿再看到你！"

"大王,不要为了一个孙膑,陷大王的国家于危难之中……请大王三思。"

史皇大夫离开王宫后,邹忌对齐威王道:"史皇大夫说的对,不要因为一个孙膑,陷我们齐国于危难之中……何况孙膑的确拿了楚王的宝箱。"

"寡人不相信箱子里会有珠宝。"

"微臣也不相信,这是楚王要人的借口。如果孙膑忠诚于大王,就是有天大的危难,大王也应该为他承担,可孙膑不是,大王不如顺水推舟,既给楚王一个面子,又把田忌等人的不满转为对楚王的仇恨,岂不一举两得?"

"寡人连一个孙膑都保护不了,国人会怎么看寡人?"

"大王不是保护不了孙膑,而是孙膑不值得大王保护。难道大王忘记了他与田忌请占卜者求卦之事了?孙膑留在齐国,田忌若想取代大王并非难事;孙膑若离开齐国,田忌便孤掌难鸣。"

齐威王思索片刻,下了决定:"好吧,为了寡人的国家,寡人只好冤枉他一次了。"

钟离春听说齐威王要把孙膑交给楚国,气愤地说:"这明明是冤枉孙先生,大王怎么能相信呢?田将军,我们去面见大王,为孙先生鸣冤!"

田忌对钟离春道:"解释也没用,我在大王面前说破了嘴皮,大王还是坚持让孙先生去楚国请罪……"

禽滑在一旁也是既气愤又不解:"大王也太糊涂了,为何不相信自己人,偏偏相信史皇大夫!"

田忌沉思片刻,叹道:"我们不能依靠大王了,只能依靠自己。"他对在一旁沉默不语的孙膑说:"孙先生,我与韩国的申大夫是至交,你带着我的信悄悄离开齐国,去韩国找申大夫,他一定会收留你,你在韩国也会有一番作为的。"

孙膑不同意,他说:"楚王见不到我,就会与庞涓出兵威胁大王,大王屈服于压力向你们要人,你们怎么办?"

第十三回　偷梁换柱

众人默然。

钟离春在一旁着急地道："如果真没有办法，我就闯进宫去，杀了这个昏王！"

孙膑制止道："钟离姑娘，别瞎说！"

钟离春愤愤然道："我不是瞎说，我说得出来，就做得出来！"

孙膑欲火又止："你这脾气何时能改改？"

钟离春道："这辈子改不了了！"

孙膑按捺不住了，厉声呵斥："不改你就走，别坏我们的大事！"

"你……走就走！"

说着钟离春转身就走。田忌连忙拦住她："钟离姑娘，别赌气，孙先生心情不好，他的话别往心里去。"

"他的心情不好，我的心情就好吗……我都是为了他……他为什么总是受人冤枉，我……我咽不下这口气……"钟离春感到很委屈，说着说着便流下了眼泪。

田忌安慰她说："钟离姑娘，别哭，我们会想出办法的。"

"能有什么办法？你要他走，他就是不走，心甘情愿地去送死，谁也没办法……"

"我有一个办法。"沉默已久的禽滑开口道。

"快说，什么办法？"钟离春催促道。

"答应大王，让孙先生去楚国。"

"狗屁办法，还不如没办法呢！"钟离春大失所望。

禽滑不紧不慢地说："你听我说完……楚国是去韩国的必经之路，让孙先生带着将军珍藏的珠宝去楚国，我与钟离姑娘也去，到楚国境内后，我找个人顶替孙先生，让钟离姑娘保护着孙先生悄悄前往韩国，我们也来一次偷梁换柱。"

孙膑摇头道："不行，假的终究是假的，你见了楚王如何交代？"

"楚王视珍宝如生命，我把珍宝献给他，不就交代过去了吗。"

"楚王要的是我的兵法，《孙子兵法》比珍宝更珍贵。"

"这就要看怎么说了。上次为了得到兵法，害得楚王损兵折将，如果先生再到楚国，庞涓还不会罢休，田忌将军也会因此记恨楚王，先生又不肯给他真正的兵法，不如做个人情，收下珍宝，不了了之。我想楚王会被我这三寸不烂之舌说服的。"

田忌开口问道："史皇大夫怎么办，他可是一直跟着你们的，如果他看出是假的，孙先生就难以逃出楚国了……"

孙膑沉吟道："骗过史皇大夫倒不是难事，我是担心大王……大王知道了会不会追究将军。"

田忌很有把握地说："不会，我面见大王之时，听得大王话外之音，大王也是不得已而为之，孙先生若在楚国失踪，大王绝不会追究。"

禽滑也请孙膑放宽心，"孙先生，相信我，一定能成功的。"

钟离春等人在筹划如何帮助孙膑离开齐国的时候，钟离秋和公孙阅离开了相国府，住进了他们的新家。钟离秋让公孙阅去邀请钟离春前来，一是看看自己的新家，二是让钟离春给她那没出生的孩子起个名字。

公孙阅坐到钟离秋身旁笑着说："名字我已想好了，叫公孙秋，我的姓，加你的名，怎么样？"

钟离秋摇头道："我不喜欢秋天，秋天太悲凉……"她想了想，道："依我看，叫公孙春好，春天万物生长，预示我们的孩子长得快。"

公孙阅不同意，说："这又不是你姐姐的孩子，怎么能叫他春呢？"

钟离秋道："我们父母的名字中，既没春，也没秋，不是一样把春秋两个字取为我们的名字吗？"

钟离秋的话启发了公孙阅，他眼前一亮："你看叫公孙春秋怎么样？一百多年前，有个叫孔夫子的人修了一部简策，叫《春秋》，那部简策记的都是天下大事，我们的孩子叫春秋，长大了一定能做大事。"

钟离秋欣然同意，她要公孙阅把孩子的名字告诉钟离春。

公孙阅去找钟离春，得知人已经走了。田忌向齐威王要了五千人马，

第十三回　偷梁换柱

把孙膑护送到齐楚边境，然后和孙膑、钟离春、禽滑一一告别。孙膑的车队驶入楚国的大地，史皇大夫也在队伍之中，他和禽滑同乘一辆车。

有几个手持兵刃的汉子骑着快马从他们车后追上来。汉子们在钟离春的车前勒住马，和钟离春低语几句，然后拍马向前方奔去。

史皇大夫见这几个汉子行径诡秘，问禽滑那几个人是干什么的。禽滑没有直接回答，对史皇大夫说："史皇大夫，我想留在楚国，你能把我举荐给楚王吗？"

史皇大夫问他为何想留在楚国。

禽滑叹了口气，说："孙膑为齐国立下这么大功劳，齐王明明知道孙膑是冤枉的，却因为惧怕楚国，把孙膑交了出去……哎，在齐国当一名谋士，前程真是惨淡无光……"禽滑瞥见史皇大夫似有所动，又道："史皇大夫，如果楚王不愿重用我，我做你的门客如何？"

史皇大夫笑道："那岂不是大材小用了吗？"

禽滑恭维道："史皇大夫只身到齐国，就凭一张嘴，吓得齐王胆颤心寒，不得不交出孙膑，真乃天下少有之才，今后必是楚国的相国，我若做大夫的门客，不但有享不尽的荣华富贵，还能学本事、长见识，岂不美哉？"

史皇大夫看了禽滑片刻，凑近问："你真想做我的门客吗？"

"那当然。"

"告诉我实话，方才那几个骑马的人到底是干什么的？他们为何总跟着我们？"

禽滑看了看前面车上的钟离春，低声说："钟离春在盯着我，到了驿站我再告诉你。"

夜幕降临的时候，车队进驻了一所驿站，禽滑和史皇大夫同住一室。禽滑对史皇大夫说："钟离春在楚国收买了许多敢死之士，上次救孙膑，就是他们所为，刚才跟在我们身后的还是他们。他们打算在路上把你杀了，然后逃进深山密林……"

一想起上次孙膑逃走的经过，史皇大夫就心惊胆战，他忙问禽滑："他们打算对你怎么办？"

禽滑叹道："逼我逃进深山……说实话，这也是我打算投靠你的原因之一，我山珍海味吃惯了，到深山密林可怎么活？"

"你有摆脱他们的计策吗？"史皇大夫又问。

禽滑摇头。

史皇大夫板起脸，道："危难之时，拿不出计策，我要你这样的门客有何用？"

禽滑皱着眉，想了一会儿，说："计策倒是想出一个，但是弄不好，我就没命了……"

"说出来，我们可以共同想办法。"

禽滑思索着说："方才，我想到了大禹，大禹的父亲治水靠堵，结果没治成，被大舜杀了；大禹治水靠疏，结果不但治住了水，还继承了大舜的王位。史皇大夫你就好比大禹，孙膑与钟离春就好比水，而且是祸水，对他们不能以堵，应该用疏，放他们走。"

"放走孙膑，我如何向大王交差？"

禽滑叹口气，说："如果有个假孙膑就好办了……"他装作想起了什么，对史皇大夫道："史皇大夫，我手下有个人，身材跟孙膑很像，我们能不能把他交出去……"他看了看低头不语的史皇大夫，又摇头道："也不行，假的就是假的，楚王认识孙膑，我们瞒不了他。看来呀，你只有死路一条，我只有与深山密林为伴了。"

史皇大夫这时开口道："寡君喜欢珍宝，可以用你的珍宝交差。"

禽滑认为这个主意倒是可以一试。

天亮了，史皇大夫和禽滑坐着马车，带着假孙膑，继续向楚国国都行驶。

孙膑和钟离春则在那群汉子们的护卫下，拐道去往韩国。钟离春忧心忡忡地问孙膑："你说，禽先生能化险为夷吗？"

"难说。"孙膑也无不担忧。

钟离春道："你们应该听我的，杀了史皇大夫，我们一起走。孙先生，

第十三回　偷梁换柱

现在回去还来得及。"

孙膑摇头道:"不行,史皇大夫是楚国使者,杀了使者,齐楚两国必会兵戈相见,那样庞涓就会渔翁得利。"

"如果,他们杀了禽先生,你我将后悔一辈子……"

孙膑仰天道:"唉,愿上天保佑禽先生。"

　　按:"偷梁换柱"是三十六计中的第二十五计,也叫"偷天换日",其原意是指暗中使用计谋,以假代真,达到自己目的。庞涓"偷梁换柱",诬陷孙膑带走楚王的珠宝。禽滑"偷梁换柱",使孙膑脱离险境。欲知禽滑如何对付楚王,孙膑如何在韩国立足,请看下回:"假道伐虢"。

第十四回　假道伐虢

史皇大夫和禽滑的车队颠簸数日，就要到达楚国国都了，禽滑如释重负，对史皇大夫说："总算快到了。"

史皇大夫左右看了看，问禽滑："钟离春的人还在跟着我们吗？"

禽滑算了算时日，道："他们已经走了，临别时，钟离春告诉我，五天之后他们就可以躲入深山，只要进了深山，她的人也就不再跟着我们了。"

话音刚落，史皇大夫猛然抽出短剑顶在禽滑的咽喉，同车的楚国随从对后面的车队高声道："停车！"

车队立刻停下，楚国随从拿起兵器跳下车，将假孙膑和齐国随从团团围住。

禽滑吃惊地望着史皇大夫，问："你们……这是干什么？"

史皇大夫冷笑道："你以为我是傻瓜？你并非打算投靠我，而是为了看住我，不让我派人通报沿途楚军拦截孙膑。"

禽滑辩解道："你这是冤枉我……我如果真是为了看住你，还不如直接把你杀掉！"

史皇大夫笑道："冤枉不冤枉我不关心，我只关心如何才能向寡君交差。"

他命令楚国随从把禽滑绑起来，带回楚都。

禽滑被五花大绑地捆在院内的石柱上，身旁站着两个手持长戟的士兵。他亢声道："楚王，你对他国使者如此无礼，天下诸侯将群起而攻之！"

第十四回　假道伐虢

楚王走到近前冷笑一声，说："为友好而来的使者，以礼相待；为欺骗而来的使者，以死相待。天下诸侯都是如此，谁也不会因此怪罪寡人。"

"外臣没有欺骗大王。"

"放走孙膑，不是欺骗是什么？"

"孙膑不是我放走的，是他自己放走了自己。"

"胡说！他自己怎么可能放走自己？"

"孙膑有许多敢死之士与我们同行，我们不放孙膑走，他们就会杀死我们，我们只能眼睁睁地看着孙膑逃走。"

"士可杀，不可辱。齐王命你把孙膑交给寡人，你贪生怕死，让孙膑逃走，该当何罪？"

"大王，如果孙膑逃走，会危害到大王与寡君，禽滑就是死，也要喷他一脸鲜血。可是，他的走对大王有百利而无一害，故而禽滑才任他逃走。"

楚王一阵冷笑："说得好听，孙膑逃走对寡人有何利处？"

禽滑答道："孙膑若再次落入大王手中，庞涓还会向大王要人，大王不给，庞涓将同上次一样，率军威逼大王，一场大战在所难免。"

"寡人不怕庞涓。"

"大王确实不怕庞涓，但大王不能不考虑秦国。秦国是大王的劲敌，若庞涓进犯楚国，秦国必然趁火打劫，抢夺大王的疆土。孙膑逃走，大王避免了两面受敌，这是一利。"

"嗯……说下去。"

"齐国的将军们，对大王索要孙膑之事一直耿耿于怀，若孙膑平安离开楚国，他们就会平息对大王的怨恨，大王若遇强敌进犯，请齐国出兵相助，将军们就会全力帮助大王。此为第二利。"

楚王微微点头："寡人也想到了这一点。"

禽滑接着道："第三利是大王得到了田忌珍藏多年的珍宝。田忌献宝，并非心甘情愿，他是为了使大王不伤害孙膑。孙膑不走，田忌将借故索要珍宝；孙膑既已逃走，田忌不会再提及这些珍宝。这第四利……"

"你不要说了。"楚王打断他："寡人问你，你处处为寡人着想，对你有何好处？"

禽滑恭敬道："外臣为大王着想，是为了促成齐楚两国结盟和好，齐国最大的威胁是魏国，若齐楚两国结盟，有大王相助，魏国便不敢小视齐国，寡君亦会因此奖赏并重用外臣。"

楚王非常欣赏禽滑，命令士兵为禽滑松绑，然后设宴款待他。

孙膑和钟离春来到韩国，申大夫热情地接待了他们，让他们住在自己的府上，并打算把孙膑举荐给韩王，孙膑不同意。他说："韩王不重用我也罢，若重用我，用不了多长时间，这个消息就会传到魏国，庞涓将因此刁难韩国。"

申大夫笑道："孙先生在齐国曾数败庞涓，有孙先生在此，庞涓不足为虑。"

"非也。"孙膑分析说："韩国国力、军力不如齐国，西方又有秦国的威胁，若与魏国为敌，对韩国极为不利。"

申大夫问："孙先生是否不愿帮助韩国？"

孙膑叹道："孙膑乃无家可归之人，申大夫能收留我，真的是感激不尽，我有一分力，绝不会出半分。之所以暂时不抛头露面，正是为韩国着想。我可以在幕后帮助申大夫出谋划策，使韩国渐渐强盛起来，到那时，我再出面，也为时不晚。"

韩国地处魏国和秦国之间，秦国为扩大疆土，不断袭击韩国边城，蚕食韩国疆土。韩王担心长此下去，他将无立足之地，于是召集朝中重臣，商讨如何对付秦国。大夫们普遍认为，韩国的士兵不可谓不勇，韩国的将军不算不忠，之所以连连败于秦军，是因为统帅军队的大将军无能。韩王表示让太子当大将军，大夫们反对，说太子有勇无谋，又刚愎自用，怕是难以胜任。

大夫们越商讨越悲观，韩王不由伤感，感慨道："唉，寡人无能，寡人的大夫也无能……对付一个秦国都毫无办法，若魏国、楚国都来夺我疆土，寡人的国家将不复存在了……"

申大夫再也忍不住了，他把孙膑来到韩国的消息告诉韩王，韩王喜出望外，道："你怎么不早说？"

"孙膑担心传出去让庞涓知道，庞涓会因此为难大王。"

"孙膑在此，区区庞涓算得了什么！你快去，速传孙膑进宫……不，速请孙膑进宫。"

申大夫要把孙膑举荐给韩王，钟离春坚决反对。她质问申大夫："孙先生与你有约在先，你为何不讲信义？"

申大夫真诚地说："我不是不讲信义，是韩国目前的处境太难了……没有善于用兵的将军，疆土不断被秦国蚕食，长此下去，韩国将不复存在。因此，我才不得不把孙先生举荐给寡君……"

钟离春冷冷道："庞涓因此将知道孙先生在韩国，他若向韩王要人，韩王未必敢因为孙先生而得罪庞涓。"

申大夫说："钟离姑娘，寡君不是齐王，也不是楚王，不论谁来要人，寡君也不会屈服他们的淫威，因为寡君明白，只要把军队交给孙先生，任何国家都不敢小视韩国。"

钟离春又嘲讽道："话谁都会说，危难来临之时，就是另一回事了。"

申大夫信誓旦旦地道："钟离姑娘，如果危难来临，无论是何人，他若敢对不起孙先生，我就杀了他！你们如果不信，我可以对天起誓。"

申大夫说着，抽出剑，跪在地上，以剑指天。一直沉默不语的孙膑连忙上前，扶起申大夫，答应进宫拜见韩王。

韩王后听说韩王打算把军队交给孙膑，对韩王说："孙膑是齐国人，若对大王不忠，岂不是养虎为患吗？"

韩王解释道："当下除了孙膑，没人能带军抵御秦国。"

"臣妾听说孙膑在齐国时并不是统率军队的大将军，而是军师，大王可让太子统率军队，让孙膑当他的军师。"

"太子太年轻了，又刚愎自用，寡人怕他不采纳孙膑之策，误了寡人的大事。"

韩王后提议道："太子若不采纳孙膑之策，孙膑有权禀告大王，让大王决断，这样，既用孙膑之长，又不让他掌握兵权，岂不两全其美？"

韩王认为王后说的有理，欣然采纳了她的意见。

韩国的练兵场设在干枯、宽阔的河谷内。上百名韩国士兵在练兵场上，两人一对，一人持戟，一人用盾，一攻一守，厮杀在一起。韩国太子、孙膑立在河堤上，观看士兵们演练。

韩太子不无得意地对孙膑道："孙先生，我的士兵怎么样，与齐国的士兵相比如何？"

"各有所长。"孙膑回应道："齐国的士兵虽不如韩国士兵强悍，但能视军令如天命，令行禁止，严从号令。不敢有丝毫差错。"

韩太子脸色沉了下来，对身旁的训练官示意："停止训练。"

训练官高声对场上的士兵喊了好几次"停"，士兵们有的听见，停了下来；有的没有听见，仍在演练。

太子恼怒地对训练官道："去，凡是违令者，各打五十军棍！"

"大将军，且慢。"孙膑制止道。"方才那些士兵之所以违令，并非有意，而是听不清号令。《孙子兵法》上说，作战用语言指挥士兵听不到，所以用金鼓；用动作指挥士兵看不见，所以设置旌旗。夜战多用金鼓，昼战多用旌旗。方才士兵演练，若用旌旗指挥示意，士兵就不会不明号令了。"

太子不服气地说："这是演练，不是作战，不用那么麻烦。"

"平时演练就是为了正式作战。"孙膑严肃道："演练若号令不清，便无法使军队养成令行禁止的习惯。军队令不行，禁不止，将军即便有再好的计策，也难以实现。"

太子略微沉吟，轻笑道："军师的意见我可以采纳，以后演练，皆设旌旗金鼓。可这一次，我身为大将军，命令既出，不能收回，否则难以服众。"他对训练官继续道："去，按我说的惩罚那些不听号令的士兵。"

第十四回　假道伐虢

孙膑在韩国当上军师的消息,很快就传到魏国。庞葱对庞涓说:"叔父,我们应该前往韩国,向韩王要人。否则,待孙膑在韩国站稳了脚,再想要人就难了。"

如何得到孙膑,庞涓早就有了自己的主意,他对庞葱道:"你立刻前往韩国,不是去要人,而是邀请韩王在成周与寡君会盟,共同对付秦国。秦国一直是韩国的威胁,韩王一定答应会盟;成周曾是周天子号令诸侯之地,而今虽说徒有其名,但若在成周会盟,韩王也没有理由反对。"

庞葱不解地问:"叔父,会盟与孙膑有何关系?"

庞涓唇角一扬,道:"若在成周会盟,走近路需经过韩国疆土,我可趁机占领韩国的要地成皋。成皋乃韩国北方的屏障,韩国绝不会放弃,到时我用成皋交换孙膑。"

魏国向韩国借道,韩国大夫议论纷纷,大都不同意借道给魏国。韩王对大夫们道:"寡人若不答应借道,魏王会说寡人对会盟没有诚意。"

孙膑对韩王说:"大王,二百多年前,有两个国家,一个叫虞国,一个叫虢国,晋国想吞并这两个国家,便将美玉良马送给虞国国君,要求借道讨伐虢国。虞国国君被晋国的花言巧语所迷惑,答应借道给晋国。晋国的大军经过虞国的疆土,消灭了虢国,回军之时,又趁虞国不备,占领了虞国……此次魏国借道,极有可能效仿当年的晋国。"

"孙军师多虑了吧。"韩太子道,"魏国参加会盟的军队,不过五千人,若想图谋韩国,也太不自量力了吧?"

孙膑对太子郑重其事道:"太子,这不是多虑,庞涓的军队虽不会图谋韩国,但可以图谋韩国的成皋,成皋乃韩国北方的屏障,若成皋失陷,敌军可直驱韩国腹地。若真到了那个时候,韩国危矣。"

庞葱听说孙膑竭力反对魏国取道韩国,便带着宝玉去见韩国太子。韩国太子拿起宝玉对着亮处看了看,对坐在一侧的庞葱说:"的确是一块罕见的宝玉……这礼是不是太重了？"

庞葱笑道："那要看怎么说了。若一块宝玉能促使韩魏结盟，共同对付秦国，这礼就太轻了；若只是为了结识大将军，这礼就太重了。"

"你认为这礼是轻是重？"

"当然是轻了。"

"如此说来，我应该收下这块宝玉喽？"

"当然……"

庞葱话音未落，太子扬手将宝玉重重扔出。宝玉撞击在一件青铜器具上，发出一声脆响，摔成碎玉。

庞葱欲发作，又忍住了，对太子冷冷道："大将军不收宝玉，可将其还给我，为何要暴殄天物呢？"

太子笑了笑："我已经收下了，因此，我想怎么处理，就怎么处理。"

与庞葱同来的谋士在一旁说："大将军爱的不是宝，是名，廉洁之名……这实在难能可贵！"

庞葱闻此装作反应过来，满脸谦恭地道："大将军所为，实在可敬。不过，大将军作为韩军的统帅，若只有廉洁之名，而没有功名，韩军上下便只知道有孙膑，而不知道有大将军了。"

太子笑着说："不用你操心，功名我会有的，而且绝不在孙膑之下。"

"非也，孙膑最怕别人的功名超过自己，比如说，会盟之事，孙膑之所以极力反对，就是因为大将军赞同会盟，若会盟成功，韩国将摆脱秦国的威胁，这个功劳就是大将军的了。"

"孙膑反对的不是会盟，是借道，他怕你们魏国借此占领我国的成皋。"

"寡君若真想得到成皋，根本毋需借道，只要与秦国结盟，别说一个成皋，就是整个韩国，寡君也能得到。寡君之所以与韩国结盟，绝非为了韩国的城池，而是阻止秦国染指中原。魏韩两国乃中原的屏障，我们结盟，不但是为我们，也是为中原诸侯。若韩魏两国会盟成功，中原诸侯都会感谢大将军。"

太子好大喜功，他答应庞葱，劝说韩王借道给魏国。

第十四回　假道伐虢

太子见到韩王，说了很多借道给魏国的好处，韩王还是不同意。他对太子道："吾儿，你还年轻，国与国之间的事，你还不太明白。而今诸侯相争，罔顾道义，尔虞我诈，弱肉强食，许多小国相继灭亡，诸侯之中只剩下了韩国、魏国、赵国、齐国、楚国、燕国、秦国七个大国，以及几个苟延残喘的小国。七国之中，我们韩国算是弱国，而今秦国与魏国都窥视我们的疆土，若放松警觉，他们就会乘虚而入。因此，为父对魏国不得不防。"

太子问："既然如此，魏国为何还要与父王结盟呢？"

韩王道："先前齐、楚结盟，共同对付魏国，魏国若想全力对付齐、楚，就必须稳住秦国，而稳住秦国的最好办法，就是与寡人结盟，使秦国不敢轻举妄动，而寡人与魏国结盟的目的，也是为了抵御秦国，这叫相互利用。因此，魏国若真心结盟，即使不借道给他，他也不会变卦。"

虽然韩王不同意借道给魏国，魏王依然同意在成周宗庙内与韩王举行会盟。韩王很高兴，他认为魏国是真心与韩国结盟，便带着太子，如期来到了成周。

会盟那天，成周宗庙内布置得庄严肃穆。助祭者们将三牲——牛、羊、猪摆在大殿前的祭坛上，乐师们吹奏起和谐的乐曲，身穿祭服的韩王与魏惠王以及随行的两国大夫们神情庄重，跪在盟坛上。

魏惠王将写有红色字迹的玉圭高高举起，高声道："魏国韩国，兄弟之邦，同一祖先，同居中原，唇齿相依，血肉相连……"这时，魏王身子突然晃了一下，他脸上透着痛苦的神情，大口喘着气。

韩王看看身旁的魏王，低声问："魏王，怎么了？"

魏王极力忍耐着，片刻后道："没事……"他继续高声道："秦国虎狼，侵我兄弟，窥视中原，兄弟之邦，理应联盟，共同御敌，同甘共苦。我愿与韩国结为同盟。"

韩王举起玉圭高声道："韩国魏国，手足之国，手足难分，利害与共。一荣俱荣，一损俱损。秦国暴虐，欲占中原，为抗暴秦，力保中原，手足之国，理应结盟。我愿与魏国结为同盟。"

穿黑色祭服的助祭者走过来，接过他们手中的玉圭，将玉圭放在祭坛上。

韩王、魏王向祭坛行大礼。行礼时，魏王看上去很是吃力。

礼毕，魏惠王欲站起，身子不由又是一晃，韩王连忙上前扶住他。

魏王低声地道："没事，我能行……"

两人并肩走下盟坛。魏惠王突然晕眩，险些摔倒，庞涓连忙上前扶住他，一脸焦急地呼唤道："大王，大王……"

魏惠王睁开眼，有气无力地道："天子宗庙，不可喧哗，扶寡人回去……"

庞涓搀扶着魏惠王走出宗庙大院。

韩王到魏惠王在成周的住处看望生病的魏惠王，庞涓匆匆走进，呈上国内送来的急信。信上说齐楚两国屯兵边境，有意进犯魏国，太子请魏惠王与庞涓速回国都大梁。

魏惠王打算第二天启程回国，庞涓不同意。他说："路途遥远，一路颠簸，大王身体不适，路上若有个三长两短，微臣如何向国人交代？"

魏惠王执意要走，但身体的确难以坚持，叹道："寡人不中用了……若因为寡人，耽误了国家大事，寡人愧对祖先。"

一旁始终没有开口的韩王心想，既然魏国和韩国如今已是盟国，便不能对魏国的危难熟视无睹。他对魏惠王说："魏王不必着急，安心歇息两日，寡人借道给你，你可经过韩国的疆土，从近路返回大梁。"

魏惠王面带难色，道："这怎么可以呢？我听庞元帅说，来时因为借道之事，韩国大夫们颇有意见……我看还是不借的好。"

韩王说："欸，魏韩两国既然结盟，你我二人便犹如兄弟，兄弟之间不应见外。"

庞涓对韩王道："大王，寡君不是见外，寡君是怕大王回国后，不好向大夫们解释。"

第十四回　假道伐虢

韩王有些不悦，道："寡人乃一国之主，寡人做出的决断，用不着向任何人解释。"他面向魏王表态说："魏王，盟国遇到危难，韩国决不会袖手旁观，别说借道，即使是借兵，我也不会说一个不字。"

随韩王前来会盟的司马大夫坚决反对借道给魏国，他对韩王说："魏国来时要借道，回时又要借道，其中定有阴谋。"

同来的韩国太子道："魏国即使有阴谋，我们也不怕，他们只有五千人马，我率一万人马紧随其后，他们若敢轻举妄动，我叫他们有国难归！"

司马大夫说："庞涓善于用兵，五千人马在他手里，如同三万之众，若有不轨之举，太子的一万人马，绝非他的对手。"

太子不悦，指责司马大夫长别人之志，灭自己之威，二人争论不休。

韩王道："你们不要再争了，寡人话既出口，已无法收回，就按太子的意思办吧。"

太子的军队上路之前，韩王嘱咐太子道："司马大夫说的不是没有道理，你可一定要多加小心。"

韩国太子率领韩国军队紧随庞涓之后，一路警惕百倍，不敢有丝毫懈怠。军队过了成皋后，仍未见庞涓有什么不轨的企图，韩国太子松了口气。

这天晚上，魏国士兵在帐篷间的空地上燃着篝火，庞涓和士兵们在篝火边喝酒边唱歌，手舞足蹈，欢乐异常。韩国太子闻此，完全放松警觉，也让自己的士兵喝酒唱歌，欢乐一番。

第二天一早，韩国人发现庞涓的军队舍弃随行的辎重，不知去向。韩国太子正在纳闷，成皋的守城将军带着一身血迹突然闯进太子营帐，他向太子哭诉道：魏国人偷袭成皋得手。

太子惊得目瞪口呆，他此时才明白，魏惠王在祭坛上晕倒极有可能是伪装的，为的就是取道韩国夺取成皋。

按："假道伐虢"是三十六计中的第二十四计，此计是以向对方借道为名，达到消灭对方或夺取对方要地的目的。庞涓用此计占领了韩国的成皋，打算以此要挟韩国交出孙膑。欲知庞涓的阴谋能否实现，请看下回："声东击西"。

第十五回　声东击西

韩国太子听说成皋失守，大骂庞涓不讲信誉。他不顾将军们的劝阻，发誓一定要夺回成皋。成皋是在他的手上丢的，他如果不能立刻夺回来，他太子的脸面往何处放！于是，太子率领他带来的一万人马攻打成皋，结果被庞涓的军队重创于成皋城下，被迫撤兵。庞葱请求率军乘胜追击，活捉韩国太子，庞涓则表示他要的不是韩国太子，而是孙膑。

事先驻扎在韩魏边界的十万魏军，按照庞涓部署，驻扎于成皋周边，庞涓命庞葱到韩都向韩王要人。

庞葱来到韩国国都，对韩王说："只要大王答应我们元帅的条件，元帅立刻归还成皋。"

韩王问："什么条件？"

庞葱道："很简单，把孙膑交给魏国。"

韩王对于庞涓用阴谋夺取成皋之事非常气愤，他回绝庞葱道："不行，这个条件寡人不能答应。"

"大王，你先不要说不行，等外臣说完理由，大王再做决断。"

"你无论有任何理由，寡人也不会同意。"韩王显得不耐烦了。

庞葱不急不躁地说："大王留下孙膑的目的，无非是对付秦国。"

"还有魏国。"韩王冷言道。

庞葱不以为意，继续说："不知大王想过没有，一个孙膑能对付得了秦、魏两个强国吗？"

"这……能，他懂《孙子兵法》，可百战百胜。"韩王有些底气不足。

"大王，那都是传说，不足相信。"

"你不信，寡人信。"

"即使孙膑能，韩国的国力与军力耗得起吗？"

韩王没有回答。

庞葱又说："大王只要交出孙膑，我们元帅不但归还成皋，还将帮助韩国抵御秦国。"

韩王沉声道："庞涓言而无信，说是借道，却夺了寡人的成皋，他的话寡人无法相信。"

"大王，庞元帅暂时借驻成皋的目的，就是为了孙膑，孙膑是魏国的要犯，抓不住孙膑，元帅无法向寡君交代。"

"那是你们的事。你现在就是编一万条理由，寡人也不会交出孙膑，请回吧。"

庞葱脸色一转，威胁道："大王，外臣来时，庞元帅嘱咐外臣告诉大王，魏国的大军正在向成皋聚结，若大王不交出孙膑，元帅将率大军向南开进，直至大王同意交出孙膑为止。"

韩王冷笑一声："寡人不怕你们的威胁！"

庞葱笑吟吟地说："外臣知道大王不怕，可如果秦国趁火打劫，对大王可是相当不利啊。"

韩王一脸阴沉。

庞葱扫了韩王一眼，说："大王还请三思而后行啊。"

韩王召集重臣，商讨用孙膑换成皋一事。朝中分别形成以左大夫和司马大夫为首的两派阵营。

左大夫说："孙膑在齐国时曾数败庞涓，若孙膑率军再次打败庞涓，不但可以夺回成皋，还将威慑秦国，使秦国对韩国不敢轻举妄动。因此，不交出孙膑对大王有利。"

司马大夫道："孙膑在齐国虽数次战胜庞涓，可如今在韩国却未必能

第十五回 声东击西

胜。一是韩国军力不如齐国强大；二是成皋城池坚固，庞涓依固坚守，胜负很难预测。万一孙膑败于庞涓，庞涓南犯，可直入韩国腹地，若那时大王再向庞涓求和，势必割让更多的城池。大王不如交出孙膑，这样不但可使成皋回到大王手中，还可以此与庞涓和好，借庞涓的力量对付秦国。"

左大夫反驳说："庞涓出尔反尔，不讲信义，即使交出孙膑，他也不会真心帮助大王，成周盟会便是一例。"

司马大夫针锋相对："成周盟会，庞涓意在夺取成皋，用成皋换孙膑。他得到孙膑后，便会诚意帮助大王，他需要与韩国共同对付秦国。"

两人争执不休。韩王是一个瞻前顾后的人，司马大夫所说，他认为更有道理，于是便打算把孙膑交给魏国。

申大夫听说韩王想交出孙膑，不由心急如焚，他对韩王说："大王，万万不可交出孙膑。孙膑在，成皋虽失，终能夺回；孙膑不在，成皋虽得，还会丧失。"

韩王缓缓道："申大夫，你说的道理寡人都懂，可是，庞涓大军聚集成皋，大有南犯之势，若孙膑不能战胜庞涓，韩国危在旦夕，寡人为了韩国，不得不谨慎行事。"

"大王，微臣可以性命保证，孙膑一定能收复成皋。"

"申大夫，你即使用全家的性命保证，寡人也不敢冒险。"

钟离春对韩王之举非常气愤，骂道："从齐王到韩王，一个比一个鼠目寸光，言而无信……一个个，都该杀！"

"钟离姑娘，算了，"孙膑道，"事已至此，埋怨也没用……"

申大夫一直低头不语。这时他突然默默站起，拿过墙上挂着的剑，面色凝重道："孙先生，借你剑用用……"

"申大夫，你想干什么？"孙膑一愣。

申大夫平静地对孙膑说："孙先生，我发过誓，如果危难来临，无论何人，他对不起孙先生，我就杀掉他。"说着就要往外走。

"申大夫冷静！"孙膑拦住他，道："杀了韩王，你全家丧命不说，韩国将陷入一片混乱，庞涓更有可乘之机。"

"何况，"一旁的钟离春开口道，"凭你的本事，也杀不了……"

申大夫仰天长叹，说："杀不了韩王，就是不履行诺言，不履行诺言，有何脸面活在世上？！"

申大夫说罢欲自刎谢过，钟离春眼疾手快，一掌打落申大夫手中的剑。

"我今天不死，早晚要死，除非大王改变主意！"申大夫悲愤地说。

韩国太子是一个把声誉看得比性命还重要的人，当他听说韩王要交出孙膑换取成皋，亲驾马车从城外军营赶回都城，请求韩王留下孙膑。他对韩王惭愧地说："成皋失陷，是儿臣的过失，不能让孙膑代儿臣受过。"

"孙膑不是代你受过，庞涓夺取成皋就是为了得到孙膑。"韩王道。

"庞涓怎么想我不管，父王如果交出孙膑，世人将笑话儿臣无能，所以才用孙膑换成皋。"

"这是寡人的决定，世人不会责备你。"

"儿臣是父王的儿子，世人会说父王交出孙膑，是为了掩盖儿臣的无能。"

"谁这么说，寡人就惩罚谁。这样可以了吧？"

"如果世人都这么说，父王如何惩罚？"

韩王无法回答，反问道："那，你说怎么办？"

"请允许儿臣率兵夺回成皋。"太子主动请缨。

"你不是庞涓的对手。"

"儿臣不想与父王争论，事实会为儿臣正名，请父王给儿臣这个机会。"

"朝中大夫已经议过的事，不能随便更改。"

"父王是一国之主，父王若肯更改，朝中大夫只能听之任之。"

韩王板起脸沉声道："国家大事，不可意气用事。你回去吧！"

"这么说，父王决意不改了？"太子脸色微变。

"不改。"韩王坚决地答道。

太子抽出剑，对韩王道："父王不答应，儿臣就砍去左手食指。"

第十五回　声东击西

韩王愠怒，道："你竟敢威胁寡人？！"

"不是威胁，是表示儿臣打败庞涓的信心。"

"你信心再大，寡人也不会答应……"

韩王话音未落，太子手起剑落，左手食指飞出，断指处顿时鲜血淋淋。

躲在内室的韩王后再也忍耐不住了，她冲进来扑了过去，一把抱住太子的手，哭道："我儿，你怎么能这样？！"

太子推开王后，面向韩王道："父王，你如果还不答应，儿臣就砍去中指；再不答应，便砍掉左臂。"

王后不顾一切地抱住太子持剑的手，哭求韩王道："大王，你就答应了吧……"

韩王厉声喝道："妇道人家知道什么？若韩国兵败，国将不存！"

太子淡然道："父王不答应，儿臣将不存。"

"大王，你就给太子一个机会吧。"王后擦了擦眼泪，说："若夺不回成皋，再交出孙膑也不迟。"

韩王摇摇头，道："到那时就晚了。"

太子回应道："不晚，父王可把责任推到儿臣身上，儿臣带着孙膑一同去见庞涓。"

韩王沉默不语。

王后继续央求："大王，给儿子一个机会吧，若我们的儿子建立了功业，将来的韩国谁也抢不走。"

太子点点头说："父王，给我这个机会吧，我决不会辜负你。"

韩王面对两眼汪汪的爱妻和满手是血的儿子，无可奈何地叹了口气，道："好吧，寡人就赌一回，用寡人的国家赌一回……"

韩王紧急召见了孙膑和申大夫，对坐在一侧的孙膑煞有介事地道："孙先生，寡人其实并不打算把你交给庞涓，今日在朝上之所以答应庞涓的要求，是为了看看大夫们对此事的反应，没想到他们都是见风使舵的人，只有太子，还有申大夫是真心为寡人着想。"

一旁的韩太子面带得意之色。

"此外,"韩王接着说道,"寡人这也是一计,以此迷惑庞涓,让他对寡人无所防备。"韩王说着看了看孙膑和申大夫,"不知孙先生与申大夫能否体会寡人的这片苦心?"

孙膑沉默不语。申大夫沉吟片刻,略带自嘲地说:"大王真是深谋远虑。微臣目光短浅,此前未能体会到大王的苦心。而今听闻大王一番解释,豁然开朗,若再体会不到大王的苦心,岂不是猪狗不如?"

韩王看了看无动于衷的孙膑,又道:"孙先生,申大夫,寡人决心夺回成皋,孙先生仍为军师,申大夫为副将,与太子一同进军成皋。"见孙膑还是无所表示,韩王道:"孙先生,你还在生寡人的气吗?"

孙膑说:"没有。"

韩王又问:"那你为何对进军成皋无所表态?"

"微臣是有把握夺回成皋,只是缺少必备的条件……"

"无论什么条件,只要寡人能做到的,一定答应你。"

孙膑回答道:"微臣在齐国的时候,齐王答应,凡作战之事,必经军师赞同方可执行,军师不同意,大将军也无权行动。微臣要的就是这个条件。"

韩王表示同意,太子却不情愿了,韩王板起脸对太子道:"寡人已经作出决断,不可改变。"他把目光转向孙膑,等待孙膑表态。

孙膑点了点头,说还有个请求:"请大王派使者前往秦国,答应割让两座城池给秦国,以疆土换取秦国暂时休兵。"

"不行,"韩王拒绝道,"秦国乃虎狼之邦,贪得无厌,今天得到两座城池,明天就会要三座、四座,甚至整个韩国。"

"大王,如今韩国两面受敌,若不稳住秦国,便不能全力对付魏国,魏国乃强国,若不尽全力,焉能取胜?"

"可是……寡人的疆土,怎么可以这么轻而易举地让秦国占有……"

"今日失去,是为了明日夺回。打败了魏国,韩国将威震中原,中原诸侯都将敬畏大王,到那时,再向秦国要回边城,秦国不敢不给。大王,

第十五回　声东击西

微臣不但可以夺回成皋，还将令天下都敬畏大王。"

听了孙膑的话，韩王似乎看到了天下诸侯敬畏自己的前景。韩王虽然掌管的是一个不大的国家，但他也有称霸天下的野心。于是，韩王答应孙膑，用疆土换取秦国暂时休兵。

孙膑调兵遣将，准备与魏国交战。韩国太子对孙膑说："你知道大王为何最终改变主意，把你留下吗？"

孙膑摇了摇头。

太子伸出受伤的左手道："是因为我以死力谏，为此，我失掉了左手的食指。"

"大将军之恩，孙膑永生不忘。"孙膑拱手拜谢道。

"免了，"太子摆了摆手，"那就请军师给我这次机会，让我来指挥攻打成皋。"

"攻打成皋，本来就由大将军指挥，我只不过负责决策而已。"

"我的意思是说，决策也要由我确定。"

"大王决定的事，不能改变。"

太子脸色一沉，道："你这是不相信我！"

"我不是不相信大将军，我与庞涓交手多次，对他了如指掌，《孙子兵法》曰：知己知彼，百战不殆。"

申大夫在一旁打圆场道："大将军，决策不论由何人确定，战胜庞涓的第一功劳还是归大将军，因为大将军是军队的统帅。"

孙膑点头道："申大夫说的对，韩国军队的统帅是大将军，韩国军队的胜利，就是大将军的胜利。"

太子心里这才高兴了许多，对孙膑道："军师，决策可以由你来定，但作战决策一旦确定，由我来向将军们发布。"

孙膑答应。

太子问他如何攻打成皋，孙膑拿过军图，指着上面的标记说："申大夫率三万军队向成皋进发，沿途虚张声势，庞涓若向南进，不可与庞涓交战,立刻后撤,退守国都。大将军与我率五万军队越过边境,直奔魏国的中牟,中牟乃魏都大梁的屏障,拿下中牟,大梁指日可下。我们用中牟换成皋,庞涓不换,魏王也要换。"

"好,这个声东击西的战法好!"太子拍手叫绝。

申大夫率领三万韩国军队向成皋开进,庞涓猜测孙膑是虚张声势,便在成皋按兵不动。孙膑和太子的五万军队越过韩魏边境,庞涓立刻推测出孙膑的意图是打算进攻中牟,然后威胁国都大梁,再来一次"围魏救赵"或者用中牟换取成皋。庞涓露出不屑的笑容,当下命令魏军立刻启程,进军韩都。他对庞葱说:"庞葱啊,我们也来一次围韩救魏。"

派往成皋打探消息的钟离春骑快马赶到中牟城外韩军大营,对孙膑说:"不出先生所料,庞涓的大军离开了成皋,直奔韩国国都。"

太子心中不悦,道:"军师,你既然已经预料到庞涓攻打我们国都,为何不告诉我?"

孙膑答道:"预料的事可能发生,也可能不发生,若是没有发生,说出来反而不好。"

太子阴沉着脸问:"我们现在怎么办?"

"兵分两路,一路立刻回国,解救国都之围;一路昼息夜行,直奔成皋。"

太子又问:"这么说,我们不攻打中牟了?"

孙膑说:"大将军,说实话,我本来就没打算进攻中牟。"

太子更为不悦,冷冷道:"既然不打算进攻中牟,为何不早告诉我?"

孙膑说:"大将军年轻气盛,不善伪装,我怕大将军知道真实意图后,不能像往常那样严厉督促属下迅猛行动,让庞涓的细作看出破绽。"

太子认为孙膑是在小看他,赌气道:"我是军队的统帅,调动军队我说了算!我要继续攻打中牟,等攻克中牟,我再回国。"

孙膑不由着急,说:"大将军,国家与军队的安危系于你我二人,万万不可以此赌气!"

第十五回　声东击西

"我就是赌气,你能把我怎么样?"

"我虽然不能把你怎么样,可庞涓会因为你的赌气,灭亡韩国!"

"没那么严重。"

"大将军,孙武子曾说,上兵伐谋,其下攻城。他之所以把攻城列为下策,是因为攻城所需时间长,又极耗人力物力,我们深入魏国腹地,久攻中牟不克,将为敌人所破。若太子的大军被敌所破,韩国岂能不亡?"

"那成皋怎么办,拿不下中牟,如何换回成皋?"

"进军中牟,就是为了把庞涓调出成皋,然后夺取之。"

"夺取成皋,不是同样需要攻城吗?"

"虽都是攻城,但大不相同。将军的大军深入魏国境内,中牟的魏军不可能没有防备;而成皋不同,我们派一支精干军队,轻装上路,攻其不备,加之守城魏军数量不多,定能迅速夺取之。"

太子终于被孙膑说服,他答应带大军回国,对孙膑道:"军师,我一定给庞涓一点颜色看看。"

孙膑说:"太子,此番回程你不能急于跟庞涓交战。"

太子不解,问:"不交战我回国都干什么?"

"牵制庞涓,让他不能全力进攻国都。大将军的军队一旦回到韩国,立刻选择一处便于防守的地方安营扎寨,与申大夫成犄角之势,等待庞涓的到来。"

"如果庞涓的军队不来呢?"

"他不来,你就派小股军队袭扰他。"

"他如果回兵成皋呢?"

"你就尾随其后继续袭扰。"

太子有意气气孙膑,悠悠道:"我如果不按你说的办呢?"

孙膑勃然变色,说:"作战如对弈,一步错棋,满盘皆输!太子万不可儿戏。"

太子按照孙膑的部署,带领韩国大军撤离中牟,回国救援国都。庞涓以为孙膑中计,下令停止攻打韩都,留一部分军队监视韩国国都的韩军,率大部军队准备在韩军返回途中围而歼之。

孙膑则带领五千韩国士兵昼息夜行,秘密来到成皋城外。钟离春带着数十名精干士兵,在夜幕的掩护下潜行至东门城下。钟离春一马当先,攀绳索爬上城头,守卫东门的魏国士兵还未弄明白敌人是谁,便做了剑下之鬼。

天色蒙蒙亮的时候,孙膑的军队顺利占领了成皋。

按:"声动击西"是三十六计中的第六计,其意是用假象迷惑敌人,使敌人摸不透我方真实意图,从而无所防范,我方进攻便可稳操胜券。孙膑"声东击西",夺回成皋,庞涓决不会等闲视之,欲知孙膑如何与庞涓再次较量,请看下回:"空城计"。

第十六回　空城计

韩国太子依照孙膑的嘱咐，撤回韩国境内后，在距离国都数十里外安营扎寨，与国都的韩军形成掎角之势。

庞涓带领几个将军来到韩国太子的大营前察看虚实，太子大营营门紧闭。庞葱对庞涓说："叔父，孙膑多日来紧闭营门不出战，他是不是想拖住我们？"

庞涓沉默了好一阵子，缓缓道："孙膑好像不在营内。"

庞葱不解，问："叔父由何而知？"

"孙膑作战，虚虚实实，他要是害怕我们，就会摆出不害怕的样子，不会紧闭营门而不出；他要是想拖住我们，就会摆出决战的样子，也不会紧闭营门不出的……"庞涓突然想到什么，恍然大悟，道："是了，他一定是去了成皋……庞葱，我率大军轻装赶奔成皋，让孙膑措手不及。你带一万人马留在这里，牵制韩国太子。"

孙膑夺取成皋后，知道庞涓不会善罢甘休，他先是封锁收复成皋的消息，然后命令将军们留下少量军队，带大部分士兵到城外征粮，做好长期坚守成皋的准备。

孙膑不放心太子，让钟离春骑快马前往国都方向，监视庞涓的大军。

钟离春很快就回来了，她对孙膑道："先生，有个不好的消息……庞涓的先头军队离成皋只有三十里路。"

孙膑纵是谋略过人，也有些不知所措了，他吃惊地道："他们怎么来的这么快！"

钟离春说："看来，太子没能牵制住庞涓。"

孙膑非常后悔，长叹道："真是一着不慎，满盘皆输……"

钟离春安慰孙膑说："先生，鬼神还有失算的时候，何况人呢……还是赶快想个计策，对付庞涓吧。"

"真没什么计策了……城里兵力不多，而且大都是一些有伤病的士兵……"

"那就速把征粮的军队叫回来。"

"来不及了。"孙膑摇头道。

"那放弃成皋，我们到城外集结征粮的军队。"

"区区五千士卒，再没有了城池，无法与庞涓的数万大军正面对抗。"

"我们不与庞涓对抗，回国都与太子的大军汇合，重新夺回成皋。"

孙膑道："如果成皋再次失陷，大王就不会再给我们夺取成皋的机会了。"

"那……你说怎么办，留在成皋，束手待擒？"

孙膑沉默不语，巧妇难为无米之炊，如今的孙膑战又战不得，走又不能走，他真感到有些穷途末路了。

钟离春看着一言不语的孙膑有些沉不住气了，催促道："先生，你说话呀，实在没办法，我们就走。"

钟离春这么一催，反而令孙膑平静下来了，他问道："我方才忘问你了，魏国的先头军队是轻装还是重载？"

钟离春回答："轻装。"

孙膑立刻振作起来，道："我有主意了。"

"什么主意？"钟离春问。

孙膑平静道："打开大门，让士兵们全部隐蔽起来，放魏军进来。"

钟离春急了，说："打开大门，这叫什么计策？这跟束手待擒有什么区别？"

孙膑道："未必，这也许是最好的退敌之计。"

第十六回　空城计

孙膑命冯将军速往城外，命城外征粮军队停止征粮，隐蔽待命，然后招集城内的将军，把自己的计策告诉他们，随后平心静气地解释道："开城迎敌，并非我凭空想象，三百年前，楚国公子元率大军攻打郑国国都，郑国人在迫不得已的情况下，大开城门，反倒诈退了楚军，而今我也是不得已而为之。庞涓的先头军队轻装直奔成皋，其意在打我们个措手不及，若用此计便会使他产生疑惑，不敢轻易进攻，我们再让城外征粮的军队装作伏兵，在埋伏中露出破绽，使其疑上加疑，庞涓是个多疑的人，他必退兵数十里。到那时，城外的军队立刻进城，做好守城准备。"

有位将军问："军师，如果庞涓他们看破你的计谋，我们就危险了！"

孙膑笑道："我向来用兵虚中有实，庞涓屡屡吃亏，这次我们虽然虚中无实，他们还会以为虚中有实。"

将军们认为孙膑说的确实有道理，便不再怀疑孙膑的计策。

不足一个时辰，魏国的先头军队已到达成皋城外。领军的费将军见成皋城门大开，行人往来不断，好像一点防备的样子都没有，不由纳闷。随行的将军说："费将军，既然敌人没有防备，我们就来个突然袭击吧。"

费将军沉吟道："元帅说过，孙膑作战一向讲究虚虚实实。而今城门大开，想必装作毫无防备，诱我进攻，然后图之。"

费将军命令细作马上混进城内，查明详情，同时派人到城外四周查探，看有没有伏兵。随后命令军队，做好攻城准备。

随行将军不解，问："费将军，你不是说孙膑有诈吗，为何还要攻城呢？"

费将军笑笑道："我也给他来个虚虚实实、真真假假。"

费将军的军队开始做攻城的准备，这举动令韩国的将军们惊恐不安，他们认为魏军已经看破了孙膑的计策。

钟离春对孙膑说："先生，现在把城门关上还来得及。"

将军们随声附和道:"是啊是啊,若不关闭城门,庞涓的军队如果突然袭击,就麻烦了。"

孙膑沉思片刻,道:"他们是在试探我们。"

一位将军说:"军师,还是小心为好。"

孙膑正色道:"我从来不做没有把握的事。你告诉所有人,让他们按计策行事,违令者,斩。"

将军们虽心存疑惑,但还是按孙膑的命令而行。

人们都说孙膑有百战百胜之能,可他也是肉身凡人,是人就有人的弱点——脆弱,只不过孙膑善于掩饰人的弱点而已。当将军们离开他的住处,他身边只有钟离春的时候,他长出一口气,重重坐在席垫上。

"先生,你是不是很有把握?"钟离春问孙膑。

"没有。"孙膑诚实地回答道。

"那为什么要打开城门?"

"已经没有退路了。"

"那庞涓的大军要是看出先生的计策,怎么办?"

"只好认了……"

钟离春心急万分,说:"先生,我现在带你悄悄离开!"

孙膑态度很坚决,道:"不行,一个军队的统帅就是死也不能抛弃自己的军队!抛弃了军队就再也没有资格做军队的统帅!我是一个兵家,既已不能亲上沙场,若再抛弃了军队,在这个世上还能做什么?还不如死了好!"

钟离春不无伤感,只喊了一声:"先生……"就说不出话来了。

孙膑忽然感到了从未有过的软弱与无奈,轻声道:"钟离姑娘,你一个人先走吧。"

"我不走。"钟离春断然道。

"你走吧!"孙膑用命令的口气道。

钟离春眼里含着泪,说:"我不走,我既然跟随先生,就要和先生在

第十六回　空城计

一起，生也在一起，死也在一起。"

也许每个人只有在即将走完人生的全部历程时，才能领悟到爱情的可贵；也许每个人只有走到生命尽头的时候，才会说出心中最后的秘密。此时孙膑终于打开了关闭了很长时间的心扉，轻轻对钟离春道："钟离姑娘，我曾经伤害过你，别记恨我，在齐国的时候，我不该回绝你……"

钟离春装作无所谓的样子，"那已经是过去的事了，我们不再提它，好吗。"

"我心里放不下……"

"我知道你是为了我的自尊心。"

孙膑摇摇头，道："不，不是……其实我心里早就有你，当时我身有残疾，庞涓又不休不止地追杀我，我不想让你跟我过颠沛流离的生活，所以我才不得不推拒你。"

钟离春极力控制着自己的情绪，但泪水还是从她眼中流了出来，她一头扑到孙膑的怀里，抽泣着道："孙先生，我……我早就盼着你……说喜欢我……"

孙膑抚摸着她的肩头，自语道："但愿我们这一次能度过危难……"

钟离春睁着泪眼，对视着深情款款的孙膑。随后两个相爱的人紧紧相拥在一起，等待着末日的来临，抑或是奇迹的发生。

费将军的士兵们做好了一切攻城的准备。费将军立在车上，望着前方，他在等待细作的消息。

细作乘快马终于回来了，费将军迫不及待地问："怎么样？"

细作回应道："不出将军所料，孙膑早有所备，我混进城门，看到了隐蔽的韩军。"

"有多少人？"

"看上去不少，街两旁的院内，无处不有韩军的身影与旗帜。"

费将军的手下说："将军，看来我们只有等待元帅的大军了。"

费将军没有表态，他还要等待成皋城外的消息。

一个将军骑马而来，他是方才受费将军之命派细作到成皋周围查探伏兵的将军。

那将军喘着气来到费将军面前，说："费将军，在我们两侧，发现了孙膑的伏兵……"

在场的将军们不由一惊。

有人问："有多少人？"

那将军说："细作说很多，树林草丛中都是……而且正向我们这边移动……"

费将军冷冷一笑："幸亏我多长了一个心眼。"

他命令军队后撤三十里。

费将军的撤军给孙膑赢得了宝贵的时间，孙膑命令城外军队速速回城，征集来的粮食能带回多少，就带回多少，带不回来的一定要藏好，不能让庞涓得到。同时，孙膑下令征集城里青壮年百姓，把他们编入军队，将百姓家的粮草集中起来，统一发放。

当三十里外的费将军知道自己中了孙膑的计谋时，庞涓大军已经到了。费将军向庞涓请罪道："元帅，小人无能，请元帅处罚。"

庞涓大度地道："这不怪你，只能怪孙膑太狡诈了。"

庞涓饶恕了费将军，费将军感激不已，请命率军攻打成皋。

庞涓双眼闪过一道寒光，道："我没打算攻打成皋，我要围困成皋，兵不血刃，活捉孙膑。"

庞涓命令一个脸上有伤疤的细作想办法在魏国大军包围成皋之前，混进城内，打探孙膑到底存有多少粮食，嘱咐他探不清楚不要回来报告。

韩国太子得知成皋被困，打算率大军增援成皋，韩王派人送来急信，命太子立即率军回国都。

太子自负地对韩王派来的将军说："你告诉父王，将军在外，君命可以不受。"

将军劝道："大将军，你这话是死罪。"

第十六回　空城计

太子很不服气地说："军师也说过这种话，父王并没处死他。"

"孙膑是外邦之人，大王是为了利用他，你不同，你是太子，必须听大王的。"

"如果成皋因此失陷，谁负责？"

"大王负责。"

"父王说过这种话？"

"大王的信中有这个意思。"

韩国太子无话可说，只得回师国都。

孙膑望眼欲穿，迟迟不见韩太子的援军，成皋城内所有粮食集中起来也不足三十天所用，孙膑只得派钟离春回国都找申大夫。他对钟离春道："今夜，你带上我的信，立刻回国都找申大夫，让他协助太子率兵破除成皋之围。信中有退敌的计策，请申大夫想方设法劝太子按计策行事。路上千万小心，成皋的安危，全在你手中了……"

钟离春让孙膑放心，说办这种事，她万无一失。

韩王召集朝中大夫商议成皋被围之事，左大夫自作聪明说："魏国军队兵强马壮，庞涓又善施诡计，开始微臣就反对与其交战，如今孙膑被困成皋，微臣以为，这只是庞涓诡计的开端，他还有更大的阴谋。"

韩王问："什么阴谋？"

左大夫说："孙膑守卫成皋区区不足五千人，庞涓十万之众，本可轻而易举攻克成皋，但他却不攻……"左大夫看了众人一眼，继续道，"微臣以为，他这是以成皋为诱饵，引诱大王的军队前往成皋，一举消灭，然后挥师南犯，直取国都……"

韩王颔首道："庞涓的用心，非常险恶……"

申大夫进言道："大王，左大夫所说毫无根据。庞涓之所以围而不攻，一是怕孙膑，二是怕大王。成皋城池坚固，易守难攻，加之孙膑用兵如神，庞涓担心一旦攻城不克，魏军将元气大丧，若此时大王的军队兵临成皋，庞涓必败无疑。因此，大王应该立刻出兵解救成皋之围，才是上策。"

韩王沉思道："你说的也有道理……"他面向司马大夫道："司马大夫，说说你的看法。"

司马大夫说："庞涓围困成皋，大王理应派军队解救，可庞涓围困成皋，并非为难大王，而是为了孙膑，大王不如坐山观虎斗，若庞涓不能攻克成皋，待他疲惫之时，再发兵成皋，可稳操胜券；若庞涓攻克成皋，大王则顺水推舟，把敌视魏国的责任推到孙膑身上，庞涓围困成皋，本来就是为了私怨，他也可就此下台阶，与大王和好……"

"此计不可取，"申大夫打断了司马大夫，"成皋是大王的成皋，孙膑是大王的谋臣，大王怎么可以视成皋危难而不顾，坐山观虎斗呢？"

司马大夫冷哼一声："庞涓有十万之众，孙膑声东击西也没赚到半点便宜，谁有把握战胜庞涓？"

"我！"王宫门口传来一洪亮的声音。

大家侧身看去，风尘仆仆的太子站在宫门口。

太子上前向韩王叩头施礼后，对韩王说："父王，庞涓并不可怕，若不是父王急时召儿臣返回国都，儿臣早已杀回成皋，与庞涓一比高低。请父王下命，儿臣即刻率军杀奔成皋。"

韩王道："太子别急，待寡人与大夫们权衡利弊，再做决断。"

太子说："军师常道，兵贵神速。而你们议来议去的，贻误战机，何人负责？"

韩王很是不快，轻骂道："放肆！他们都是寡人的谋臣，是寡人请他们来议论成皋被围之事的。"

"父王，儿臣可对宗庙内的祖先起誓，定败庞涓于成皋城外！请父王发兵。"

"上次也是你起誓，成皋还不是丢在你的手里吗？"

"可先前恰是儿臣用计牵制庞涓，军师趁此夺回成皋，儿臣已经将功补过。"

"你们中了庞涓诡计，还蒙在鼓里……庞涓是以成皋为诱饵，引诱孙膑上钩。"韩王冷笑道。

"父王，庞涓没有这么高明，父王可能是被庞涓吓住了……"

"胡说！天下没人能吓得住寡人！"韩王恼羞成怒，厉声喝止。

太子见状，只好收敛了锋芒。

大夫们离开后，韩王一脸严肃地对跪在面前的太子道："你身为韩国太子，对寡人的谋臣如此轻蔑，他们会怎么看你？"停顿片刻，韩王平复了情绪后语重心长地说道："为父对你说过，而今天下弱肉强食，一个君王要想使自己的国家立于不败之地，必须依靠一批忠于你的贤臣谋士，得罪他们，就是损害你自己的国家。"

"父王，儿臣知错了。"太子低声道。

"起来吧。"太子起身，坐至韩王一旁。韩王问道："成皋被困一事，你是怎么想的？"

太子正色道："父王，儿臣身为大将军，如果连一座城池都保不住，将军们与士兵们会怎么看儿臣？大敌入侵，不敢迎敌，儿臣的威望又从何谈起？"

"你不能只想到自己的威望，更应考虑国家的安危。"

"可是父王，放弃成皋，抛弃孙膑，庞涓就会善罢甘休吗？未必，他会认为我们韩国软弱可欺，从而得寸进尺。"

韩王长叹了口气，道："其实，寡人并不打算放弃成皋，也不准备抛弃孙膑，寡人之所以让大夫们议论一番，是借他们的脑子，权衡利弊……这就跟商人做买卖一样，如算计不好，就会赔本。所不同的是，商人这次赔了，下次还能赚回来，可你若赔了，可就没有下一次了。"

"父王，你怎么知道儿臣会赔呢？"

"天下大国的将军谋士，除了孙膑，还没有一个人战胜过庞涓，如今孙膑又被困在成皋……为父不能不为你担心。"

太子很是不服气，说："父王，没有孙膑，儿臣一样可以打败庞涓。"

韩王语重心长地道："太子，寡人欣赏你的勇气，但只凭勇气是不能战胜敌人的,要战胜敌人必须靠智慧。"

"这么说,父王不打算出兵解救成皋之围了?"

"不,兵要出,但不能鲁莽行事。"

"那父王的意思是……"

"你率大军在距庞涓三十里外安扎营地,见机行事。若庞涓攻克成皋,你便按兵不动,为父想办法向庞涓要城;若庞涓久攻不克,你可趁其疲惫,与孙膑里应外合,设法退敌。"

"这样做,太对不起孙膑了吧……"太子犹豫道。

韩王笑道:"国家之争,只有国家利益,不掺杂个人的感情……你知道这句话是何人所说吗?是你的母后……一个女人都尚能有如此见解,我们男人,尤其是执掌国家的男人,难道还不如一个女人吗?"

太子想了想,说:"父王,儿臣明白了……"

太子是明白了,可是包括申大夫在内的所有的韩国人都不明白为什么韩国的援军会在成皋三十里外按兵不动。成皋的将军们问孙膑,孙膑也不知道其中缘由。

按:"空城计"是三十六计中的第三十二计,此计的意思是:无力守城时,故意暴露其空虚,使敌人疑惑不前,或因怕中埋伏而撤兵。孙膑用此计解成皋一时之危难,更大的危难随即来临。欲知孙膑如何摆脱庞涓的围困,请看下回:"反间计"。

第十七回　反间计

　　夜幕降临，钟离春悄悄离开成皋，只身穿过魏军大营，来到三十里外的韩太子营帐内。她质问太子："大将军，成皋危在旦夕，你为什么按兵不动？你是不是害怕庞涓！"

　　太子最怕别人说自己害怕庞涓，怒目道："世上没有我害怕的人！"

　　钟离春逼问太子说："不害怕为什么不出兵呢？"

　　太子冷言道："我必须谨慎行事。"

　　申大夫在一边对太子说："谨慎不等于按兵不动……庞涓的士兵虽然比我们多，但是他四面包围成皋，兵力必然分散，如果按照军师信中的计策，派一部分军队，在其他三个方向虚张声势，然后聚集兵力，攻其一方，就能打破庞涓的包围，把军队与粮食送进成皋。有了粮食与足够的军力，就不怕庞涓继续围困成皋，然后我们再派兵袭扰他的粮道，这样庞涓的十万大军便无法在成皋城外久待，成皋之围也就迎刃而解了。"

　　太子对申大夫道："申大夫，说说容易，做起来就难了。庞涓不会让我们如愿以偿。"

　　钟离春没好气地说："不做就更不能如愿以偿！"

　　"你怎么知道我不做？我是另有妙计。"

　　"什么妙计？"

　　"等庞涓攻城。他若攻城，就必然暴露薄弱之处，到那时我再出战不就更有把握获胜了吗？"

　　闻得如此"妙计"，钟离春顿时火冒三丈："庞涓根本就不会攻城，他是要把孙先生困死在成皋！"

"哦，军师神机妙算，难道他就没办法让庞涓攻城吗？"太子悠悠道。

钟离春按捺住想揍人的冲动，对太子气愤地说："害怕庞涓就说一声，也用不着这么绕圈子！"

太子脾气一向火暴，这次反而很是沉得住气，他不紧不慢地道："你再激我也没用，我身为大将军，要为我的数万大军负责。"

"你也应该为成皋负责！"

"我当然要为成皋负责，不负责我就不来了。"

"不出战，怎么负责任？"

太子把话又绕了回来，道："方才我已经说过了，只要庞涓攻城，我就出战。"

钟离春真的忍无可忍了，指着太子的脸骂道："韩王让你这种人当大将军，真是有眼无珠！"

"放肆！"太子终于忍不住了，对钟离春怒道："你敢侮辱大将军，当军法惩处！"

钟离春没有理睬太子，径自转身出了营帐。

申大夫担心把事情闹僵，不好收拾，劝慰太子说："大将军，钟离姑娘就这脾气，你不要见怪。"

申大夫劝完太子，又追上钟离春，劝说道："太子脾气倔，认定的事九匹马也拉不回来。你回去让军师想想办法，引诱庞涓攻城，到那时，太子他如果还是不出战，别说我不答应，全军将士也不会答应。"

钟离春想了想，也只有如此，叹道："好吧，我回去让先生试试。"

钟离春迟迟不归，孙膑难以入睡，他带卫士上了城墙，等待钟离春归来。远处点点篝火映照着魏军的营帐，辽阔的旷野中却依然不见钟离春的身影。

天就要亮了，东方隐隐有了光色，孙膑仍然在城墙上等待。卫士关切地劝他："军师，回去吧。"

第十七回　反间计

孙膑好像一点也没听见。

卫士又说："雾气这么大，你的腿又不好，站了这么久，如果让钟离姑娘看见，会埋怨我的。"

孙膑望着远方道："你说，钟离姑娘今天能回来吗？"

卫士很肯定地说："能回来，钟离姑娘只要说回来，就一定能回来。"

孙膑感慨道："她身负全城军民的重托，我需要早些见到她，我们再等一会儿，行吗？"

"你是军师，你说了算。"卫士噘了噘嘴。

"怎么？"孙膑看了看卫士，打趣道："不高兴了……好，我们走吧。"

卫士有些不好意思，说："不是不高兴，我是怕钟离姑娘不高兴，上次因为你的腿受了潮，我好几天都没敢和她照面。"

"她就这么可怕吗？"孙膑好奇地问。

"不是可怕，她心疼你，如果你身体不适，她就吃不好，睡不香，我们这些当侍卫的也觉得对不起她。"

孙膑默然了，爱有多种多样，但钟离春的爱，是发自肺腑的那一种爱，他不由心潮起伏。

孙膑路过城墙一角时，发现了一件可疑的事：一个脸上有疤的人，对一个姓赵的壮士不知说了些什么，赵壮士便弃守城而不顾，骂骂咧咧地走了，他骂的是姓冯的将军。孙膑派随身卫士暗中监视那个"疤脸"。

天亮的时候，孙膑一瘸一拐地返回住处。走到住处门外时，卫士追上了孙膑并告诉他：疤脸和赵壮士都是编入冯将军手下的守城百姓。孙膑打算吃过饭就去找冯将军，这种闹事的因素解决得越早越好。

在卫士的搀扶下，孙膑一瘸一拐回到住室。钟离春已经回来了，正在此等待孙膑，她见孙膑好像腿病又犯了，着急地问："你这是怎么了？"

孙膑极力掩饰道："没事。"

钟离春追问卫士："孙先生是怎么回事？"

"我说了，没事。"孙膑在一旁轻咳道。

"我没问你。"钟离春没好气地瞪了孙膑一眼，然后又问卫士："你说，到底是怎么回事？"

卫士只得如实说："军师到东南城墙等你，站了半夜……"

"唉，你呀，"钟离春心疼地埋怨孙膑，"我不是不让你等吗……"

"我不放心。"

寥寥四个字，让钟离春心中涌起阵阵暖意。

孙膑问起太子的情况，钟离春马上气不打一处来，说："喊，别提了，我真恨不能扇他两巴掌。太子也不知吃了谁的迷魂药，我与申大夫无论怎么说，他死活坚持，非要等庞涓攻城，他才出战。"

"这么说，庞涓只要不攻城，他就不出战了？"孙膑若有所思。

"是的。"

"哼，我知道这是谁的主意了。"

"谁的主意？"

孙膑摆了摆手，没说是谁。

这时，一位将军跑来报告："军师，不好了，有人抢粮。"

孙膑一惊，问："什么人抢粮？"

将军说："守城的青壮百姓。"

孙膑急忙和钟离春赶往粮库。

在粮库带头闹事的就是那个赵壮士，疤脸也在。赵壮士带领数十名手持兵器棍棒的汉子聚集在粮库大院门口，使劲捶打着院门。

赵壮士冲门内高声道："你们再不开门，我们就撞门了！"

守卫在粮库门内的士兵没有回答。

赵壮士子一挥手，大声喊道："撞门！"

汉子门推着圆木向大门撞去……一下，又一下，大门开始晃动了。

"兄弟们！"赵壮士高声道，"再加一把劲，我们就有粮食了……"

汉子们又一次向大门撞去。

大门几乎要被撞开。

第十七回　反间计

疤脸扯着嗓子喊道："快了，加劲啊！"

就在这时，孙膑的马车急驶而来，钟离春也在车上。许多手持弓箭和长戟的士兵紧随其后。士兵一到粮库院外，就把闹事的汉子们团团围了起来，手中的弓箭对准汉子们。

汉子们一阵慌张，有的人悄悄放下兵器。

赵壮士高声道："慌什么？大不了一死，饿死也是死，打死也是死，把兵器都捡起来！"

扔掉兵器的汉子又纷纷将兵器捡了起来。

孙膑站在车上，看着赵壮士，问："壮士，作为守城统帅，我曾告示全城军民，凡抢粮者，斩首示众，你知道吗？"

"知道。"

"那你为何聚众抢粮？"

"不抢粮，就会饿死。"

"胡说，"孙膑驳斥道，"所有百姓，尤其是守城的青壮男人，每天都可得到一份粮食，虽说只能八成饱，但决不至于饿死。"

赵壮士冷笑一声，说："你说的好听，我们这些人一天只能得到半份粮食，长此下去，虽说不至于饿死，也无力守城，敌人如果攻城，难免一死。"

"你说的可是实话？"

"如果有半句谎话，我情愿被五马分尸。"

"统领你们的将军是不是冯将军？"

"是又怎么样？"

孙膑对车下的将军下达命令："把他带走。"

将军一挥手，两个士兵上前欲擒住赵壮士，赵壮士手中大斧一抡，打飞了士兵手中的兵器，怒目圆睁："你们敢！"

话音未落，钟离春从车上飞身上前，三五招内，便夺下赵壮士手中大斧，长剑直抵赵壮士咽喉，赵壮士和他身后的汉子们全呆了。士兵们上前将赵壮士绑起来。

孙膑对汉子们道："你们回去吧，我叫冯将军补给你们粮食。"孙膑说话的时候又看到了疤脸，疤脸正在偷看孙膑……一个计谋在孙膑脑海里油然而生。

赵壮士被带到孙膑的军师府，他早已经做好了被斩首的准备，可是孙膑出人意外地亲自给他松了绑，还赏了银子，这令赵壮士莫名其妙。

孙膑不无愧疚地对赵壮士道："壮士，你也别怪冯将军，是我让他扣发你们粮食的。你知道我为什么这么做吗？"

"莫非……粮食不够了？"

"城里的粮食充足得很，三个月也吃不了。"

"既然如此，军师为什么要扣发我们的粮食？"赵壮士有些气愤。

孙膑道："逼你们抢粮。"

赵壮士百惑不解。

孙膑向赵壮士解释道："其实这是我的一计。庞涓以为城内粮草不多，不用多长时间我们就会束手待擒，因此围而不攻。其实城内粮草充足，三个月也用不完，他若知道我们粮草充足，肯定大举攻城。虽说太子大军已到城外，但只有韩国军队还不足以战胜庞涓，必须等待秦国的援军。现在最令我担心的就是庞涓会在此时攻城，所以我让冯将军扣你们的粮食，逼你们抢粮。这件事传到庞涓那儿，他坚信城内粮草将尽，必然耐心等待。如此拖下去，秦国援兵就会赶到，到那时庞涓必败无疑。"

赵壮士听罢，心服口服，赞叹道："怪不得人们都说军师胸怀妙计万千，庞涓虽有十万大军，也斗不过军师。"

孙膑微微一笑："言过其词了，斗败庞涓，要靠大家。"

赵壮士煽动抢粮得到了奖赏，这真是摔了个跟头拣到金子，虽然孙膑一再叮嘱赵壮士回去后不可告诉任何人，赵壮士还是把这件奇事告诉了疤脸，疤脸感到疑惑重重，他心想，成皋哪来的这么多粮食？如果成皋真的粮食充足，他必须尽快告诉庞涓，不能在成皋城外和孙膑这样拖下去了。

孙膑打发走赵壮士，立刻命卫士把冯将军等人叫到军师府，厉声训斥道："若不是大敌当前我急需用人，你们一个个全都该杀！"

第十七回　反间计

将军们辩解说："军师，粮食我们没多吃一口，我们扣发的粮食都给了士兵，士兵吃不饱难以御敌……军师，我们也是为了守住成皋！"

孙膑语重心长地道："守住成皋靠什么？仅靠我们区区五千将士是不行的，要靠全城百姓同心协力！可你们呢，逼急了百姓，用不着庞涓，百姓就会像洪水一样把我们淹没！"他缓了口气，继续道："这次算了，不惩罚你们了，包括冯将军。对了，冯将军，你分管的百姓中，可有一个脸上带有伤疤的人？"

冯将军想了想，说："是不是瘦高个，大约三十多岁？"

孙膑点点头，又问："他家在城里吗？"

"不在，他住在城外，庞涓大军围城之前，他才进的城。"

"他可能是庞涓派来的奸细。"

"奸细？"冯将军一怔，"军师，我去把他抓起来。"

孙膑微微一笑："不，我们要利用他。"

晚上，冯将军把手下抢粮的汉子们集中起来，赵壮士和疤脸也在。冯将军冷冷一笑，对众人道："你们有出息啊，干得不错，军师赏了我五十军棍，让我立功赎罪！如果你们再出差错，我就不是只挨五十军棍了，而是杀头……哼，为了保住我的头，你们今后如果谁若出半点差错，我先杀他的头！"

众人不知冯将军这话是什么意思，面面相觑。

冯将军口气缓和了一些，道："不过，我还应该感谢你们，你们这么一闹不要紧，军师答应多分我们一些粮食，让大家填饱肚子。"

众人又抬起头，疑惑地看着冯将军。

冯将军扫了众人一眼，道："记住，这件事不能告诉你们之外的任何人，如果谁走漏了消息，可别怪我心狠手毒！"

冯将军带着汉子们来到粮库领粮，此时粮库门口停着几辆满载粮食麻袋的马车，一些汉子正在卸下车上的麻袋，背着走进大院。看管粮库的将军让冯将军等一会儿，待卸完粮，再分粮食给他们。可是，这几辆马车刚卸完，又有几辆满载粮食的马车驶来。

疤脸来到马车前，装作很随意地探头向门内看了看。看管粮库的将军走过来，拍了他一下："看什么，里面没粮。"

疤脸不解地问："怎么没粮，那不是很多么？"

将军板起脸："你再乱说，我杀了你！"

看管粮库的将军怕汉子们再惹麻烦，把马车上的粮食分给他们，打发他们回去。冯将军把看粮库的将军拉到一旁，低声问："哪来这么多粮食？"

看守粮库的将军也是低声回答："你忘了，上次征粮，我们差点被庞涓的军队堵在城外，多亏了军师的空城计……"

"不是说那些粮食没带进来吗？"

"那是军师有意让我们这么说的，是为了庞涓……"

疤脸背着粮袋从两位将军身旁走过，两位将军这是有意说给疤脸听的。

冯将军用余光盯着走去的疤脸，嘴角露出一丝不易察觉的笑容。

疤脸想出城给庞涓汇报消息，又怕孙膑有诈，于是便留下来，想再看看情况。为了逼疤脸尽快离开成皋，孙膑让冯将军在全城追查奸细，并放出风，说有人怀疑疤脸是奸细。

疤脸再也等不下去了，悄悄溜出成皋，回到了庞涓帐内，把成皋粮食充足的消息告诉了庞涓。庞涓思索再三，决定攻城。

庞涓军队强攻成皋，韩国守军拼死抵抗，成皋上下箭矢纷飞，鲜血横流。

韩国太子还要再等等。申大夫质问太子道："还要等到何时，难道等到成皋入敌手吗？"

"有孙膑在，成皋不会陷落。"太子笑道。

"孙军师手下只有五千人马，庞涓有十万之众，如若我们不出战，庞涓定会全力攻城，成皋危矣！"

"申大夫多虑啦，庞涓不会全力攻城。"太子还是坚持己见。

第十七回　反间计

申大夫强按心头之火，道："怎么不会？如果我们按兵不动，庞涓会无所顾忌，一定会全力攻城。"

太子沉默不语。

申大夫又道："大将军如果真是害怕庞涓，那就给我一万人马，我去。"

太子脸上有些挂不住，反驳说："我害怕庞涓？你问问我的士兵，我征战沙场，怕过谁？"

"既然不怕，为何不出战？"

"你以为我不想出战么？"太子又委屈又无奈地道，"是父王不让我与庞涓交战。"

申大夫这才恍然大悟，随即而来的是一种莫名的悲哀之感，"不让交战，那派我们来干什么？难道真的是坐山观虎斗吗？大王这么做，对得起军师吗？对得起五千将士吗？对得起成皋的百姓吗？"

申大夫说罢，见太子仍无出战之意，叹道："大将军，我没有权力调动军队，可是我有权力征战，你的大军不出战，我自己去！"

太子见无法劝阻申大夫，便命士兵把申大夫绑了起来。申大夫气愤地叫道："太子，你这个怕死鬼！庞涓吓破了你的狗胆！"

"你再敢说我怕死，我就杀了你！"太子厉声道。

"你杀了我算什么本事？"申大夫仰天大笑。"有本事你去杀庞涓……哼，吓破了你的狗胆，你也不敢！"

士兵们刚把申大夫带下去，吴将军也来向太子请战。太子没好气地对吴将军说："出不出战是我所考虑的事，你的责任就是听我的命令！"

吴将军道："我可以听从大将军的命令，可是如果迟迟不出战，我的士兵们就不会听我的命令！"

太子怒道："谁敢不听命令，就杀掉谁！"

吴将军淡淡地说："士兵们都不听令，你能把他们都杀了吗？"

没等太子回答，又有数名将军走进来，他们对太子说："大将军，再不出战，我手下的士兵可要擅自行动了！"

太子抽出剑，愤然道："告诉他们，谁敢擅自行动，死路一条！"

一位将军说:"他们说,成皋城内有他们的兄弟,就是死也要死到一起!"

吴将军也在一旁道:"大将军,庞涓固然有十万大军,但不是不可战胜的,如果我们连打都不敢打,就这么眼睁睁地看着成皋落入庞涓之手,我不知道你会怎么样,我将无脸面对父老乡亲!"

另一将军应和道:"我也是……大将军,如果成皋陷落,我不能死在庞涓之手,就死在自己的剑下!"

太子语塞,不知道如何回答众人的话,他大声吼道:"你们不要逼我!"

"大将军,我们不是逼你,是士兵逼我们,如果因为我们按兵不动,成皋失陷,士兵们不会饶恕我们的!"

"大将军,求你了,下令出战吧……"

太子低头不语。

吴将军语重心长地说:"大将军,如果此次不战,韩国士兵可能就再也不会听大将军,还有我们这些将军的命令了。"

"你这是威胁我……"太子倒吸一口气,有气而无力。

"不是威胁,我说的是心里话。"

另一将军说:"大将军,吴将军的心里话,也是我的心里话……"

太子看了看两个将军,叹道:"我何曾不想出战,可庞涓有十万大军,万一……我无法向父王交代……"

"大将军,听说孙军师有妙计在此,用军师之计,我们从来没败过……"吴将军看了看太子,又说,"大将军,我们是为韩国的疆土而战,为大将军的威望而战,为我们自己的荣誉而战,一定能战胜庞涓!"

其他将军也都齐声应和。

太子终于下定决心:"出战!"

　　按:"反间计"是三十六计中的第三十三计,通俗的解释就是巧妙地利用敌人的奸细,反过来为我所用。孙膑本无力长期坚守成皋,用"反间计"使庞涓产生错误的估计,放弃长期围困之策,转为攻城。欲知双方胜负如何,请看下回:"树上开花"。

第十八回　树上开花

成皋城外的韩军将士摩拳擦掌准备出战。韩国太子抖擞精神，对韩军众将道："这几天，不但全军将士们憋气，我也憋气，可我身为大将军，不能感情用事，我要等待出战的时机。今天，这个时机终于到了，我希望诸位将军能置生死于度外，打破庞涓的围困，把粮食与援军送进成皋。"

众将军群情激奋，纷纷道：

"大将军，我们早把生死置之度外了！"

"大将军放心，不打破庞涓的围困，我们无脸见家乡父老！"

"成皋有我们的兄弟，就是死，我们也要把粮食和援军送进去！"

太子环顾众人一番，接着道："解救成皋，必须从四个方向同时出击，使庞涓顾此失彼，可我们没有这么多军队，只能集中兵力于一方，而另外三个方向，出动少量军队，虚张声势，在兵车与战马后面拖些树枝，战马奔驰起来，就好像有千军万马一样。这就好比树上本无花，做一些假花插在树上以假乱真，示人假象。是为树上花开之计。这样，树上开了花，庞涓就难以分辨我们的大军在何方，而我们的大军则看准机会，乘虚而入，把粮食与援兵送入成皋。"

众将军赞道："大将军，你的计策太高明了，孙军师在此，也不过如此。"

"没有妙计，我是不会轻易出战的。"太子很是得意，他向将军们发布命令："吴将军，司马将军，韩将军，你们各带五千人马，分别在成皋东、西、北三个方向虚张声势，而我带大军进攻城南，申大夫带领援军与粮食跟在我后面，待我打败魏军以后，你乘虚而入……你们听明白了吗？"

众将军齐声道:"明白了。"

申大夫有些不放心,对太子道:"大将军,你不能够亲自率领大军进攻城南。"

太子不悦,问:"我身为大将军,为何不能亲率大军?"

申大夫道:"如果庞涓知道大将军在城南,必然知道是我韩军主力,其他三路伪装得再好,也难以乱真。"

太子有些迟疑,问:"那你说怎么办?"

申大夫建议道:"由大将军率一路人马虚张声势,让吴将军率主力进攻城南。"

太子同意按申大夫所说出战。

韩国军队兵分四路出现在成皋城外四个不同方向,旌旗招展,战鼓隆隆,战车后面拖挂着树枝卷起一团团尘烟,似有千军万马。

庞葱骑快马来到成皋城下,对正在指挥攻城的庞涓报告道:"叔父,韩国太子出兵了,东西南北四个方向都发现了韩国军队!"

庞涓轻蔑地笑了笑:"他好大的胆子,竟敢四面出击……韩国太子在哪一路?"

"在西路。"

"他有多少人马?"

"细作说有三万之众。"

"那其他方向的韩军呢?"

"也都有数万之众……"

"这不可能,韩军没有这么多。"

"这是细作所说。"

庞涓思忖片刻,道:"其他各路可能是虚张声势……庞葱,你在这里指挥攻城,我去对付韩国太子。"

太子指挥他的那路人马,正在城西热热闹闹地"树上开花",一细作

第十八回　树上开花

拍马而来："太子，庞涓的军队向我们开过来了。"

太子问："有多少人？"

细作道："好像不多……"

"迎上去，消灭他们。"太子对身旁的将军命令道。

太子手下一将军说："大将军，军师'树上开花'之计，是为了虚张声势，如果交战……"

"你说什么？"太子脸色阴沉下来，打断了将军的话。

将军没明白太子问的是什么，答道："我是说，'树上开花'是为了虚张声势，如果交战，魏军就会看出我们的虚实。"

"我不是问这个，"太子仍阴沉着脸，"我问的是，谁告诉你'树上开花'是军师之计？"

"申大夫……"

"胡说，这是我的计策！"

"大将军，我不敢胡说，真是申大夫所说，他还拿出军师的信给我们看，让我们千万依计行事。"

"好了，别说了，准备迎敌吧。"太子的脸色显得十分难看。

"大将军，申大夫说……"

太子打断了他的话，冷笑道："他还说我害怕庞涓，我今天就是要让他们看看，是我害怕庞涓，还是庞涓害怕我！"

"大将军，作战万不可赌气！"

"我这不是赌气，我心里有数。传令吧。"

将军有些不情愿，说："大将军，你还是应该三思而后行……"

太子极其不悦地道："传令。违令者斩！"

将军不敢再多说一句，立刻传令全军，迎战魏军。

韩国太子的军队很快就进入了庞涓的伏击地带，庞涓嘲笑韩国太子这条傻鱼也太容易上钩了。他命令两万人马，迂回韩军身后，包围韩国太子。

韩国太子的帅旗迎风飘摆，韩国太子威风凛凛立在战车上，正打算指挥军队一鼓作气消灭对面的魏军。细作的快马又到了，马上的细作一脸惊慌地向太子报告道："大将军，前面发现了庞涓的大军……"

太子一愣："你不是说，魏军的人马不多吗？"

细作支吾道："方才的确不多，后来不知从何处冒出如此之多的军队……"

"谎报军情，该当死罪！"太子眼里透出杀气，说着，他拿过同车卫士手中的长戟，猛然向细作扎去。

细作落马身亡。

太子随即对身旁的将军道："传我的令，前队做后，后队为前，撤！"

将军应了声"是"，掉转马头，正准备向后军传令，一士兵骑着马从队伍后方奔至太子面前，急报："大将军，侧后方发现魏国军队。"

太子大吃一惊，忙问："他们有多少人？"

士兵答道："很多，望不到头……"

太子沉默片刻，长叹一声："我真后悔……"

庞涓指挥军队完成了对韩国太子的包围，得意地对将军们道："这回我不但要活捉孙膑，还要活捉韩国的太子……"

话未说完，满脸是血的庞葱骑马来到庞涓近前，翻身下马，叩头道："叔父，你杀了侄儿吧，侄儿的军队被孙膑打垮了……"

"你说什么？"庞涓惊愕不已。

庞葱继续道："叔父走后，韩国的数万大军就到了，孙膑与他们里应外合，侄儿的军队虽然英勇抗击，终因两面受敌，溃不成军，韩军的粮队也进了成皋。"

庞涓眼露杀机，气得发抖，恶狠狠骂道："王八蛋！"

"叔父，侄儿有负叔父的重托，你杀了侄儿吧！"庞葱羞愧难当，再次叩头。

庞涓沉默了片刻，开口道："这件事不怪你，怪叔父，起来吧。"

庞葱站起身，道："叔父，集合大军队，我们杀回去，重新包围成皋。"

第十八回 树上开花

庞涓摇摇头："没用了，而今的孙膑有粮有兵，已经不怕我们的围困了。"

"那我们，难道就这么算了？"

"算了？哼，没这么便宜，韩国太子已经被我们包围了，擒得太子，一样可以要挟韩王。"庞涓冷笑着，对身旁一骑马的将军吩咐道："去，告诉城南城北的军队，一部分撤守大营，一部分立刻赶到城西，听候调遣。"

面对被数万大军层层包围的韩国太子，庞涓并不急于一口吃掉，他摸透了韩国太子吃软不吃硬的脾气，用激将法把太子"邀请"到了两军阵前，盯着太子看了好大一阵子。韩国太子被庞涓盯得沉不住气了，冷冷道："庞元帅有话就说，看着我干什么？"

庞涓笑道："士别三日，当刮目相看，何况是一国的太子呢。"

太子不悦，说："你约我来，就是为了要讽刺我吗？"

庞涓道："我决无讽刺之意，上次偷袭成皋，我胜大将军一筹，今天大将军虚张声势，又胜我一筹，当然令我刮目相看了……只是大将军救孙膑心切，落入了我的包围，算是为我找回一点面子。"

太子不服气地说："我如果按照军师的计策行事，不与你作战，你连这点面子也没有！"

"你说的如果根本不可能发生，这是你的秉性所决定的。"说着，庞涓煞有介事地叹了口气，"孙膑精明啊，他正是摸透了你的秉性，才让你到城西'树上开花'，因为他知道我会率大军来对付大将军，如此一来，你必然陷入我的包围，只有我的大军来包围你，粮食与援军才有把握被送入城内……不过，孙膑为了自己，对生死与共的大将军动如此心机，作为你们的对手，我都看不下去啊。"

"你的话说完了没有？"太子的脸阴沉了下来。

庞涓仍是不急不慢，道："我为大将军可惜呀，大将军不该死。"

"将军战死疆场，是无上的荣耀！"

"大将军不同，大将军身为韩国太子，以后就是韩国的君王，一个君王所得到的荣耀远远超过一个战死疆场的将军。何况该死的是孙膑，你是代孙膑而死，所以我才为你感到惋惜。"

太子似乎有些动摇了，一言不发。

庞涓看了看太子，道："大将军，你我二人做笔交易怎么样？"

"什么交易？"

"大将军暂且委屈一时，到我军中住上一段时间，我以大将军为由，向你父王索要孙膑。"

"你是要我投降？"

"不，只能说是做人质。"

"哼，都是一回事，传出去，我将身败名裂。"

"大将军，当今天下，不少国家的太子到他国做人质，他们不但没有身败名裂，反而为自己的国家加固了联盟。大将军这次你帮了我，以后你做了君王，不论你的国家遇到什么样的危难，我都会率魏国大军前来相助。怎么样？"

"那我的五千士兵，怎么办？"

"一个不杀，全都放回去。"

"那成皋呢？"

"我的军队全部撤离成皋，回魏国。"

太子想起了父亲对他的叮嘱，于是道："你让我回去想想，明天早上再答复你。"

"明天太晚了。"

"我得回去说服我的将军们。"

反正对方已是网中之鱼，庞涓很爽快地答应了太子的请求。

"等等。"太子驾车欲走，又被庞涓叫住了。

太子疑惑地望着庞涓，问："庞元帅还有什么话要说？"

庞涓笑道："我忘了告诉你了，孙膑到现在都没有出兵救你的迹象，他大概是不会救你了，他就是想救，也没有这个能力。"

太子当然明白对方的意思，傲然道："不用你告诉我，我早估计到了。"

第十八回 树上开花

太子的估计肯定是错误的。孙膑之所以按兵不动，是因为白天无计可施，他想等到晚上。吴将军不明白其中的奥妙，问孙膑："孙先生，太子是为了救你才落入庞涓之手，你若不前去救他，大王知道后会杀你的。"

孙膑解释道："吴将军，我不是不救，白天实在没有办法，庞涓的军力远远超出我们，若操之过急，不但救不出太子，还会给韩国军队带来灭顶之灾！若韩国大军不存在了，韩国还能安存吗？吴将军，你放心吧，庞涓一时还不想杀死太子，你想太子区区五千兵马，在荒野之中，又无险可守，庞涓大军不出一个时辰就可以把太子消灭掉，可他却围而不打，这就说明太子目前还是很安全的。"

申大夫问孙膑晚上打算如何解救太子，孙膑说："还是树上开花。"

一个计策连续使用两次，而且是在一个地方，将军们虽然将信将疑，还是不打折扣地执行军师的命令。夜幕降临后，一队又一队的韩国士兵，马不鸣，人无声，东门出，南门进，往返了好多次，大家虽是莫名其妙，但本着对孙膑的信任，军师让怎么走，他们就怎么走。

费将军很快探知了韩军的异动，他对庞涓说："元帅，韩国的大军还在源源不断地从南门进入成皋，看来孙膑的确是想放弃韩国太子了……"

庞涓笑道："恰恰相反，孙膑是为解救韩国太子才有此举动的。"他指着军图道："如果我没有猜错的话，天一亮，在我们的南方、西方，可能还有北方，将出现韩国军队，看上去尘土飞扬，浩浩荡荡，摆出一副气势磅礴的样子，他是想再用一次虚张声势，把我们的大军调至其中的任何一方，然后，躲在城中的韩军就会乘虚而出西门，出其不意袭击我们薄弱之处……西门距离韩国太子最近，他们将以迅雷不及掩耳之势，冲出包围圈，将韩国太子救进成皋。"

费将军似乎明白了，说："孙膑太狡猾了！"

庞葱不屑地冷哼一声："孙膑他这是做梦！"

庞涓对将军们命令道："庞葱，你带五千人马，当你的南方和西方发现韩军之时，你也虚张声势，装作魏国主力前往。魏将军，你带两万人马，连夜埋伏于成皋西北；费将军，你带两万人马埋伏于成皋西南，待孙膑的大军从西门出城后，我率三万大军从正面迎击，你们率军从侧后方对其合围，将孙膑歼灭于城西。"

第二天清晨，成皋城外的原野弥漫着一团团的雾气。庞涓和他的士兵们手持盾牌和长戟，面向成皋方向，严阵以待。

晨雾中奔出一匹快马，马上是一个魏国将军。魏国将军骑马来到庞涓面前，报告说："元帅，西面与南面发现了韩国军队，大雾之中无法看清有多少人。"

庞涓对一旁的庞葱道："庞葱，你的'大军'可以出发了。"

庞葱的军队走了好长时间，庞涓仍不见成皋方向有任何动静，那座伤痕累累的城墙，静静地矗立在晨雾之中。

庞涓很能沉得住气，他平静地立在车上，注视着成皋，他似乎看到了城墙那边，孙膑的军队正在整装待发，就要打开城门冲出来了，一场渴望已久的大战即将来临。

在庞涓身后，远远传来阵阵喊杀声。旁边一将军对他说："元帅，我们身后方向打得很凶，是不是调一部分军队增援费将军？"

庞涓摆了摆手："那只是假象，真正凶的是成皋方向。"

庞涓话音未落，一匹快马从右方的雾中奔出，马上的将军一身血迹。他来到庞涓面前，气喘吁吁道："元帅，不好了，孙膑的大军从我们的后方冲垮了我们的包围圈，把韩国太子救走了……"

庞涓抽剑在手，怒道："不可能！我们的后方不可能有孙膑的大军，一定是你们无能！"

将军跳下马，跪地道："元帅，末将不敢说谎，满山遍野都是韩国军队，而且……末将看到了孙膑……"

庞涓一怔，双唇紧闭，许久无言。

庞涓是一个非常要面子的人，他不会就此罢休，但他的十万大军长期

第十八回 树上开花

征伐在外，财力贫乏，他拖不起，也不愿拖，他当即派庞葱去韩军大营，约韩国太子决一死战。

韩国太子本来就血气方刚，又刚刚冲破魏军的包围回到大营，经不起庞葱的激将，答应与魏军决战。他对庞葱道："你们要是败了，魏国割三座城池给我，我们要是败了呢，我割三座城池给你，并保证跟魏国和睦相处。"

庞葱说："我们不要你的城池，只要孙膑。"

申大夫开口道："军师与韩国同在，用军师做赌注，就是用韩国做赌注，我们决不答应。"

庞葱冷冷一笑，说："真没想到，韩国人都是一群胆小如鼠之辈……告辞了。"说罢欲走。

太子抽剑拦住庞葱。

庞葱看看太子手中的长剑，没有丝毫的胆怯，他对太子平静地说："大将军，在这里杀了我不算英雄，如果有能耐在两军阵前杀了我，才算英雄……可惜，你没有这个胆量与我们元帅对阵。"

太子被激得口无遮拦，道："君子一言，驷马难追！你说吧，咱们什么时候决战？"

此言正中庞葱下怀，庞葱趁机道："三日之后，怎么样？"

太子答应。

庞葱担心有变，说："击掌为信。"

太子与庞葱击掌。

事情已经到了这一步，孙膑只好将错就错，对庞葱道："我想提醒庞将军，既然打赌，双方的赌注就应该相同，庞将军提出用我做赌注，你们也应该有一个相同身份的人做赌注。"

太子认为孙膑说的有理，对庞葱道："庞将军，你们也应该拿庞元帅做赌注。"

孙膑笑道："庞涓还不够资格，他屡屡败在我的手下，怎么能跟我相提并论呢？"

庞葱最气不过自己敬仰的叔父每每被孙膑所欺，对孙膑说："孙膑，你不要以为用阴谋诡计侥幸胜了几次，就不可一世……哼，我们元帅还真没把你放在眼里！"

孙膑冷冷道："没把我放在眼里，那为什么嫉妒我，暗害我？为什么我走到哪儿，他就跟到哪儿，非要夺取我的兵法不可？"

庞葱无话可答。

孙膑对庞葱道："庞将军，回去告诉你们庞元帅，就说如果你们肯用魏国的太子——太子申做赌注，我就做韩国的赌注。"

　　按："树上开花"是三十六计中的第二十九计，其意是制造假象，虚张声势，以迷惑敌人，达到已方作战之目的。面对强大的敌人，孙膑连续运用"树上开花"之计，先是解了成皋之困，后是解救了韩国太子。欲知后事如何，请看下回："抛砖引玉"。

第十九回　抛砖引玉

庞葱回到魏军大营，把孙膑的话告诉了庞涓。庞涓沉吟道："太子申从小就备受大王疼爱，用太子申做赌注，大王很难同意。"

庞葱要去回绝孙膑，庞涓制止道："不用了，我本来就没指望孙膑应战，我是想试探他，他还算聪明，连胜两仗却还能保持冷静，他如果得意忘形的话，我非擒住这竖子不可！"说罢，庞涓轻叹一声，"可惜，让我估计对了，他想与我拖下去。我的十万大军长期在国外，拖不起啊……"

庞葱问庞涓如何才能逼孙膑决战。庞涓思索片刻，道："你派一些精壮士兵，到周围抢粮。"

庞葱问："叔父的意思是，有了粮食，我们就不怕孙膑拖下去了？"

"成皋周围的粮食大都被韩军征集，即使把所剩的粮食全部抢到手，对十万大军来说，也只是杯水车薪。"庞涓笑了笑，问庞葱："你会钓鱼吗？"

庞涓此时提到钓鱼，庞葱不解，问："这与钓鱼有什么关系？"

"钓鱼不下诱饵，鱼是不会上钩的。派兵抢粮，就是下诱饵，引诱韩国军队出战。"

魏军出动数千士兵，到周围百姓家强抢粮食，初时韩军不为所动。庞涓便命令魏军不但要抢粮，还要杀人，多杀一些韩国人。面对自己的同胞血流成河，暴尸荒野，韩国大营内的士兵们终于沉不住气了。有数百名士兵不听从军令，擅自冲出大营。韩太子命吴将军立刻带人追回出营的士兵。孙膑嘱咐吴将军："不但要截回那些士兵，还要佯装袭击抢粮魏军，从魏军手中抢回一些粮食，庞涓大军若出击，立刻撤回，不得恋战。"

庞涓的大军没有出击，庞涓担心孙膑有诈，只出动五千人。吴将军命令部下带着从魏军手中夺回的粮食立刻撤回大营。有十几个韩国士兵报仇心切，不肯撤离，坚持要继续追杀魏国士兵，为首的是一个留胡子的卒长。

吴将军打算放弃这些韩国士兵，一高个卒长请求带人把胡子卒长截回来。吴将军担心被魏国军队拦在营外，没有同意。高个卒长拉住吴将军的马，说："吴将军，魏国军队来的不多，我们可以不撤。"

吴将军不容置疑地道："这是军师的命令！"

"军师他不是韩国人，不关心我们韩国同胞的性命。"

"军师关心的是韩国的胜负！"

吴将军喝令高个卒长放开他的马，高个卒长不肯，乞求道："吴将军，我求你了，你不能不管大胡子他们……"

吴将军命令他的士兵把高个卒长绑了起来。高个卒长呼喊道："吴将军，孙膑可以不关心我们韩国人的性命，你不该这样……你不该啊……"

吴将军不再理睬高个卒长，带着军队，撤回大营。

胡子卒长和他的士兵，因寡不敌众，被魏国军队围在树林中，惨烈阵亡。魏国士兵按照庞涓的命令，把胡子卒长等数十具韩国士兵的尸体堆在韩军营门外。营门内的韩国士兵只能眼巴巴地看着同伴们血迹斑斑的尸体，一部分人兔死狐悲，魂飞胆破；一部分人报仇心切，群情激愤，尤其是那个高个卒长，他咽不下这口气，说拼死也要为死难兄弟报仇。高个卒长带领着誓死报仇的士兵，拿着兵器闯进韩太子的营帐。

高个卒长怒气冲冲地质问太子："大将军，你看到营门前死难兄弟的尸体了吗？"

太子道："我没看到，但我听说了。"

"你为何不出兵，是不是害怕魏国人？"

"不是害怕，是等待时机。"

"你要等待什么时机？"问到这句，高个卒长已眼含杀气。

第十九回　抛砖引玉

所有的士兵眼里都充满了杀气，等待着太子的回答。

太子一时不知道如何回答。旁边的将军不屑地对高个卒长说："你别问他，他说了不算，要问去问军师。"

高个卒长盯着太子问："大将军，是这样吗？"

太子知道面对这些愤怒之极的士兵，若不顺从他们，什么事都可能发生，不如顺水推舟，让他们去找孙膑。于是便默认了将军的话。

孙膑正为士兵们闹事忧心忡忡，他知道若控制不住士兵们的情绪，后果不堪设想。就在这时，高个卒长带领士兵怒冲冲地闯入孙膑的营帐，把孙膑围了起来。

钟离春听说孙膑被闹事的士兵围在帐中，立刻带着几个将军赶来，帐门口的士兵拦住他们。钟离春抽出剑，对士兵们喝道："闪开，不闪开，我杀了你们！"

士兵毫不畏惧，回应道："杀了我，军师也别想活！"

一个将军指着士兵道："你们这是造反，造反者死罪。"

"只要能为死难的兄弟报仇，我们甘愿一死。"

面对连死都不怕的士兵，钟离春心急如焚，但却无可奈何，她只有在心里默默保佑孙膑平安度过险关。

孙膑的帐篷里挤满了杀气腾腾的士兵。高个卒长站在孙膑前面，对孙膑说："军师，我们只问你一句话，你想不想为我们报仇。"

孙膑道："当然想，我不但要为你们报仇，还要为我报仇。"

"那好，请你带我们去打庞涓。"

"我可以答应你们。"

"现在就出战。"

"现在不行。"

人群中一个士兵高声道："今天必须出战！"

"对，今天必须出战！"众人随声附和。

孙膑看了看脸上溢满杀气的士兵们，问："你们真想报仇吗？"

一个士兵不耐烦地道："废话，不想报仇找你干什么？"

另一个士兵高声道："别听他啰嗦，他不同意出战，就杀了他！"

"大家先静一静。"这时，高个卒长抬手示意。

帐篷里安静下来。

高个卒长对孙膑说："军师，今天不出战，弟兄们不会答应。"

孙膑思索片刻，心中有了打算，道："好吧，今天可以出战。"

高个卒长"扑通"一声跪倒在地。

其他士兵也纷纷跪倒在地。

孙膑道："你们先别跪，我的话还没说完呢。"

高个卒长说："说吧，军师，我们跪着听。"

孙膑感慨道："你们跪着听，那我应该跪着讲，但我的双膝被庞涓弄残，活着不能跪，只好站着讲。"

高个卒长不由动容，坚定地说："军师，我们一定为你报仇。"

"你们报不了我的仇。"孙膑摇了摇头。

"军师，你不相信我们？"

"我相信你们，但今天出战，我们凶多吉少，也可能一去不返，命将不在，如何报仇？"说到此处，孙膑不禁长叹一口气。

"军师是在吓唬我们。"

"我说的都是实话，到明天，你们的尸体，当然也包括我，将与今天那些死难的弟兄一样，躺在大营门前，我是说，如果我们韩国军队的大营还存在的话……"

"军师用兵如神，数败庞涓，为何今天只言败不言胜？"高个卒长问。

孙膑解释道："庞涓送来兄弟们的尸体，就是为了激怒我们，使我们急于报仇。人急失智，易草率出战，草率出战者，面对早有所备的强大之敌，岂有不败之理？"

"那你说，我们如何才能取胜？"

"你们站起来，站起来我告诉你们。"

高个卒长站起。众士兵纷纷站起。

孙膑道:"你们可能听说过,我修习过孙武子所传兵书。兵书上载,古时善战者,先要做到不被敌人所胜,然后待机战胜敌人。我们虽然两次获胜,但都未伤及魏军的筋骨,整体形势还是敌强我弱。为了做到不被庞涓所胜,这些日子我才坚守不出。庞涓明白,若强攻大营,难以取胜,所以才让魏军抢粮,目的是诱我们出战,只要我们不受他的诱惑,继续坚守,他就无法战胜我们。"

"我们想知道,何时才能战胜魏国人?"卒长问。

"只要有机可乘。"

"若无机可乘呢?"

"兵法上道:善于调动敌人的将帅,以假象迷惑敌人,敌人就会听从调动;用小利引诱敌人,敌人就会来夺取。此时,战胜敌人的时机就会出现。"

"军师打算如何迷惑庞涓,引诱魏军?"

"这是将军们才应该知道的事。"

"我们也想知道。"

"人多嘴杂,若传到庞涓营内,我们不但不能迷惑他,反而会被他所利用。"

高个卒长回过头对士兵们道:"你们相信我吧?"

"相信!"众士兵几乎异口同声。

高个卒长说:"那好,请你们回去,让军师对我一个人讲。"

"如果我们都走了,将军们会把你抓起来。"一位士兵担忧道。

高个卒长道:"军师若有取胜之计,我情愿让将军们抓起来,用我的鲜血,磨快将军们杀敌的长剑!"

孙膑看了高个卒长片刻,对众士兵道:"你们回去吧,我可以发誓,我决不会惩治你们的卒长。"

众士兵仍犹豫不决。

高个卒长对众人说:"不相信军师的誓言,就是对军师的侮辱。侮辱军师者，将不再是我的兄弟。"

众士兵这才纷纷转身走出营帐。

士兵们刚刚离去，钟离春和申大夫便闪身走进帐内。申大夫对孙膑说："军师，应该严厉处置这些违犯军纪的士兵。"

孙膑道："我已经答应他们，不做任何处置。"

"可军师常说，不处置违犯军纪的人，就会纵容更多的人违犯军纪。"

"今日的情况特殊，特殊的事，应特殊对待。"孙膑看了看高个卒长，对申大夫和钟离春道："你们先出去，我有话要单独与这位卒长说。"

钟离春虽不情愿，但还是和申大夫走了出去。

帐篷内只剩下孙膑和高个卒长，孙膑对卒长道："我有言在先，今日所说，不许告诉任何人，若走漏风声，数万名韩国将士，将死无葬身之地。"

高个卒长点点头："我明白……军师，你说吧。"

孙膑缓缓道："我方才说过，庞涓抢粮，目的是诱我出战，我打算将计就计，每日派一支五千人的军队出击，打了就撤，但并非全部撤回，一半将士出而不返，藏身于密林之中，待到黑夜，这些将士秘密前往成皋数十里外的西山中。如此数日，待隐于西山的将士有两万余人时，我们派一万军队出击，狠狠打击抢粮魏军，庞涓必然出动大队人马与我交战，我们出击的军队佯装失败，向西山溃逃，引诱魏军进入我们的伏击地带。"

高个卒长似乎懂一点兵法，他对孙膑说："如果庞涓的军队全部出动，西山的伏兵可招架不住啊。"

孙膑道："我们的大营之中有三万人马，成皋城内还有一万，庞涓的军队不敢全部出动，至多出动两万人马。"

"大营之中只剩一万人马，何来三万？"

"庞涓不知道西山有两万伏兵，他以为这些士兵还在大营之内。"

高个卒长顿悟，说："我明白了，军师之所以示假隐真，迷惑敌人，一是为了诱敌上钩，二是为了牵制庞涓，不让他出动太多的军队，以至我们的伏兵吃不下。"

第十九回 抛砖引玉

孙膑点头赞许道："你很聪明，如果当将军，一定是一个好将军。"

"韩国有孙军师，真乃韩国之幸。"高个卒长喟然长叹，向孙膑施礼道："军师，告辞了。"

孙膑再次嘱咐他："切记，我今天所言，不得告诉任何人。"

高个卒长信誓旦旦地说："军师放心，今天军师所说，将永远烂在我的肚子里！"说完转身走出帐篷。

高个卒长一走出孙膑的帐篷，便被等候在帐外的士兵们团团围住，士兵们七嘴八舌地问：

"军师说了些什么？"

"军师有把握战胜庞涓吗？"

"我们何时出战？"

高个卒长对士兵们高声道："弟兄们，别吵，让我慢慢说。"

守在营帐外的将军走过来对高个卒长道："别在这里说，回去说。"

高个卒长回应道："将军，我就说两句话，说完之后，我就再也不说了……"他回过头对士兵们道："弟兄们，其实我们早就应该相信军师，庞涓从来就没战胜过他，这一次，军师仍然是胜利者！"

一士兵道："卒长，能说得详细一点吗？"

高个卒长摇摇头，说："我已经答应过军师，不告诉任何人……不过我可以告诉你们一句话：只要听从军师的指挥，就能胜利。"高个卒长看了看众人，继续道："还有一件事，今后你们其中任何人，绝不能像我们今天这样，违背军纪，聚众闹事。"他扫了众士兵一眼，"再有闹事者，下场将如我一样……"

他说着抽剑在手，猛然将剑插进自己的腹部，鲜血涌出。

士兵们惊呆了，看着高个卒长缓缓倒下，不知是谁发出一声惊呼："卒长！"众人这才清醒过来，围上前。

孙膑听到士兵们的惊呼，他走出帐篷挤进人群，抱住高个卒长的头，轻声呼唤着他。

高个卒长微微睁开双眼看着孙膑，孙膑心疼地责怪他："你不该这样……"

高个卒长强忍剧痛，断断续续地说："违犯军纪……应该受到……处置。"

"我答应过，不处置你。"

"所以……我自己死……我不死……不足以……维护……军纪的威严……"

孙膑无言地看着这个多次跟从自己浴血征战，而自己却是刚刚才认识的卒长。

"另外……我也想让军师放心……你的计谋……在我这里……永远不会……走漏……出去……"

说着，高个卒长面含微笑闭上了双眼。

孙膑再也忍不住了，泪水夺眶而出。

韩军按照孙膑的部署，每天有数千军队出击，一打就撤，一部分军队撤回大营，一部分军队隐蔽在林中，晚上悄悄转入西山。庞涓以为孙膑是为了使魏军疲惫，并未放在心上，他一面命军队杀更多的韩国人，一面做好大战的准备。

待西山的军队集结到两万人的时候，孙膑出动了一万军队袭击魏军。庞涓开始没有出兵，想待韩军离大营更远些。韩军杀得兴起，远远离开大营。庞涓命庞葱带两万军队，兵分两路，一路截断韩军回营的道路，一路迎头拦击，打垮出击的韩军。庞葱要求庞涓多给他一些军队，把出营的韩军全部消灭。庞涓说："孙膑一向诡计多端，我们要留有足够的兵力，对付韩国大营里的三万韩军。"

庞葱的军队和韩军交战后，很快就获取了胜势。韩国军队丢盔卸甲向西山溃逃,庞葱率领军队紧追不舍。此时韩军大营和成皋城内却毫无动静，庞涓有些疑惑，心想：韩军一万多人被我们打败，孙膑会坐视不管么？随后，他听魏国将军说，前些日子，韩军士兵闹事，非要出战不可，还死了一个卒长。他估计逃往西山的韩军可能是自行其是，不由得意，心想，如果是这样，孙膑就是有天大的本事，也难以挽回败局了。

事与庞涓愿违，他怎么也想不到西山埋伏了那么多的韩军，庞葱的两万军队在西山遭到数万韩军的伏击，几乎全军覆没，庞葱拼命突围，虽侥幸生还，但身负重伤。

躺在病榻上的庞葱不无内疚地对庞涓说："叔父，我太无能了。"

"无能的是叔父。"庞涓叹了口气。

"叔父，下次，再与孙膑较量，我一定多长一个心眼。"

"孩子，回国后好好养伤，养好伤，再说。"

"叔父，我不回国，我要留在你身边，看着你打败孙膑。"

"我也回国，我们的军队都回国。"

庞葱着急地说："叔父，我们还有八万大军，我们能打败孙膑，不能走……"庞葱越说越激动，身子不由动了一下，伤口一阵剧烈的疼痛，他大叫一声。

庞涓关切地按住庞葱，劝道："孩子，别动，你伤得太重了……"

庞葱额头滚下豆大的汗珠，喃喃地说："叔父，我不甘心……不甘心……"

庞涓心情十分沉重，道："叔父更不甘心……可而今，战不能速胜，拖又拖不起……不甘心，也得走……"

魏国军队撤退了，韩国太子兴奋无比，要率全军追击庞涓，孙膑反对。太子问："庞涓兵败，仓皇而逃，为什么不能追？"

孙膑道："庞涓是撤退，不是败退，即使败退，也是假装而已。《孙子兵法》上说，敌军假装败退，不要跟踪追击；敌军退回本国，不要阻击拦截。假装败退的敌军，你若追击，将落入他的圈套；退回本国的敌军，你若拦截，他会与你拼命。庞涓还有八万大军，即使不落入他的圈套，他若拼命一搏，也将两败俱伤。再者，我们与庞涓激战多日，韩国深受其累，无论是国家还是百姓，都需要休养生息，以利往后的战事。因此，还是放庞涓回魏国的好。"

按："抛砖引玉"是第三十六计中的第十七计，计名乃后人所取。"抛砖"指的是抛小利做诱饵，"引玉"是目的。庞涓用"抛砖引玉"之计，以抢粮为诱饵，企图诱引孙膑交战；孙膑也"抛砖引玉"，他比庞涓的高明处在于，"抛砖"诱敌之前，先示假隐真，迷惑敌人，庞涓懵懂上当，两万军队被诱入事先设置的伏击圈。欲知庞涓如何再与孙膑较量，请看下回："混水摸鱼"。

第二十回　混水摸鱼

韩王设盛宴款待凯旋的孙膑和韩国将军们，他喜悦之色溢于言表，举起酒樽，对众人道："寡人从来没有在大国面前如此扬眉吐气，任何言语也无法表达寡人此时的心情……来，寡人敬在座的诸位。"

众人举樽谢过韩王，然后一饮而尽。

韩王道："庞涓虽败，但绝不会甘心，寡人还要仰仗诸位，保卫寡人的国家。"

"父王放心！"韩太子意气风发地笑道："有我与军师在，别说一个庞涓，就是两个、三个庞涓，也别想拿走父王的一寸疆土。"

韩王点头道："这我信，但魏国毕竟强大，无时无刻不在威胁寡人，你们千万不可掉以轻心。"

孙膑开口道："大王，要解除魏国的威胁，只靠伐兵是不够的，还要伐交，通过与其他国家的交往，消除敌人的威胁。"

韩王问孙膑打算如何伐交，孙膑答道："庞涓曾经得罪过楚国与齐国，大王可派使者游说楚王、齐王，使他们与大王结盟，共同对付魏国。这样，大王不用征收一兵一卒，庞涓对大王就不敢轻举妄动。"

申大夫说他与楚国的重臣史皇大夫曾有过交往，自荐去楚国，韩王同意。韩王问众人谁愿去齐国，一时无人应诺。

孙膑建言道："大王，钟离姑娘的妹夫公孙阅是齐国邹相国的谋士，钟离姑娘与田忌将军也有交往，她可肩负大王的使命。"

韩王随即命钟离春出使齐国。

钟离春不同意去齐国,她说她走后没人保护孙膑。孙膑笑道:"我现在是韩王的重臣,又是韩国军队的军师,谁敢害我?"

钟离春无言反驳,但还是表示对韩国人不放心。

孙膑又正色道:"齐国能不能与韩国结盟,非常重要。楚王的为人你也知道,与楚国结盟是靠不住的,而齐国不同,齐国将军们一向仇视魏国,如果齐王答应结盟,他们就会真心真意帮助韩国。"

"先生有必要对韩国如此尽心尽力吗?"

"要在韩国立住脚,必须尽心尽力。"

"韩王是顺大国之风而倒的墙头草,如果大国软硬兼施,他极有可能再次抛弃先生。"

"这也不能全怪韩王,韩国地处秦、魏、楚三个强国之间,要生存,难免顺大国之风而倒。"

"既然如此,先生在韩国难以建大功、立大业,还是回齐国的好。"

"让你回齐国,我也有此考虑,你见到田忌将军,请他探探齐王的态度,然后我再做打算。"

"如果你这么说,我答应去齐国。"

魏惠王听说韩王打算与楚国、齐国结盟,共同对付魏国,召庞涓进宫,商讨对策。庞涓道:"大王可派一善言者作为使者,带着珠宝前往楚国,楚王好大喜功,又酷爱珠宝,使者只要尊楚王为七国之首,然后敬上珠宝,楚王就不会与大王为敌了。"

魏惠王又问如何对付齐国,庞涓笑道:"公孙阅送来密信,说齐王身患重病,不久于人世,我让他设法在齐国制造混乱,使齐国内乱不止,然后迫使齐国俯首称臣,再全力对付韩国。"

正如庞涓所说,齐威王的确身患重病,卧榻不起。他召见田忌,有气无力道:"寡人可能不久于人世了……寡人非常后悔,不该听信谗言,收回你的兵权……寡人现在把兵权还给你……希望你辅佐太子，再次振兴齐国……"话未说完，齐威王发出一阵剧烈的咳嗽，宫卫轻轻捶打着他的脊背。

田忌请齐威王放心，表示一定全力辅佐太子，振兴齐国。

齐威王又道："寡人还有一件后悔的事，就是不该让孙先生离开齐国……人老了，容易糊涂……你派人转告孙先生，寡人盼他回来……"

田忌再次答应了齐威王。

齐威王咳嗽了几声，最后道："你与邹相国……是寡人的左膀右臂……相国心胸虽窄……治理国家还是很有办法……寡人希望你们以后能……捐弃前嫌……和睦相处……"

田忌没有回答。

齐威王轻叹道："寡人将要进祖庙了……希望你能答应寡人……"

田忌终于点点头。

齐威王随后又召见了太子辟疆以及他同父异母的兄弟公子郊师。齐王对辟疆道："上天要寡人去了……天意是不能违抗的……寡人离开后……你要掌管好先王的国家……田忌将军忠诚于国家，是可依靠之人……孙膑是不可多得的帅才，一定要把他请回来，委以重任……"

辟疆噙着泪花一一答应。

齐威王和辟疆说话的时候，公子郊师浑身不自在，他认为自己才是王位的最佳继承人。

齐威王撒手西去，齐国上下开始忙于大丧和太子继位之事。公孙阅对邹忌说："太子与田忌交往甚密，太子继位对相国多有不利。我们应当设法让公子郊师继承王位。"

邹忌道："现在已经晚了……"

"不晚，只要除掉太子，郊师就可顺理成章地继承王位。"

邹忌沉思片刻，摇头道："不行，太冒险了，杀太子不成，反会引火烧身。"

公孙阅说:"现在不冒险,一旦太子继位,重用了田忌,相国就会脑袋落地。"

邹忌沉默不语。

公孙阅说:"相国如果不便出面,我来出面。"

邹忌不同意,道:"你是我的谋士,即使我不出面,别人也会怀疑到我的头上。"

公孙阅说:"我不再做你的谋士,从此互不来往……这样别人就不会怀疑相国了。"

"不行,齐国会因此而内乱,敌国将乘乱而获利。"

公孙阅见邹忌这里无机可乘,便去找公子郊师。公子郊师此时正在太后宫中,借当年齐桓公先于其兄公子纠夺取王位一事,劝说太后出面,让他继承王位。他听说公孙阅求见他,立刻赶回自己的王府召见公孙阅。

郊师对公孙阅笑道:"公孙先生,你即使不来,我也要派人去请你。"

公孙阅恭敬地说:"公子不要说请,有什么事,尽管吩咐。"

"先君桓公继位的事你听说过吗?"

"听说过。"

"我想做桓公。"

"公子,这事传出去,是要杀头的!"公孙阅故作惊讶。

"不能继承王位,我宁可死!"

"我说的不是公子,公子是太后的亲儿子,只要太后在,没人敢杀公子,我是担心杀我的头。"

"不用公孙先生出面,只要你给我出个主意。"

公孙阅装作为难的样子,说:"这件事太大了……"

郊师冷笑一声,道:"公孙先生,你已经知道了我的打算,你不给我出主意,我不会让你活着出去!"

公孙阅脸现惧色,答应了郊师的请求。他想了片刻,对郊师说:"主意其实很简单,除掉太子,公子便可以顺理成章地继承王位。"

郊师踱了几步,道:"公孙先生,我打算今天就动手,你认为可以吗?"

第二十回　混水摸鱼

"不行。"

"为何不行？"

"你没有与太子抗衡的势力，杀太子不成，反而会被太子所杀。"

"你说怎么办？"

公孙阅说："初期公子要不惜重金笼络人心，再奉官许愿，于朝廷内外广结死党，然后再想办法除掉太子。"

郊师同意。

公子郊师四处活动，奉官许愿，馈赠重金，网罗死党，引起田忌和禽滑的警觉。田忌想调田国将军的军队进城保护太子，但大丧期间，没有特殊变故，不能兴师动众。禽滑感慨道："如果钟离姑娘在就好了。"

临淄街口，一辆马车驶来，车上坐着风尘仆仆、女扮男装的钟离春，从大街上驶过的时候，被公孙阅注意到了，当时他正准备乘车到公子郊师的王府。

公孙阅一到郊师的王府，郊师便欣喜地告诉他，已经联络了上百名死士，都愿为郊师卖命，其中还有守卫临淄的高将军。郊师问："公孙先生，下步该如何行动？"

公孙阅思索片刻，问："太子最喜欢什么？"

"美女。"

"你府上有美女吗？"

"……有一个。"

"她有多美？"

"胜过西施。"

"你喜欢她吗？"

"没有她的陪伴，我食不甘味，夜不能寐。"

"喜欢她胜过王位？"

"不，我更喜欢王位。"

"那就用美女换王位。"

"公孙先生的意思是把美女送给太子？"

"对。"

"大丧之中，美女不能入宫。"

"把太子请出来，请他到你的府中与美女享乐，然后……"

郊师明白了公孙阅的意思。

钟离春来到田忌府中，见到了田忌和禽滑，二人喜出望外。寒暄几句后，田忌问起孙膑的近况，钟离春便把他们在韩国酸甜苦辣的经历一一道来，说到伤心处，不由落泪。田忌和禽滑也跟着一起难过。钟离春最后说："虽然先生为韩国立下汗马功劳，可如果有什么风吹草动，韩王还会抛弃先生，因此先生让我探探大王的态度，没想到大王他进了祖庙……不知太子对先生是什么态度？"

田忌道："太子也希望孙先生能回来，太子需要他。"

"这就好。孙先生说，如果齐国需要他，齐韩两国一旦顺利结盟，他就回来。"

"与韩国结盟的事，需等到太子继位……不过你放心，太子一定同意，与韩国结盟，对齐国也有好处，尤其是现在。"

"太子何时继位？"

"如果度过危难的话，十天之后……"

钟离春一怔，问："听将军的意思，太子好像有难？"

田忌点点头，道："有人想害太子。"

公孙阅回到家的时候，一脸兴奋之色，他告诉钟离秋，钟离春回来了。钟离秋不相信。公孙阅道："真的，我在街上碰见她了，她穿一身官服，到田将军家去了。"

钟离秋还是难以相信，公孙阅道："不信你去看看嘛。"

钟离秋太想念姐姐了，她站起来向外走去。

公孙阅拦住她，让她打扮一番再去。钟离秋连忙来到梳妆台前，对着铜镜，整理着自己的头发。

公孙阅在一旁道："你顺便告诉田将军，公子郊师要害太子。"

钟离秋奇道："你听谁说的？"

"公子家的仆从……公子郊师打算今天晚上请太子赴宴，在宴会上暗下毒手。"

"仆从的话可信吗？"

"我也不知道，你让田将军查一查。"

钟离秋出门前，公孙阅一脸不放心地嘱咐道："你告诉田将军千万保密，别说是我说的，传到公子郊师耳朵里，我们担待不起……还有，你告诉田将军，我这是看在你姐姐的面子上，才冒着杀头的危险向他透露这个消息的。"

钟离秋走后，公孙阅得意地抱着儿子小春秋转了个圈，笑道："儿子，齐国要大乱喽。"

钟离秋在田府见到姐姐，把公孙阅的话告诉了钟离春和田忌、禽滑，钟离春十分严肃地对钟离秋道："妹妹，这可是国家大事，不能有半点谎话。"

钟离秋道："姐，你应该知道，我从小到大，从未跟你说过一句谎话。"

禽滑对钟离秋说："你姐姐不是说你，她是怕公孙阅有诈。公孙阅一向与田将军作对，郊师篡位，对田将军不利，他为何把郊师的秘密告诉田将军呢？"

钟离秋回答道："他说，这是看在我姐姐的面子上，才让我把这个消息告诉你们的，他是想慢慢消除姐姐对他的怨恨。"

钟离春"哼"了一声，说："我对他的怨恨，一辈子也无法消除！"

钟离秋劝道："姐，你可以不原谅他，但不能因为对他的怨恨，误了国家大事，不信他的话，可以去查。"

田忌说："现在查，已经来不及了。"

禽滑道："将军，公孙阅的话不论是真是假，我们都可将计就计。"

"如何将计就计？"田忌问。

禽滑看了看钟离秋，没有回答。

钟离秋明白禽滑眼中的含义，"姐，田将军，禽先生，你们商量吧，我走了。"她走到门口，又回过身来对钟离春道："姐，有空再来看你。"

望着匆匆而来，又匆匆而去的妹妹，钟离春脸上闪过一丝惆怅。

田忌对禽滑道："说吧，如何将计就计。"

禽滑说："先斩后奏，借公孙阅的消息，天一黑，秘密调军队进城。"

"如果公孙阅说的是谎话，太后与太子怪罪下来，如何交代？"

"公孙阅谎报军情，太后与太子怪罪下来，有罪的是公孙阅。"

田忌认为禽滑说的有理，他又问禽滑太子还去不去赴宴，禽滑说："当然要去，太子不去，如何知道公子郊师是否真的要害太子？"

田忌担心太子的安危，道："如果是真的，太子赴宴，岂不太危险？"

禽滑微微一笑："让钟离姑娘带人假扮宫卫，随太子一起赴宴，将军再派军队埋伏在四周，郊师若动手，当即擒之。"

钟离春扮作宫中卫士，随太子来到郊师的王府。酒席宴上，数名美女随着乐曲翩翩起舞，领舞的美女尤为出众，婀娜多姿，一双漂亮的眼睛秋波荡漾，摄人心魄。太子辟疆端着酒樽，呆呆地看着那个美女。

太子辟疆问坐在一旁的郊师："她叫什么名字？"

郊师回答："美玉。"

太子赞叹道："好名字，她真是一块美玉！"

太子的目光中充满欲望，紧盯着翩翩起舞的美玉。

郊师看着太子，脸上闪过一丝恨意。但一想到王位，目光变得柔和起来，他问太子："怎么样兄长，我的女人美吗？"

"美，太美了……"太子不无羡慕地对郊师道，"兄弟，能得如此美女，一生足矣。"

郊师俯在太子耳旁窃窃私语："美玉不但美，待人妙不可言……"

太子目光变得更加贪婪，紧紧盯着美玉。郊师说他可以让美玉陪兄长

第二十回　混水摸鱼

过夜。太子心里盼的就是这句话，他低声嘱咐郊师："千万不能让太后知道……"

"你放心，谁也不会知道。"郊师的微笑中透出一丝不易察觉的杀机。

太子辟疆和美玉进入温柔之乡的时候，郊师的家臣告诉郊师，高将军派人送了消息，说田国的军队秘密开进临淄。这让郊师大吃一惊。家臣道："高将军问，今晚还动不动手？"

郊师心一横，咬牙切齿道："动手，杀了辟疆，再多的军队进城，对我也无可奈何！"

美玉和太子一阵缠绵后，依偎在太子怀中，娇态可掬地问太子："太子，你还满意吗？"

太子抚摸着美玉如玉般的肌肤，点头道："非常满意……"

"能让太子满意，我很高兴。"美玉娇羞一笑，说罢，她为太子端来补汤，催促太子趁热喝下去。

太子对美玉道："我的身体不需要补，你喝吧。"

"这是男人的补汤，"美玉羞赧道，"太子喝了，今夜会更尽兴……"

太子看了看脸带羞涩的美玉，欣然接过汤，正欲喝下，一个人影闪进帏缦，几步跨到太子面前，一把夺过太子手中盛汤的盂。来人正是扮作宫卫的钟离春。

太子愣愣地望着钟离春，问："你……你想干什么？"

钟离春说："汤里有毒，你不能喝。"

太子怒道："胡说，这是美玉专为我煮的补汤。"

钟离春冷笑一声，将盂递到美玉面前，命令道："喝下去，不喝我就灌！"

美玉跪倒在地，泪水从她眼中流出，哀求道："宫卫大人，我不想死……"

钟离春冷冷道："不想死就说，谁让下你的毒？是不是公子郊师？"

美玉正欲开口，突然从窗外飞进一物，正打在美玉的头上，美玉轻哼了一声，倒在地上。

钟离春怕太子再遭暗算，一把拉住太子，急匆匆出了寝室。

一个人影从窗外跳进，是公孙阅。他抱起美玉，回身从窗户跳出。

就在美玉企图毒害太子时，高将军的军队开始包围太子府。田国将军的军队一举击退高将军率领的叛军，随后攻破郊师府。一场混战后，郊师的家臣死的死，降的降，唯独没有发现公子郊师。

混战中公子郊师已被公孙阅救出临淄城。郊师叹道："我真是不甘心，只差了一步棋……"

"别气馁，"公孙阅安慰他说，"下一次，庞元帅会帮你走好这步棋。"

郊师告别了公孙阅，带着高将军以及他的军队，前往魏国边界，投奔庞涓。

太子辟疆命田忌率军队追赶郊师，太后出面干涉阻止。太子对太后说："郊师作乱，危害国家，理应抓回来治罪。"

太后语重心长地说："郊师年轻，不懂事理，放他一条生路，好吗？"

太子没有答应。

太后心里非常不快，板起脸道："就算是母后在恳求你。"

太子惧怕太后，连忙说："母后，万不可说求，母后让孩儿怎么做，孩儿就怎么做。"

太后的脸色这才缓和了许多，道："你将为一国之主，应当宽恕待人，何况对自己的兄弟呢……"她话题一转，又说："过几天，你就该登基继承王位了，这才是国家最紧要的大事。"

太后离开后，田忌对太子说："太子，除恶不尽，将受其害。"

"唉，我现在还不是大王，"太子轻叹一声表示无奈，随即露出坚毅之色，"田将军，等我继位之后，决不会放过郊师。"

公子郊师投奔庞涓，庞涓很是得意，因为齐国从此将不得安宁。他命令庞葱以齐国公子郊师的名义，占领齐国边城。数日内，齐国的马陵、范

第二十回　混水摸鱼

城、廪丘等边城皆落入郊师之手。

按:"混水摸鱼"是三十六计中的第二十计,其意为乱中取利。庞涓为了对付孙膑的伐交,让公孙阅搅乱齐国,然后乘乱占领了齐国的数座边城。欲知后事如何,请看下回:"暗度陈仓"。

第二十一回　暗度陈仓

太子辟疆继承王位，后人称他为齐宣王。

齐宣王命令田忌率领十万大军，收复马陵、范城、廪丘三座边城。田忌说："齐国内乱之后，军威不振，若直接与魏国军队交战，恐怕难以取胜。大王不如先答应韩王的请求，与韩国结盟，使魏国东西不能两顾，然后请回孙膑。孙膑若回齐国，收复三座边城，易如反掌。"

齐宣王欣然同意，并命田忌尽快请回孙膑。

公孙阅得知齐宣王要请孙膑回国，对邹忌说，孙膑若回到齐国，肯定要报复相国，应该想办法阻止孙膑回国。邹忌说他没有办法，让公孙阅请庞涓帮忙。公孙阅不承认与庞涓有来往，邹忌冷笑道："公子郊师何以逃往齐魏边境，又何以得到庞涓的支持，不全靠公孙先生吗？"

公孙阅见瞒不住邹忌，便答应去见庞涓。

公孙阅回到魏国，立刻去拜见庞涓。老友久别相逢，一番感慨，几多情谊。二人说起国家之间的事，公孙阅请庞涓务必阻止孙膑回齐国。庞涓还是一如既往的自信，道："孙膑若想回齐国，不经魏国，必走楚国，楚王已经与我和好，我与楚王可以携手拦截孙膑。"

公孙阅兴奋道："元帅若能阻止孙膑回国，我将使齐国任元帅驱使。"

"齐国只靠公子郊师还不行。"

"我知道。齐王是好色之徒，请元帅帮我在魏国选一位绝代佳人，送给齐王，元帅外用公子郊师作乱，内用美人迷心，不愁齐国不屈服于元帅。"

第二十一回　暗度陈仓

庞涓命人在魏国为公孙阅找到一个国色天香的美女，人称佳女，公孙阅很满意，他告别庞涓，带着佳女悄悄回到齐国。

钟离春返回韩国，催促孙膑尽早动身，说齐国内乱，君臣都盼他早日回到故国。孙膑也正苦于韩王不会放他走，钟离春让他想办法瞒过韩王。孙膑叹道："只是瞒过韩王还走不了，公孙阅已经把大王请我回国的消息告诉了庞涓，庞涓必将联合楚王，在我们回齐国的路上层层设伏，我们既要瞒过韩王，又要瞒过庞涓，这是很难做到的。"

申大夫看出孙膑归心似箭，向韩王禀报，韩王对申大夫道："告诉孙膑，寡人不会让他走。"

申大夫说："大王如果让他做大将军，他即使想走，也没有理由。"

"他做大将军，太子怎么办？"

"孙膑曾多有微言，太子做大将军，难以称职。"

韩王有些不快，道："太子即使不称职，军权也不能交给孙膑，他不是韩国人，不会与我们同心同德。韩国地处强国之间，稍有不慎，就会大难临头，寡人对他国之人不得不防。"

申大夫回到府中，面有愧色对孙膑说："我本想举荐先生做大将军，以此为由，把你留在韩国，可大王猜疑心太重……先生，你要走，就走吧。"

孙膑笑道："申大夫，我不走了。"

申大夫不相信孙膑的话，说："故土难舍，人之常情。齐国是你的故乡，况且齐王与田忌将军一直盼着你回去呢。"

孙膑道："他们盼我回去，是为了对付庞涓，我留在韩国，也可以帮助他们对付庞涓，何必冒着生命危险回齐国呢？"

申大夫高兴地说："孙先生，你这么想就对了！韩国与齐国，一西一东，庞涓威胁齐国，韩国不会坐视不管，先生在韩国，照样可以帮助齐国。"

孙膑又道："申大夫，我有一个要求，大王必须满足。"

申大夫答应孙膑，一定说服大王满足他的请求。

孙膑的请求，是让韩王按照功绩，赏给他一座富庶的城邑，做为封地。韩王为难地对申大夫道："寡人不是不想给他，韩国富庶的城邑就那么几座，给了他，其他重臣如果也要富庶的城邑，寡人拿什么给他们？"

申大夫说："他们都不如孙膑重要。"

"他们对寡人兢兢业业，寡人不能亏待他们。"

"只是兢兢业业，还不能使国家强盛，大王应该论功行赏，鼓励为国建功的能臣。"

韩王仍是犹豫："话是这么说，他们跟随寡人多年，功绩虽不如孙膑，可对寡人忠心耿耿，寡人不能厚此薄彼。你去问问孙膑，给他一座中等的城邑，可不可以？"

申大夫把韩王的话转告孙膑，孙膑对申大夫道："不行，如果韩王不给我一座富庶的城邑，就是对我没有诚意，我只好离开。"

申大夫说："大王是担心大夫们攀比，大王拿不出来那么多富庶的城邑给他们。孙先生，你降低一点要求，以后我再慢慢说服大王。"

孙膑思索片刻，道："看在你的面子上，我答应。"

申大夫喜道："好，孙先生，我会请大王给你一座最好的中等城邑。"

孙膑摇头道："我不要中等城邑。我要一座朝中大夫们都不敢要的富庶城邑。"

申大夫笑了笑，说："只要大王给，朝中大夫没有不敢要的城邑。"

"上党，有人敢要吗？"孙膑笑道。

申大夫以为孙膑有意出难题，没好气地说："上党不是韩国的疆土。"

"我为大王攻克上党，上党不就是韩国的疆土了吗？"

韩王听说孙膑要攻打上党，立刻召见孙膑，激动地对孙膑道："寡人早就想得到上党，寡人曾想用三座城邑换取上党，若得到上党，寡人与赵王便可不用途经魏国，任意往来。孙军师若攻克上党，寡人不但把上党封

第二十一回　暗度陈仓

与军师，还将再封给军师两座城邑。"

孙膑行了一礼，道："大王，微臣要封地，是为了在韩国久住，使大王与众臣把微臣当做韩国人，有一座上党，已经足矣。"

"攻克上党，你需要多少人马？"

"两万。"

"上党乃魏国北方重镇，魏王不会轻易让上党落入寡人之手，两万人马恐难以成事，寡人命太子率韩国大军与你一同攻打上党。"

"大王，兵不在多，在于会用；将不在广，在于有谋。两万军队在微臣手中，可做十万所用，微臣若不能攻克上党，甘愿在大王面前领罪。"

韩王欣然答应给孙膑两万人马，并让申大夫与他同行。

孙膑回到住处，就开始研究军图，一旁的钟离春问他是否不打算回齐国。孙膑告诉钟离春："我之所以攻打上党，是为了打通去赵国的道路，赵国与魏国是死对头，我们经赵国回齐国，庞涓就无法拦截我们了。韩王给我两万人马，正面强攻，是无法攻克上党的。钟离姑娘，请你帮我寻找一条鲜为人知的小路，我们出其不意，攻克上党。"

韩王后听说孙膑只带两万人马攻打上党，认为他是另有打算，对韩王说："孙膑会不会借此逃走？从上党可以到赵国，从赵国便可以到齐国。大王应该立刻下令，停止攻打上党。"

韩王长叹一口气道："上党对寡人太重要了。楚国没有答应与寡人结盟，齐王虽答应结盟，但远水难解近渴。赵王同寡人一样，时时受到魏国的威胁，寡人若得上党，就可与赵王携手对付魏国了。"

"大王可让太子带兵攻打上党。"

"太子不行。"韩王摇头。

"那……还让孙膑做太子的军师。"

"孙膑不会同意，他之所以只要两万人马，就是不想让太子当统帅。"

"那就让太子带三万军队，名曰协助孙膑，实则看住孙膑。"

韩王点头道："这倒是一个两全其美之策。"

庞涓听说孙膑率两万军队在前，韩国太子率三万军队在后，直奔上党而来，沉思片刻，对庞葱道："你立刻带一万人马，轻装上路，在上党的必经之路长山拦住孙膑，我率大军随后就到。"

"一万人马，恐怕难以拦住韩国的五万大军。"庞葱感到很为难。

"长山易守难攻，你再虚张声势，孙膑不敢轻易进攻。"

"如果孙膑看破虚实，强攻长山呢？"

"边打边撤，只要你能拖住孙膑两到三天，我的大军就会赶到。"

孙膑的军队将要到达长山的时候，发现了魏国军队。尘土飞扬，好像人马不少。孙膑命令军队停止前进，安营扎寨。

申大夫派细作查明，长山的魏国军队只有一万人，对孙膑说："明天一早，我们便可发起进攻。"

孙膑道："如果这支魏国军队是诱敌之兵呢？"

"不像，附近没有第二支魏国军队。"

"庞涓狡诈，长山又易守难攻，还是谨慎为好。"

"先生常说兵贵神速，若贻误战机，魏国援军就会增援上党。"

孙膑故作赌气，冷冷道："大王派三万人马跟着我们，我们无法神速。"

"先生不可与大王赌气，拿不下上党，受惩罚的是先生。"

孙膑安慰申大夫道："申大夫放心，我肯定能拿下上党。"

三天过去了，孙膑的军队仍按兵不动，庞涓的大军已来到了长山。申大夫一脸沮丧地对孙膑说："孙先生，如果我告诉你，庞涓的大军已经来到长山，你不会吃惊吧？"

孙膑笑道："不会，这在我的意料之中。"

"如今，你还打算攻打上党吗？"

"当然。"

申大夫非常郁闷，说："战机已经丧失，长山本来就易守难攻，如今

第二十一回 暗度陈仓

庞涓的数万大军又赶到长山，我们连长山都过不去，如何攻克上党？"

孙膑笑道："庞涓的大军不到，我无法攻克上党，如今庞涓的大军到了，我才有机可乘。"

申大夫"哼"了一声，说："孙先生，你是不是有意气我？"

"不是，我说的都是实话。一般作战都是用正面之兵当敌，出奇兵取胜。我之所以屯兵长山之前，故意贻误战机，就是为了将庞涓的大军吸引到长山，然后出奇兵，从小路袭击上党。"

"你这是用兵法来搪塞我。据我所知，除了长山，到上党无路可走。"

"钟离春已经找到了路。一条鲜为人知的小路，可达上党西门，五千士卒步行，一天一夜便可赶到。申大夫，我率领这五千人马偷袭上党，你带余下的军队，守在营中。"

申大夫不无担忧地说："五千人马进攻上党太少。"

孙膑笑道："庞涓未来之前，五千人马太少，如今庞涓来了，五千人马足矣了。"

申大夫不解，问："先生越说我越不明白，庞涓没来之前，形势敌寡我众，为何不行？如今庞涓的大军来了，敌我力量相差无几，先生为何却说五千人马足矣？"

孙膑道："庞涓大军未来之前，上党守军担心长山的魏军难以抵挡我们的五万大军——他们把太子的军队也算在其内，枕戈待旦，百倍警惕，我若那时偷袭，别说五千人马，就是一万人马也绝难得手。庞涓的大军到来之后，上党守城魏军认为，有庞涓大军守卫长山，我们插翅难过。此时我们从小路偷袭上党，他们绝无防备，我们出奇兵进攻无防备之敌，岂能不克？"

申大夫佩服得五体投地，赞道："先生真乃神算也！"

韩国太子的军队驻扎在距孙膑大营不远的地方。太子时常派人过来，查探孙膑营内的动静。这日孙膑营门紧闭，没有任何行动，他认为孙膑正因进退两难而发愁，他来到孙膑营帐内，打算劝孙膑撤军，以后有机会，再进攻上党。

太子在孙膑帐内等了很长时间,也没见孙膑的影子。太子问帐外的卫兵,卫兵也不知孙膑在何处。太子等得有些不耐烦,正欲离开,申大夫来了。太子阴沉着脸对申大夫道:"我本来不想说你们,你们固然是由军师指挥的军队,但我是韩国所有军队的统帅,我又不能不说。我今天第一次到你们的营中,非但军师不见踪影,你这个副帅也迟迟不露面,如果庞涓此时进攻,你们如何应付?"

申大夫恭敬地说:"有大将军的三万军队做后盾,庞涓不敢进攻。"

太子摆出一副得意的样子,道:"申大夫还算明白,军师他……哼,他还不想让我跟着你们,若不是我跟着你们,凭你们区区两万人的军队,别说攻打上党,怕是连韩国都回不去。"

申大夫脸上顿显不快,欲言,又止。

太子一副不可一世的样子,大刺刺地问道:"军师呢,他到底躲到哪去了?即使一筹莫展,也不该躲起来不见人。"

申大夫再也忍不住了,说:"大将军,本来军师不让我告诉你他的行踪,但你是韩国军队的统帅,有权利知道,所以我告诉你……军师去攻打上党了。"

太子一愣,问:"他带了多少人马?"

申大夫回答:"五千。"

太子满脸疑惑,道:"长山有庞涓的大军把守,别说五千人马,就是两万,也无法通过,他如何攻打上党?"

申大夫说:"他没有走长山,走的是一条小路,一条鲜为人知的小路。"

"小路?"太子思索片刻,突然叫道:"申大夫,你上孙膑的当了!孙膑根本不是去攻打上党,而是借机逃往赵国。"

"孙先生绝不会这样。"

"怎么不会?进攻上党只有长山一条路,他不走长山,就不是去上党,一定借此逃往赵国,父王怕的就是他逃往赵国,所以让我带三万军队监视他。"他扫了申大夫一眼,"父王说,他也嘱咐过你……"

第二十一回 暗度陈仓

申大夫不由后怕,"如果真是这样,那可怎么好……"

"无妨,"太子冷笑道,"我告诉庞涓,让庞涓截住他。"

申大夫一脸着急,忙道:"大将军,万不可这样做,如果孙膑真是攻打上党,岂不坏了大事?"

太子想了想,问:"他何时能赶到上党?"

"今天晚上。"

"好,我暂且等待一夜,如果明天一早还没有上党的消息,我们就把他的行踪告诉庞涓。"

山林中,孙膑在两个士兵的搀扶下,和他的士兵们一起沿着崎岖的山路艰难行进。走在前面的钟离春来到一高坡前,打量了片刻,从身旁士兵手中拿过长戟翻上高坡,伸下长戟让孙膑紧紧抓住,而后将孙膑拉上高坡。孙膑喘了口气,问钟离春:"距离上党还有多远?"

"还有两舍。"钟离春答道。

孙膑看了看天色,对后续翻上山坡的冯将军道:"冯将军,传令全军,加快速度。"

"军师,"冯将军为难道,"已经有很多士兵掉队了,再加快行速的话,掉队的怕是更多……"

"兵贵神速。"孙膑道:"即使有半数掉队,也要加快速度。我们此次剑走偏锋,但夜长梦多,庞涓一旦发觉我们的行踪,情势就被动了。"

这天夜里,庞涓和庞葱悠闲地在帐内对弈,庞涓问庞葱:"你说,孙膑下步棋将怎么走?"

庞葱想了想说:"撤退。"

"撤回去无法向韩王交代。"

庞葱执起一枚棋子,望着棋盘感慨道:"攻,无法取胜;撤,无法交代……孙膑只有畏罪潜逃了。"

庞涓一愣,自言自语道:"对呀,我怎么没想到他会逃走呢?!孙膑进攻上党，可能就是一个骗局，他为的是遮人耳目，悄悄经上党逃往赵国，从赵国回齐国……"

想到这点后，他对庞葱道："庞葱，你立刻派军队封锁所有通往上党的小路，不得放任何人通过！此外，你派人骑快马通知上党守军，让他们封锁所有通往赵国的大小道路。"

晨光照进孙膑的帐内时，申大夫刚刚打了一盹，他一夜没睡，在等孙膑的消息。太子又来了，他也一夜没睡，他问申大夫上党那边有没有消息。申大夫说暂时没有。太子冷笑一声，道："孙膑肯定没有去上党。按我以前的脾气，我一定告诉庞涓，让他走不成。"

申大夫劝道："大将军，不能这样，孙先生毕竟为我们韩国立下了汗马功劳，他即使逃走，我们也不能过河拆桥，借庞涓的手杀害他。"

太子点点头道："我也是这么想。算了，随他去吧。申大夫，此处不是久留之地，我们立刻拔营回国。"

申大夫思忖片刻道："大将军，不如……再等等吧，如果军师真是攻打上党，我们一走，岂不是害了军师？"

"申大夫，你就死了这条心吧，他如果攻打上党，早该有消息了。"

"他即使不攻打上党，也会给我们报个信，他手下还有五千将士呢，我们走了，那五千将士怎么办？"

"孙膑为了自己，已经将那五千将士带入死地，我们即使留在这里，也无济于事。申大夫，晚撤不如早撤，如果庞涓得知孙膑逃走，向我们发起攻击，我们想走也走不了了。"

申大夫无可奈何地叹了一口气，说："大将军，你说怎么办，就怎么办吧……不过，我总觉得孙先生不会这样。"

太子不屑道："父王常说，人不为己，天诛地灭。孙膑不是圣人，他也不会例外……"

太子话音未落，门口传来一个粗鲁沙哑的声音："孙军师是圣人，是我们士兵的圣人！"

第二十一回　暗度陈仓

太子和申大夫回头看去。帐门口站着一个浑身是血、样子很可怕的韩国士兵——他是孙膑派回来的，路上遇到魏军的截击，拼了性命，才回到营中。太子愣愣地看着他，问："你……你是干什么的？"

"报信的。"

"报什么信？"

"军师已经攻克上党。"

此时此刻，上党的城墙上飘着一面韩国的旗帜，孙膑站在上党城头，轻轻抚摸着那斑驳的城墙，眺望远山群峰。"冯将军，"他对随行的冯将军开口道，"我该走了。"

"军师要去何处？"冯将军一怔。

"赵国。"

"军师到赵国干什么？"冯将军又是一怔。

"经赵国回齐国。"

"这么说，军师回国的传闻是真的了？"

孙膑点点头，道："不瞒你说，我攻克上党，一个重要的目的，就是为了经赵国回齐国。当然，这也是为了在我离开韩国之前，送给韩王一份厚礼。"

"孙先生非走不可吗？"

"冯将军，如果你身在他国，韩国发生危难，需要你回来，你回不回来？"

冯将军沉默片刻，说："先生能不能晚走几天，等我们在上党站稳脚再走？"

"庞涓知道我们攻克上党的消息，将立刻率大军围困上党，到那时，我如何能走得出去呢？"

"军师离开上党，上党怎么办？"

"我到赵国后，先去见赵王，说上党是我送给赵王的礼物，赵王肯定派军队解救上党之围。"

冯将军问:"上党解围之后,赵王将索要上党,我们怎么办?"

"当然是将上党交给赵王了。"孙膑笑道。

冯将军非常困惑,问:"军师不是说,上党是送给大王的礼物吗,如果交给赵王,我回去如何向大王交代?"

孙膑道:"夺取上党,是为了与赵国相连,两国共同对付魏国。上党距韩国腹地远,距赵国腹地近,如果韩国军队守卫上党,既占用大量军力,还需耗费大量财力;若将上党交给赵国,既节省军力财力,又同样可以让两国疆土相连,而且赵王还会因此对韩王感恩戴德的。冯将军,你说,这两种做法哪一种对韩国更有益?"

冯将军释然,不住点头,然后叹道:"如果我是大王,我愿意用王位,换取军师留在韩国,可惜我不是……"

按:"暗度陈仓"是三十六计中的第八计,此计计名出自后代汉将韩信"明修栈道,暗度陈仓"的故事。此计的意思是:正面佯攻,牵制敌人,迂回敌后,出奇制胜。此计与"声东击西"既相似,又不同。不同处在于,"声东击西"隐蔽的是攻击点,"暗度陈仓"隐蔽的是攻击路线。孙膑用此计既瞒过韩国君臣,又瞒过庞涓,攻克上党,离开韩国。欲知后事如何,请看下回:"美人计"。

第二十二回　美人计

公孙阅打算把从魏国带回来的佳女和公子郊师的美玉送给齐宣王，他给美玉重新起了一个名字，叫美女。美玉说她与齐王有过一夜风流，即使不叫美玉，齐王也会认出她。公孙阅不禁笑道："大王认出你时，他已经离不开你了。"

公子郊师作乱的时候，公孙阅曾救过美玉，如今又要送美玉进王宫享受荣华富贵，美玉感激不尽，欲留公孙阅过夜，以身相谢。公孙阅望着美玉漂亮的脸庞道："我很想留下，可我怕一旦留下，就再也不想让你走了……这样，会耽误我的大事。草木一秋，人生一世，一个男人如果干不成一两件大事，就是白活一世。"

公孙阅去见邹忌，邹忌正为孙膑将要回到齐国一事愁眉不展。公孙阅对他道："我找到两个美女，可以说是绝代佳色，大王好色，见了美女一定会神魂颠倒，若相国将这两个美女送给大王，大王将更加亲近相国，事事听从相国之言，孙膑即便回到齐国，也奈何不得相国了。"

邹忌不想做齐国的罪人，也不想再被公孙阅所牵制，便说："公孙先生用美人计不只是为了对付孙膑吧？殷纣王与周幽王都是因为迷恋美色失掉了国家，公孙先生用美人计，是想让大王成为纣王，或者幽王吧？"

"相国误会，我没想那么多，只是为相国着想。若不用此计，相国将无法阻止大王重用孙膑，孙膑若得重用，相国的日子就不会太好过了吧。"

邹忌冷笑道："你若真为我着想，就应该让庞涓阻止孙膑回国，可是你们没有。因此，我怀疑你们是有意使齐国矛盾重重，最后灭亡齐国。"

公孙阅闻言，也冷笑道："没想到堂堂相国，竟用小人之心度君子之腹！"

"这不是小人之心，我是齐国的相国，我要为齐国着想。"

"呵，相国如果真为齐国着想，当初就不会无中生有，陷害孙膑了。"

"我是受了你的欺骗。"

"你说错了，不是欺骗，是相互利用。"

"可我现在不想被你利用了。"邹忌淡淡一笑，说着拍了两下手，两个带剑的汉子从内室走出。

公孙阅看了看两个汉子，对邹忌冷笑道："看来相国早有所备。"

"对你这种人，我不得不防。"邹忌说完挥手示意，汉子拔剑出鞘，眼睛里充满杀气。

公孙阅平静地对邹忌道："相国，他们不是我的对手，别让他们送死。"

邹忌哼了两声，"别用大话吓唬我！"立刻命令两个汉子拿下公孙阅。两汉子立刻挥剑上前。公孙阅极迅速地闪身一旁，抽剑在手，接着剑光一闪，两个汉子大叫一声，双双中剑倒地。邹忌大惊失色。公孙阅转过身，看着邹忌得意地道："相国，我不是吹牛吧？"

邹忌浑身颤抖，额头上豆大的汗珠滚下。

公孙阅收起剑，笑吟吟道："相国，别害怕，我不会杀你，我们还要继续相互利用呢。"

邹忌在公孙阅的威逼下，把美女和佳女送进王宫。齐宣王对这两个婀娜妩媚的女人格外喜爱，尤其是对美女宠爱有加。是夜，齐宣王与美女缠绵云雨之后，对美女叹道："寡人曾经喜爱过一个姑娘，她叫美玉，寡人与你欢愉之时，分明感到你就是美玉。"

美女笑着说："大王是把臣妾当做美玉的替身了。"

齐宣王感慨道："不，你的一举一动，一颦一笑，甚至喘息的声音，都像极了美玉。"

第二十二回　美人计

美女试探着问宣王，为何不召美玉进宫。齐宣王叹了口气，道："美玉已经死了，如果不死，我早就把她召进宫来了。"

宣王如此留恋美玉，美女几乎忍耐不住，她投入宣王的怀里说："大王，臣妾……能替代美玉吗？"

齐宣王将美女紧紧搂在怀里，允许她以后改叫美玉。

齐宣王听邹忌说，这两个可心的女人是他的门客公孙阅为大王选送的，齐宣王很欣赏公孙阅，欲封他为上大夫，掌管王宫之事。公孙阅窃喜，但表面却推辞，说他不熟悉宫中的规矩。齐宣王笑道："宫中规矩不懂可以学，寡人之所以看中你，是你办事心细，不用寡人言明，便可体查寡人所需，掌管王宫事务，非常合适。"

朝中大夫听说公孙阅当了掌管王宫事物的上大夫，议论纷纷：

"公孙阅是何人？"

"听说是相国府中的门客。"

"他有何才能，一夜间成了上大夫？"

"一定是相国力荐吧……"

朝会后，田忌走到邹忌身旁低声严肃说道："邹相国，公孙阅进宫，乃齐国之患，你可不能一错再错。"邹忌有言难辩，只得默然。

齐宣王整日整夜与美玉和佳女游乐饮宴，缠绵欢愉，多日不理朝政，朝中大夫们心急如焚。高大夫对邹忌说："相国，你是先王的老臣，大王最敬重你，你应该力谏大王，除去妖女，重整朝政。"

邹忌叹道："我不是没有力谏，大王听不进去。"

鲍大夫是一个刚正不阿的老臣，他见邹忌不肯出面，便执意进宫规劝宣王。他问宣王："大王知道殷朝是如何灭亡的吗？"

鲍大夫如此问话令齐宣王相当不快，敷衍道："知道。"

鲍大夫又问："大王也一定知道周幽王何以丧命吧？"

齐宣王脸露愠色，反问道："你问这些干什么？"

鲍大夫说:"殷朝是毁在妲己的手里,周幽王是因褒姒而亡!如今,妲己与褒姒又缠住了大王,她们就是大王新近收的两个美女,大王若被她们美色所迷,齐国将毁于这两个妖女之手……"

"荒唐!"齐宣王气愤地打断了鲍大夫的话,"鲍大夫,寡人念你是先王的老臣,饶恕你诽谤王妃,你下去吧!"

"大王不答应微臣的请求,微臣不敢离开!"

齐宣王命宫卫把鲍大夫拉出王宫,鞭刑五十。

齐宣王回到后宫,美玉一把拉住他的胳膊啜泣道:"大王,你可要为臣妾做主啊……臣妾并没有得罪鲍大夫,他为何要除掉臣妾……"

齐宣王安慰道:"美玉,别哭了,寡人已经重重惩罚了鲍大夫。"

佳女在一旁道:"大王只是对鲍大夫处以鞭刑,还不足以阻止朝中大夫们对我们姐妹的诽谤。"

美玉点头道:"大王不如杀了鲍大夫,以此向朝中大夫明示,若再污蔑我们姐妹为妖女者,斩首示众。"

"这……不至于这么重吧。"齐宣王犹豫道。

美玉、佳女不肯罢休。美玉道:"不杀鲍大夫,大王不得安静。"

佳女也在旁煽风点火:"大王,他们这些老臣,是以我们姐妹为由,欺负大王年轻,你不杀他们,他们还会寻机欺负大王。"

齐宣王最讨厌的就是老臣欺负他年轻,于是定下决心:杀鲍大夫,以儆众臣。

鲍大夫被杀,惊动了所有的朝臣。鲍大夫的朝中好友聚集在邹忌府中,请邹忌想法子除掉那两个妖女。高大夫对邹忌说:"相国,如今非得你出面不可了,你是先王的老臣,大王不敢杀你。"

邹忌连连摇头,道:"我已经说过,我的话大王听不进去。你们去找田忌,他的话大王一定听得进去。"

"田将军一向与相国不和,我们去找他,他能帮忙吗?"

第二十二回 美人计

"他帮的不是我，而是齐国。"

高大夫等人来到田府，说明来意，田忌道："你们不来找我，我也要去见大王，只要有我田忌在，妖女就别想毁灭齐国！"

禽滑对田忌说："邹忌身为相国，不向大王进谏，却让他的朝中好友劝将军进谏，我怀疑他用心不良。"

"不管邹忌是何用心，向大王进谏，是为臣的职责。"

"大王已被那两个女人迷得神魂颠倒，将军此时进宫，说话稍不留意，就可能有杀身之祸。"

田忌告诉禽滑，他知道该怎么对宣王进言。

田忌进宫，拜见宣王，还没开口，齐宣王便道："田将军可是来劝寡人驱逐王妃的吧？如果是，可别怪寡人不给情面！寡人已经明示朝中大夫，谁若再提此事，斩首示众。"

田忌说："微臣不是为此事而来。"

"这就好……"齐宣王松了口气，"哼，朝中有些人就爱搬弄是非，寡人只是收了两个王妃，他们竟如此大惊小怪，天下诸侯哪一位不是嫔妃成群，寡人较之他们，有不及而无过之。"

田忌正色说："大王收王妃没有错，但若与王妃整日宴饮游乐，不理朝政，那就不对了。"

齐宣王辩解道："寡人这些日子没有上朝，并不是因为王妃的缘故，而是因为身体不适……再者，有田将军与相国主持朝政，寡人一万个放心，不想干预太多。"

田忌进言道："微臣与相国不能代替大王。身为君王，若长期不理朝政，就难以控制国家。许多诸侯多年之后，之所以王不为王，就是因为这个缘故……更何况目前齐国外有魏国威胁，内有公子郊师依托边城与大王作对，大王怎么可以不亲问朝政呢？"

公子郊师是齐宣王的心头之患，田忌的话他无法反驳，齐宣王十分勉强地答应明日上朝。

美玉和佳女埋怨宣王言而无信，答应明日带她们出城打猎，却又要上朝，分明是没把她们姐妹放在心上。齐宣王解释道："寡人已经答应了田将军，若不上朝，他还会来麻烦寡人。"

佳女眼珠一转，笑道说："大王可派他攻打边城，这样，他就不会来麻烦大王了。"

齐宣王认为佳女的主意不错，立刻召田忌进宫。齐宣王对田忌道："上午田将军一席话提醒了寡人，寡人不能忘记外患与内乱，寡人命你即刻率齐国大军，收复马陵、范城、虞丘三座边城。"

田忌问："大王上次已经答应，等孙先生回来，再收复边城，今日为何又改变主意？"

"你先率兵前往边城，待孙先生回来，寡人即刻命他赶往边城。"

"大王，仓促用兵，难以取胜，何况我们面对的是强大的魏国军队，还是等孙先生回来后，再收复边城为好。"

此时，公孙阅也在王宫，他在一旁对田忌讥讽道："田将军，魏国的军队就那么可怕？"

田忌冷笑，若有所指地说："不是魏国军队可怕，是魏国的奸细可怕，他们无孔不入，防不胜防！"

公孙阅微笑道："无能之辈，才把自己的失败归于别人。"

田忌说："公孙大夫说的虽然有道理，但不全面，无能之辈不但把失败归于别人，还会使用见不得人的下贱计谋，以挽回自己的失败。"

公孙阅反唇相讥道："计谋不分高下，能获胜便为上策。"

田忌和公孙阅的话令齐宣王如坠云雾，他问二人："你们说的什么，寡人怎么听不明白？"

公孙阅说："田将军怀疑我是魏国的奸细。"

齐宣王对田忌道："你不了解公孙大夫，邹相国了解他，他的夫人险些被庞涓杀害，他与庞涓有不共戴天之仇，怎么可能是魏国的奸细呢？田将军，寡人知道你与邹相国长期不和，有些事邹相国做的也的确……对不起你，可事情已经过去了，相国也认了错，你不应该再记恨邹相国，更不应该把对相国的怨恨记在公孙大夫身上。"

田忌辩解道："大王，邹相国对公孙阅的所作所为，也非常不满，微臣上午进见大王，便是受邹相国等人之托。"

齐宣王奇道："这不可能吧，公孙大夫乃邹相国举荐于寡人，他怎么可能对公孙大夫不满呢？"

"大王若不信，可传相国一问。"

邹忌应召进宫，在王宫门外见到了在那里等候多时的公孙阅，他问公孙阅："公孙大夫，大王召我何事？"

公孙阅悠悠道："田忌将军说相国对我所为非常不满，因而托他进宫告我的状。"

邹忌信誓旦旦，说绝无此事，随后装作想起什么的样子，道："哦，也许是鲍大夫的好友，假借我的名义；或者是田忌有意离间你我二人。"

公孙阅请他当着大王的面向田忌解释清楚，同时一定要逼田忌出兵，去收复边城。邹忌担心田忌离开临淄后，公孙阅会更加肆无忌惮，便道："孙膑尚未回国，大王不会同意吧……"

公孙阅冷冷一笑，不无威胁地对邹忌说："田忌不走，还会假借相国的名义告我的状，一旦弄假成真，岂不把我逼上绝路？那样，对谁都没好处！"

邹忌听出公孙阅的话外之音，不得不答应。

邹忌当着宣王的面向田忌解释道："田将军，你弄错了，我怎么可能托你向大王进谏呢？如果有谏必进，我身为相国，可以亲自面见大王，又何必委托你呢？"

田忌最讨厌邹忌两面三刀，没好气地说："这是高大夫他们亲口对我所说。"

邹忌道："高大夫他们是鲍大夫的好友，鲍大夫被杀，他们心有怨气，他们曾求我向大王进谏，我没答应，这才找你。可能因为他们进谏心切，所以假借我的名义，这也在情理之中嘛。"

"这个高大夫，搬弄是非，寡人一定要重重惩罚他。"齐宣王愤然道。

邹忌忙调和说："大王，算了，高大夫他们也是好心，目前齐国外有强敌，内有叛军，他们也是着急，害怕大王溺爱王妃，耽误国事。大王立刻命军队收复边城，他们就不会说三道四了。"

齐宣王认为邹忌所言有道理，再次催促田忌立刻收复边城。田忌说："欲速则不达。收复边城之事，还是等孙膑回来再做决断为好。"

田忌一而再，再而三推辞，令齐宣王心中不快，他问田忌："田将军，难道你真的是害怕魏国军队？"

邹忌在一旁说："大王，田将军不是害怕魏军，他之所以想等孙膑回来，是因为孙膑屡败庞涓，等孙膑回来再攻打边城，更有把握……可话又说回来，孙膑迟迟不回来，我们总不能坐视公子郊师在边城叛乱而不管不问吧？再者，王命既出，不能收回，为臣者若抗命不从，大王还有何威严可谈？"

齐宣王对田忌道："田将军，相国说的有理，寡人王命既出，不可收回，你速速率领大军，收复边城。"

"臣……遵命。"田忌无可奈何地叩首道。

公孙阅听说田忌不得不出兵，高兴地对邹忌道："还是相国有办法！田忌若兵败边城，军权就不再归他所有了！"

邹忌怕公孙阅再逼他做有损齐国的事，对公孙阅说："公孙先生，我以齐国相国的名义，求你手下留情，不要让齐国灭亡好不好？"

公孙阅只是笑了笑，道："不会的，我与庞元帅只是想除掉孙膑与田忌，然后使齐国成为魏国的兄弟之邦。"

禽滑对此时齐宣王命田忌带领军队收复边城忧心忡忡，他对田忌说："此时收复边城，是公孙阅与邹忌的阴谋，将军一走，临淄城内，他们更可以为所欲为了。"

"我知道是阴谋，"田忌无奈道，"可大王有命，我不好违抗。禽先生，你可有对付他们的良策？"

第二十二回　美人计

二人正愁没有良策，这时一家仆兴冲冲地跑了进来，道："将军，回来了……孙先生与钟离姑娘回来了！"二人闻言大喜，立马出门迎接。

田忌和孙膑久别相逢，心里有千言万语，却不知从何谈起，四目相视许久，田忌才几近哽咽着开口道："你怎么才回来？可把我想死了……"

孙膑也百感交集，道："我也是……"

两人眼中的泪水几乎同时滚下……

众人坐定后，田忌把美女作祟王宫的事告诉了孙膑和钟离春，钟离春气愤地说："我今夜潜入王宫，把这两个妖女杀掉！"

孙膑不同意，他对钟离春道："公孙阅在宫中，你很难得手，即使得手，他还会再献美女。现在的关键不是杀掉美女，而是想办法使大王迷途知返。"

此时仆人来报邹忌求见，田忌当场拒绝，说不想听他胡说八道。孙膑劝田忌说："还是见见为好，知己知彼，百战不殆，可以借此摸摸邹忌的底。"

邹忌被请进客厅，孙膑和钟离春为封锁回国的消息暂时回避。邹忌此番是为了摆脱公孙阅的控制来见田忌，他对田忌说："今日大王召我进宫，我决无为难将军之意，我与公孙阅不是一路人，他的一些所作所为，我也不赞成。"

田忌冷笑道："你在大王面前可不是这么说的。"

邹忌叹了口气，说："大王因美女而听信于公孙阅，我是不得已而言之……田将军，公孙阅心术不正，我们应该设法把公孙阅调出临淄，哪怕一时也行，他留在大王身边，对齐国太危险了！"

"我没办法把他调离临淄。"

"我有办法，上奏大王，请公孙阅为监军，随将军攻打边城。"

"监军乃大王所派，他可以处处约束我。"

"将在外，君命可以不受，当年司马穰苴为将，曾因监军逾时不到，斩杀监军，大将军完全可以不为公孙阅所约束。"

禽滑在一旁道："相国的意思，是想借将军之手，除掉公孙阅？"

"可以这么说……"邹忌点点头。

"然后再通过宫中美女，除掉我们？"

邹忌信誓旦旦，说："大将军，我今晚所言，绝无欺诈之意，完全是为了齐国，大将军若不信，我可立字为据！"

田忌本不想答应，但想到这样可以让公孙阅离开王宫，利于规劝齐王，便对邹忌道："既然相国如此诚恳，我就相信你一次。"

按："美人计"是三十六计中的第三十一计，此计最早出自古兵法《六韬》（传说为姜太公所作）。"美人计"的意思是利用美女达到自己的目的。公孙阅利用"美人计"成为齐王近臣，齐王对他言听计从，使田忌和孙膑处于十分被动的地位。欲知孙膑如何对付公孙阅的"美人计"，请看下回："反客为主"。

第二十三回　反客为主

邹忌从田忌府出来，当天晚上就进见齐宣王。他对宣王说："此次出征，田将军貌似并不情愿，微臣担心田将军出而不战，只是做做样子。以防万一，大王可派公孙大夫为监军，随田将军出征，监督田将军。"

宣王道："田将军与公孙大夫互有成见，公孙大夫做监军不合适吧。"

邹忌说："正因为他们互有成见，他们无论谁，都不敢瞒着大王。"

宣王认为邹忌的话有道理，命公孙阅为监军，随军出征。

踌躇满志的公孙阅来到田忌的大帐，他向田忌施礼后，笑道："田将军，没想到吧，大王派我来做你的监军。"

"一定是邹忌举荐你的吧？"田忌淡淡一笑。

公孙阅没有回答，他微笑着坐在席垫上，漫不经心地对田忌道："田将军可知道监军的权力？"

"每一个士兵都知道。"田忌不耐烦地说。

"既然如此，我想知道田将军收复边城的作战方案。这不过分吧？"

田忌说："我还没想好。"

"大军已经集结，大将军不可能没想好。"公孙阅冷笑道。

"此次出兵过于仓促，没想好很自然。"

"将军说的似乎很有道理……"公孙阅说着站起身，"我不强迫你，你何时想好，何时告诉我。请将军给我安排一顶营帐，我在我的营帐等你。"

公孙阅离开王宫后，孙膑打算让钟离春扮成仆役进宫，寻找机会规劝宣王，他特意为此占了一卦。田忌府客厅，孙膑端坐席上，手里握着一把卜筮用的蓍草，他的面前放着一四方木盘，盘中蓍草摆着两个卦形：左为"渐"卦，右为"蛊"卦。田忌坐在孙膑一旁，紧盯着木盘中的卦形。只见孙膑变动"渐"卦下端的一根蓍草，初六爻变为阳，卦形变为"家人"，随后连续变换，"家人"变"小畜"，"小畜"变"中孚"，"中孚"再变"履"卦，"履"卦再变"睽"卦。

当孙膑放下手中所有蓍草，望着卦盘，似自语，又似对田忌喃喃道："鸿雁飞落在高陵上，虽有九三与六四阻隔，九五、六二情投意合，鸳鸯即使一时被拆散，最终仍将重新聚首……结局吉利，钟离春可以进宫。"

"可是……这一卦可是反客为主，如果大王看上钟离姑娘……"田忌忧心忡忡地看着孙膑，"不如换一个女人吧。"

"没有第二个女人能承担如此重任。"

一阵沉默。

是夜，孙膑找到钟离春向她说明了自己的想法。钟离春脸一沉，语气决绝地说："你别说了，你就是说破天，我也不去。让我杀人可以，让我劝人不行，劝说齐王我更不行。"

孙膑反复对她说明道理，钟离春就是不答应。孙膑无奈，要给钟离春下跪，钟离春心疼他的腿，退让一步，答应进宫，但提出一个条件，要装扮成丑女进宫。

"那怎么可以，丑女进不了王宫。"孙膑不同意。

钟离春说："我自有办法进宫。"

"丑女即使进宫，也无法接近大王。"

"我有办法接近大王。"

"即使接近大王，丑女的话大王也听不进去。"

钟离春有些愠怒，说："照你的意思，我必须打扮得漂漂亮亮，然后大王一眼看中我，收我做王妃。"

第二十三回　反客为主

孙膑一怔，嗫嚅道："这……怎么会呢……"

钟离春冷哼一声，说："怎么不会？大王既然好色，见了漂亮的女人必然想占为己有。"

孙膑片刻无语，然后问道："可是……你若打扮成丑女，大王见都不愿见你，你如何劝说大王？"

"我说过，我有办法。"

钟离春把自己打扮得奇丑无比，自称无盐女，到王宫应招做女仆。负责管理王宫杂事的国寺人嫌她长得丑，不肯收。钟离春说："王宫招的是仆役，不是王妃，只要能干活就行，长得美丑有何妨碍？"

国寺人"哎哟"一声嚷道："王宫是大王住的地方，凡是女人，不论是王妃还是仆役，长相都要美，大王看在眼里才舒服。如果我收下你这个丑女，大王一见就厌恶，怪罪下来，我可担待不起。"

钟离春哭着缠住国寺人，说她不见大王一面，死也不回家。国寺人被缠不过，答应给大王说一声。

齐宣王正在和美玉、佳女下棋，听说从无盐来的丑女要见他，不耐烦地对国寺人道："国寺人，此等小事还用得着打扰寡人，你这官是不是越当越糊涂了？难道这世上像样不像样的人，都可以见寡人吗？把那个丑女人赶走！"

美玉突然心血来潮，非要见丑女不可，她想看看丑女到底有多丑。

国寺人把钟离春带到齐宣王面前，齐宣王看了钟离春片刻，不由笑出声来："真是够丑的了。"

"我如果长这么丑，就一头撞死。"美玉也啧啧笑道。

佳女独出心裁，说："我如果是丑女，就时时陪伴美玉姐姐，丑女伴美女，更能显出姐姐的美丽。"

美玉认为"丑女伴美女"的确有意思，便请求宣王把钟离春留在王宫。宣王拗不过，只好同意。

钟离春向齐宣王告退的时候，转身的样子令宣王感到眼熟，他叫住钟离春，打量片刻，也没想起在什么地方见过。钟离春曾经在郊师府中救过齐宣王，虽然当时她扮作宫卫，但毕竟和齐宣王有过一面之交，于是，钟离春再转身的时候，便小心翼翼起来。

禽滑对钟离春进宫忧心忡忡，他对孙膑道："孙先生，钟离春进宫这步棋，可是够险的……我有一种预感，钟离春将做王宫的主人，我为此占过一卦，卦上就是这么说的。"

孙膑听了禽滑的话，也暗自担忧，脸上却装作无所谓的样子，道："禽先生多虑了，大王根本看不上一个丑女。"

这一天，钟离春正打扫王宫庭院，齐宣王和美玉、佳女以及众多宫女游玩归来路过此处。钟离春放下手中扫帚，向齐王扬目、露齿。齐宣王不由驻足，好奇地看着钟离春。

美玉微皱眉头，对钟离春说："丑女，你这个样子就更丑了，别这样。"

钟离春停止扬目和露齿，一再举手，然后轻拍手腕，对齐宣王道："危险吧？危险吧？"

美玉对她说："丑女，你今天是怎么了，这个样子也不好看。"

齐宣王笑了，对钟离春打趣道："丑女，你是不是想逗寡人一乐，让寡人喜欢你？"

"贱女根本没有此意。"钟离春淡淡回答道。

"那你为何要做这些古怪的动作？"

"别人都说大王聪明，我想以此考一考大王……请问大王，贱女方才的动作是什么意思？"

"嗯……寡人没留心，你再为寡人做一遍。"

钟离春再次扬目，露齿，然后一再举手，轻拍手腕，问道："危险吧？危险吧？"

齐宣王想了想，道："寡人不知道。"转身问佳女，"佳女，你知道吗？"

佳女摇摇头。

齐宣王又问美玉："美玉，你呢？"

第二十三回 反客为主

美玉不屑道："大王，她这些怪动作根本没什么意思，她只是想借此接近大王。"

佳女若有所思道："不，丑女这些动作有意思。"

齐宣王思索片刻，对钟离春道："丑女，你这些动作到底是什么意思呢？"

钟离春有意卖关子，说："大王如此聪明，竟然也被贱女考住了。"

齐宣王冷笑道："你别得意，你这两下子，考不住寡人。"

钟离春说："三天之内，大王能告诉贱女答案吗？"

齐宣王笑道："用不了三天，最晚明天，寡人就告诉你答案。"

夜深时分，王宫上下除了值夜的宫卫，大都入睡了。齐宣王还没想出答案，他如着魔一般坐在席垫上，一遍又一遍地学着钟离春的样子，扬目，露齿，一再举手，然后轻拍手腕，自语道："危险吧？危险吧？"

美玉走到齐宣王面前，催促宣王说："大王，睡吧。"

齐宣王没理她，再次扬目，露齿。

佳女走过来，对宣王说："大王，臣妾怀疑丑女是巫女。"

齐宣王一怔，停止动作，问："何以见得？"

佳女说："她的那些动作是巫术，所以大王才废寝忘食，如着魔一般。"

齐宣王摇头道："白天寡人问过太史，他说这不是巫术，是隐语。"

美玉问："大王没问太史，这些隐语是什么意思？"

齐宣王道："太史也说不上来。"

美玉恨恨地说："这个该死的丑女，明天我就赶她走！"

"你不能赶走她，若赶走丑女，"齐宣王道，"她一定小瞧寡人，以为寡人想不出答案，才把她赶走。今夜就是不睡觉，寡人也要想出答案。"

佳女想了想，说："大王，臣妾有个主意，可使大王不用苦思冥想，就可以得到答案。"

齐宣王问她什么主意，佳女答道："明日大王可以上朝，用丑女的隐语考一考朝中大夫，答对了，给予重奖，然后大王再用他们的答案回答丑女。"

"如果朝中大夫也答不出来呢？"美玉问。

佳女笑道："如果他们都答不上来，大王便可以此堵住他们的嘴，让他们不要自以为是，动辄就对大王所为议论纷纷。"

齐宣王点头称赞，认为这是一个好主意。

第二天，齐宣王准时上朝，对堂内的大夫们道："寡人前些日子身体不适，没能上朝，寡人听说有人对此颇有非议……"说到这里，他扫了众人一眼，"寡人不想追查此事，寡人只想考一考在座的诸位，如果答上寡人所问，寡人赏金百两；如果答不上来，以后就不要自以为是，动辄对寡人的所作所为评头论足。"

高大夫说："大王，如果微臣答上来，微臣不想要百两黄金。"

齐宣王问："你想要什么？"

高大夫说："请大王允许微臣对大王直抒己见，而不怪罪。"

齐宣王答应了他的请求。

齐宣王让大夫们都看着他，然后扬目、露齿、一再举手、轻拍手腕，对众人道："危险吧？危险吧？"动作完毕，宣王问众人："方才寡人这些动作是隐语，你们谁知道这段隐语的含义？"

大夫们都不知如何回答。

"怎么，朝中就没有一个聪明人？"齐宣王看了看众人。

众人沉默不语。

齐宣王直接对高大夫道："高大夫，你不是很想得到寡人的奖赏吗，为何不说？"

高大夫想了想，说："微臣虽想得到大王的奖赏，但不知对隐语理解得对否。"

"不对也无妨，说吧。"

"扬目是指看得远；露齿是指说话声音大；一再举手是指力大无穷；轻拍手腕是指可替人做事；高喊'危险'，是指做事要谨慎。"

第二十三回　反客为主

退朝后，齐宣王把高大夫作的解释告诉了钟离春。

"这种解释不对。"钟离春摇了摇头，继续道："扬目的意思是代替大王察看烽火之变，国家将有战乱；露齿的意思是代替大王打开群臣之口，让他们敢于犯颜直谏；举手的意思是斥退奸佞之徒，多加举荐贤人为臣；拍腕的意思是替大王拆毁游乐饮宴之台，以崇尚节俭之风。"

齐宣王若有所思，问道："那……问'危险'又是何意？"

钟离春正色道："国家将有战乱，却视而不见，危险不危险？群臣只顾明哲保身，不敢犯颜直谏，危险不危险？奸佞当权，贤臣不举，危险不危险？沉醉于游乐饮宴，不崇尚节俭，危险不危险？大王，危险啊！"

齐宣王突然感到这个丑女不一般，凝视着她问："你……究竟是何人？"

钟离春忙垂下头，低声回答道："无盐女。"

宣王回到朝上，当着大夫们的面，复述了一遍钟离春对隐语的解释。大夫们赞口不绝，说这段解释简直就是治国良策，太精彩了！高大夫对齐宣王躬身行了一礼，说："大王，说实话，前些日子微臣看到大王不关心朝政，不分昼夜与两个王妃……"他意识到自己口误，立刻叩头道："大王，微臣该死，不该提到王妃。"

齐宣王此时自觉在众臣面前扬眉吐气一番，心里高兴，便没有计较，让他接着说下去。

高大夫脸带兴奋之色，继续道："微臣当时以为大王思无大智，胸无大计……当今天下，诸侯争霸，不思进取者，必被强者所灭，微臣深为齐国担忧……今日听大王一席话，微臣心中豁然开朗，原来大王是如此聪明之人，只要大王将这等聪明付诸行动，齐国何愁不霸！"

齐宣王被高大夫的话所感染，坦诚道："高大夫一番话，说得寡人非常惭愧……"停顿片刻，他继续说："你们可知道，这段隐语，是何人解释的吗？"

众人大惑不解地看着齐宣王。

"不是大王你吗?"高大夫问道。

"不是……"齐宣王摇摇头,"是一个女人,一个非常……平常的女人……"

"大王所说,可是真的?"高大夫难以相信。

齐宣王认真地说:"寡人身为一国之主,怎么可以说谎呢?"

"这个女人在何处?"

"就在寡人宫中。"

"是一个王妃?"

齐宣王没有回答。

高大夫说:"如果是王妃,大王就应该册封她为王后,大王不是还没册封王后吗?"

齐宣王摇头道:"她不是王妃,是一个做粗活的仆役……"

另一个大夫说:"大王,如此聪慧的女人,怎么能让她做仆役呢?应该封她为王妃,不,王后!"

高大夫点头道:"大王,若有这样的王后辅佐大王,齐国必将称霸于诸侯!"

"可是……"齐宣王犹豫片刻,为难地道,"可是这个女人长得……丑了一些……"

高大夫说:"王后要内主王宫之事,外晓国家安危,应该是一个聪慧的人,相貌只在其次。"

旁边的大夫补充道:"大王宫中,美貌的王妃宫女成群,喧哗争宠者不乏其人,若无一个聪慧的女人主管后宫,大王将不得安宁啊。"

齐宣王还是犹豫不决,他问一直没开口说话的邹忌:"邹相国,你说呢?"

邹忌也不想让公孙阅送给大王的美女为所欲为,他应答道:"高大夫他们说的很有道理,王后应该是一个聪慧的人,相貌只在其次。"

齐宣王终于定下决心,封钟离春为王后。

第二十三回 反客为主

齐宣王的决定，令孙膑和钟离春目瞪口呆！他们惊慌失措，不知如何是好。难道两人之间这么多年的情感就要付之东流了吗？钟离春自是极不情愿，急得团团转，"孙先生，赶快想个办法吧……"她对孙膑说，"若实在没有办法，我只好离开王宫。"

孙膑来回踱了几步，摇头道："不行，如果你离开王宫，我们将前功尽弃。"

"要不……我们就把真情告诉大王。"

"更不行，欺骗大王，不但我们难逃干系，就是田将军一家也将受到我们的牵连。"

钟离春急躁地说："这不行，那不行，难道只有我嫁给大王才行吗？"

孙膑不知如何回答。

"先生，你倒是说话啊！"钟离春催促着。

孙膑进退两难，过了许久，才艰难地开口道："或许这是命……天命难违，只有嫁给大王了……你当了王后，就可以把公孙阅的美女……"

未听他说完，钟离春扬手一掌打在孙膑脸上，气愤地吼道："孙膑，你是不是早有此意，故意让我钻你的圈套？我早就看出了，你不想要我，想把我甩掉！"

孙膑恨不得把心掏出来给钟离春看，他对钟离春道："钟离春，我就是死也绝不会这样！这么多年来我们生死与共，患难相处，我从心里喜欢你……"

泪水在钟离春眼眶中转动，她气哼哼地问："那你为什么迟迟不娶我？如果你早娶了我，我就不会去当什么狗屁王后了！"

"钟离春，难道我就不想娶你吗？"孙膑发自肺腑地说，"是庞涓害得我们颠沛流离，连一点安稳的时间都没有，我没有机会娶你……我本打算这次回到齐国，一待安顿下来，就办婚事，可是，没想到遇到了这种事……"

泪水从钟离春眼中潸然而下，她一把抱住孙膑，哭着说："先生，我不能没有你，不能……"

孙膑的脸颊也挂满了泪珠，他轻轻地抚摸着钟离春的肩头，喃喃道："我也不能没有你……可是，看到我们的故国，被公孙阅，还有那两个该死的妖女搞成这样，我实在想不出别的办法……对你我二人来说，这样的结局，是我们最不愿看到的……可对齐国，对田将军，以及希望齐国强大的臣民百姓来说，这个结局……应该说……是最好不过了……一个聪慧的王后，足以降服淫荡的妖女，使大王摆脱邪恶的纠缠，疏远嬖幸佞臣，亲近贤人良才，使齐国振兴……钟离春，我不强迫你，也不愿强迫你，你看着办吧……如果，你认为我们的婚事，比齐国，比齐国的百姓，比田将军、禽先生这些肝胆相照的朋友都重要，我就跟着你走，到一个没有人烟的地方，过我们自己的生活……"

窗外是宁静的夜空，夜空中高挂着皎洁的圆月。

钟离春默然，久久地沉默。

册封王后的那天，齐宣王和他的王妃们都聚集在后宫，等待换装的钟离春。美玉一脸轻蔑之色，低声对佳女道："丑女当王后，天下奇闻。"

佳女低声附和道："以后有她哭的时候。"

齐宣王虽然宠爱美玉和佳女，但在大庭广众之下他也不愿意她们对新封的王后议论纷纷，尤其是不愿人议论王后丑！封了一个丑王后，在齐宣王心里本来就隐隐地是一块病，他扭头用眼神制止了美玉和佳女的议论。

"大王。"一声轻柔而又有几分熟悉的声音传来，齐宣王回过头看向前方，他突然愣住了。身着王后盛装的钟离春在两个宫女的陪伴下来到后宫大殿，她第一次露出光彩照人、雍容大气的真面貌。齐宣王惊呆了！美玉和佳女也惊呆了！在场的王妃宫女都惊呆了！

钟离春缓步来到齐宣王面前，施了一礼，轻声说："见过大王。"

齐宣王打量了钟离春很长时间，叹道："王后，寡人没想到你如此美丽……"随后齐宣王高声赞道，"这才是寡人的王后，齐国的王后！"

齐宣王握住钟离春的手，走到众王妃面前，对在场众嫔妃宫女高声道："从今以后，后宫上下，一切要听从王后之命，若有抗命者，王后可随意

第二十三回 反客为主

处置!"

  按:"反客为主"是三十六计中的第三十计。该计的意思是:由客变主,力争主动。孙膑为破"美人计",派钟离春进宫,用隐语劝说齐王,齐王看中钟离春聪慧,欲封钟离春为后,孙膑为国家放弃个人情感,劝说钟离春反客为主,成为王宫的主人,变被动为主动。欲知钟离春如何对付在宫中作祟的美女,请看下回:"指桑骂槐"。

第二十四回　指桑骂槐

晚上，后宫寝室内烛光通明，齐宣王在烛光下反复打量钟离春，越看越美，他好奇地问钟离春："王后，你有如此美貌，为何要扮作丑女进宫呢？"

钟离春自是不能透露真实想法，便说："大王宫中美女如云，臣妾若不装扮成丑女，能引起大王的注意吗？"

"因为装扮丑女，王后险些进不了王宫，多亏美玉留下了王后。"

"臣妾不会忘记美王妃的恩德。"钟离春淡淡一笑。

"寡人也非常喜欢美玉、佳女，"齐宣王说着，看了看钟离春，试探性地问，"寡人希望王后对待她们如姐妹一般，可以吗？"

"可以。"钟离春敷衍道。

齐宣王让钟离春宽衣歇息，钟离春说她有个请求，她对齐宣王说："臣妾希望大王以治理国家为当务之急，以选贤任能为首要大事，不再贪图安逸，沉醉于内宫美色之中……"

齐宣王随口答应，然后再次催她歇息，钟离春说她的话还没说完，齐宣王问她还有何事。钟离春说："大王振兴齐国之前，暂且不能受用臣妾之身……"

"这是为何？"齐宣王道，"王后是不是担心寡人因为迷恋王后的美色，再次耽误国政？"

钟离春摇摇头，然后问："大王听说过越王勾践卧薪尝胆，灭吴复国的故事吗？"

"听说过，越王勾践为灭吴复国，夜卧柴草，日尝苦胆，如果寡人处

第二十四回　指桑骂槐

在勾践的境地，也能做到卧薪尝胆。"

"越王最难能可贵的还不是卧薪尝胆。越国有绝色美女西施，越王本可以将她留在身旁，但越王没有，他把美貌的西施送给了吴王……越王如此克制自己的欲望，将全部精力用于国事，越国能不复兴吗？"

齐宣王若有所思。

钟离春接着说："臣妾之所以恳求大王暂且不受用臣妾之身，是想表示振兴齐国的决心，这不但是对大王，也是对臣妾……"她看了看齐宣王，"大王，齐国振兴之时，我们再尽情享受夫妻之乐好吗？"

齐宣王欣慰道："王后，难得你为了寡人的国家，如此良苦用心，寡人答应你。"

钟离春如释重负，说："还有，前些日子，大王积下的奏册太多，不处理完这些奏册，大王暂不要到嫔妃住处过夜，好吗？"

齐宣王笑道："王后放心，王后能为振兴寡人的国家如此苛求自己，寡人身为一国之主，为何不能？"

齐宣王听从钟离春的劝告，以国事为重，勤于朝政。他对朝中大夫道："凡犯颜进谏者，指出寡人的错误，寡人给予重赏；凡有才能者，寡人量才而用；凡举荐贤人者，寡人敬为上宾。"

孙膑进宫来见齐宣王，齐宣王大悦，他当即封孙膑为军师，并听从孙膑的意见，命田忌撤兵，待时机成熟，再收复边城。

随军出征的公孙阅，不知道王宫发生的变化，他不相信宣王同意撤军。田忌拿出宣王的亲笔信，公孙阅怀疑信是伪造的，要连夜骑快马回临淄问明真相。田忌对他道："公孙先生若擅自离开军营，本将军也可依照军法，对你严加惩处！"

公孙阅冷笑道："我是大王派来的监军，我的一行一动代表大王，你没权力处置我。"

田忌也冷笑着回应道："当年司马穰苴就处置过先王的监军，罪名是逾时不到。"

公孙阅知道田忌不是说着玩，他在军营中寡不敌众，怕田忌会借机除掉自己，便讥讽田忌说："田将军打仗虽然不行，没想到玩弄权术，还有一套……好，我就暂且让你得意几天。"

事后，田国对田忌说："大将军，不如趁此干掉他。"

田忌道："不能操之过急，军师有信，让我们先拖住他，回去再设计除掉他。"

齐宣王晚上忙于批阅奏册，冷淡了美玉。是夜，美玉来看齐宣王，怨气十足地说："大王有了王后，把臣妾忘了。"

齐宣王笑着将美玉搂在怀中，他指指面前堆在一起的简册道："前些日子积下这么多奏册，需要寡人处理，寡人没有时间。"

美玉拿起一卷简册翻了翻，好像很随意地问了句："王后她……她让大王满意吗？"

齐宣王点头道："当然满意，王后主管后宫，井然有条，她时时鞭策寡人，振兴齐国，寡人有如此王后，心满意足。"

美玉脸上透出不好意思的样子，说："臣妾是指王后晚上伺奉大王……"

齐宣王沉吟片刻，没说话。

"王后长得如此美貌，她伺奉大王，一定比臣妾更令大王满意……"

"她的心思不在这方面……"齐宣王轻轻叹了口气，道："她的心思全放在协助寡人，振兴齐国……"

美玉有意挑拨道："如此贤明的王后，真是难得……不过，话又说回来了，大王是个男人，一个男人如果没有女人的……陪伴，绝不会身心愉快……大王，臣妾去找王后，跟她说说这个道理。"

齐宣王不让她去找王后，让她留下来陪他过夜。美玉"唉"了一声，说："臣妾可不敢，臣妾害怕王后看见，怨恨臣妾……不过呢，如果大王到臣妾的住处，王后眼不见，心不乱……"她看了看齐宣王，故意地说："算了，就当臣妾没说，耽误了大王的政事，臣妾担待不起……"

第二十四回　指桑骂槐

美玉说完,扭着曼妙的身姿走了。

齐宣王望着美玉的身影,难以自持,自语道:"下不为例。"说着,站起身跟了出去。

齐宣王在美玉的睡榻上重温温柔梦。美玉紧紧搂着齐宣王,撒娇地说:"大王,你能天天睡在臣妾身边吗?"

齐宣王道:"寡人要处理许多国事,不可能与爱妃天天晚上欢愉。"

美玉还是缠着齐宣王,说:"只要大王晚上不处理国事,就到臣妾这里,好吗?"

齐宣王点头答应,然后紧紧将美玉搂在怀里。

事后,美玉对佳女不屑地说:"我本以为无盐女有多么高的手段呢,没想到她根本不会愉悦男人,不会愉悦男人的女人长得再美,男人也不会留恋她。"

钟离春得知齐宣王去美玉那里过夜,责问齐宣王说:"大王,你忘记振兴齐国的誓言了吗?"

齐宣王轻咳一声,道:"没有。"

"那为何未处理完奏册,大王就前往美王妃处过夜?"

"美王妃身体不适,寡人去看望她。"

钟离春通情达理地说:"大王,男欢女爱,人之常情,臣妾只敢苛求自己,不敢苛求大王,但是我们有言在先,国事第一,欢愉其次。若言而无信,齐国怎能振兴?"

"王后,下不为例,好吗?"

"大王是一国之主,大王说了算。"

"后宫之事,还是王后说了算。"

"大王既然如此之说,臣妾将对宫中嫔妃约法三则。"

第二天早上,钟离春把宫中的嫔妃们召集起来,对她道:"如今齐国,外有强敌，内有叛乱，为使大王集中精力处理朝政之事，本后对后宫嫔妃约法三则：第一，大王夜间若有奏册待批，不得干扰大王；第二，大王疲惫之时，不得留大王过夜；第三，留大王过夜，不得耽误大王早朝。若有违约者，宫法处置，严惩不贷。你们听明白了吗？"

"如果大王未批完奏册，却非要到臣妾房中过夜不可，臣妾怎么办？"一个嫔妃明知故问道。

"劝大王回去。"钟离春平静道。

"大王若不听呢？"

"派人告诉本后，本后劝大王回去。"

"若大王也不听王后的呢？"

"大王是明君，晓之兴国之理，动之强国之情，大王不会不听。"

另一嫔妃有意难为钟离春，问："若是大王强迫臣妾违背王后的约法，王后应该处置谁？"

钟离春道："大王言而有信，大王已赞成约法三则，大王不会违背自己的诺言。"

嫔妃话中有话，说："大王是男人，男人离不开女人，若大王身边的女人不会伺奉大王，大王将难以自已，违背王后的约法……若是这样，王后又该如何处置？"

钟离春脸色沉下来，道："不用你操心，我自有办法。"

美玉根本不把钟离春的约法放在眼里，她对佳女道："今晚我去找大王，看她敢把我怎么样！"

佳女劝道："姐姐最好不要直接与王后对抗，她毕竟是后宫之主，闹僵了，大王也不好为姐姐说话。"

美玉冷冷一笑，说："我不直接和她对抗……我要让大王来找我，看她敢把我怎样？"

晚上，佳女受美玉之托来见齐宣王，宣王正在批阅奏册，佳女说："美玉本想与臣妾一起来看大王，可是……"她把后面的话咽了回去。

第二十四回　指桑骂槐

齐宣王搁下手中笔，问："她是不是也害怕约法三则？"

佳女摇摇头，说："不是，她病了。"

齐宣王心中一动，关切地问："请太医看过了吗？"

"不用请太医，她是想大王，她一天不见大王，就吃不下睡不香……一个女人吃不下睡不香还能不病？"佳女偷偷看了眼齐宣王，继续说，"如果大王今晚能在她那里住上一夜，她的病自然会好。"

"寡人还有这么多奏册没有批阅，怎好离开……"齐宣王很为难。

"大王别为难，我回去告诉美玉，让她再等两天……"佳女叹了口气，"美玉也真是，她对大王太痴心了，人痴就是病……"

佳女这么一说，齐宣王再也坐不住了，他放下奏册去看望美玉。

美玉一见宣王来了，便扑到他怀中。

齐宣王关切地问："美玉，你的病怎么样？"

"大王，臣妾的病是思念大王而得，大王一来，臣妾的病就好了。"美玉说着，拉着齐宣王的手来到睡榻前坐下，"大王，今夜臣妾一定会让大王格外满意。"

齐宣王道："美玉，寡人今夜不能睡在你这里，寡人陪你坐一会儿就回去，还有很多奏册等待寡人批阅。"

美玉紧紧搂着宣王说："还有明天呢，大王明天再批阅也不为迟。"

"今天的事必须今天做，否则，国家怎么能振兴？"

美玉松开齐宣王，故意置气，说："大王，臣妾知道大王是害怕王后，若真是这样，臣妾决不为难大王，臣妾放大王回去。"

齐宣王心中不悦，道："寡人是一国之主，怎么会害怕她？"

"王后约法三则，大王明明喜欢臣妾，却不敢留在臣妾这里过夜，不是害怕是什么？"

"寡人这不是害怕，这是维护王后的威严。"

美玉不高兴地噘着嘴："大王只在乎王后的威严，却不在意臣妾的情意，臣妾若没有大王的恩爱，食之无味，睡之无眠，活之无趣……算了，对大王说这些也没用，大王有数不尽的嫔妃，还有如此美貌的王后，有没有美玉都无所谓……大王，你走吧……"

齐宣王无言地看着美玉。

美玉看了看宣王，说："大王，走吧，王后不让大王在嫔妃们处过夜，是想把大王留在她的身边……王后也需要大王……"

闻言至此，齐宣王眼里闪动着欲火："不，她不需要，不需要……"

他说着抱起美玉，把她放倒在睡榻上……

早晨的太阳已经很高了，齐宣王和美玉仍交臂相卧，酣睡不醒。一个宫女叫醒美玉，告诉她已经到了大王上朝的时间。美玉看看躺在身旁的齐宣王，自语道："我就是不叫大王起来，看她敢把我怎么样？"

宣王迟迟没有上朝，大夫们难免不议论纷纷。高大夫说："大王勤于朝政没几天，又生惰意，不知何故？"

国大夫道："也许大王今日的确身体不适。"

晏大夫说："昨日我送奏册于大王，大王还好好的，怎么会突然身体不适呢？一定又是昨晚欢愉过度。"

国大夫说："我听寺人说，王后对嫔妃约法三则，谁若因留大王过夜耽误早朝，严惩不贷。"

高大夫道："能使大王乐不思政者，一定是大王所宠爱的嫔妃，王后虽然聪慧，可毕竟是个女人，又是新做王后，约法三则只是说说而已，。"

国大夫叹道："如此说来，王后对美色也是无能为力了……"

大夫们议论了很长时间，齐宣王终于上朝了。

齐宣王一离开后宫，钟离春立刻命寺人把嫔妃召集起来，她一脸杀气，对嫔妃们道："前天本后才公布约法三则，昨夜就有人明目张胆地违背约法，不但打扰大王批阅奏册，还诱使大王过夜，耽搁大王上朝，本后若放任不管，嫔妃们便人人效仿，大王沉于美色，岂能全心处理朝政？齐国又何时才能振兴？"她扫了美玉一眼，"因此，本后必须对违约者，以宫法惩处！"

第二十四回　指桑骂槐

美玉满脸不在乎，对钟离春说："王后，昨夜之事，不是臣妾去找的大王，而是大王来找的臣妾，王后若要处置，应该处置大王，不该处置臣妾。"

钟离春问："美王妃，你若不让佳王妃对大王谎称有病，大王能去吗？"

美玉回答说："能去。大王说，臣妾知道如何伺奉大王……而有的人却不会……"说着，她斜了钟离春一眼。

钟离春欲怒又止，又问："那么，今日耽误大王早朝，又是怎么回事？"

美玉以为钟离春的气势被自己一番话压了下去，得意地说："大王昨夜因为喜欢臣妾，睡得太晚……这也难怪，大王多日得不到女人体贴，见到臣妾自然就倍感愉悦，所以，臣妾不忍心叫醒大王。"

钟离春接着问："这么说，是因为你没叫醒大王，大王才耽搁上朝的了？"

美玉微笑着答道："当然了！"

一旁的佳女拉了美玉一下，低声道："别承认……"

此时的美玉根本没把钟离春放在眼里，她装作没听见，继续漫不经心地说："大王为了国家，如此劳累，多睡一时，有什么可大惊小怪的，不就是早朝吗，让那些大夫多等一时也就是了……"

钟离春打断她的话，道："好了，别讲了，本后都明白了。"她对立在身旁的几名寺人道："把美王妃拉出去，乱杖击毙。"

众人不由一愣。

两位寺人上前架住美玉，美玉这才反应过来，惊慌地问："王后，你想干什么？"

"本后已经说过了，"钟离春一字一句道，"拉出去，乱杖击毙！"

美玉又惊又气，挣扎着喊道："你……你未经大王许可，不能对臣妾……无礼！"

"后宫之事，不用经过大王。"钟离春冷哼一声，命令寺人把美玉拉出去。

美玉哭喊着："无盐女，你这是嫉妒，嫉妒大王喜欢我……无盐女，你这是嫉妒……"

佳女跪在钟离春面前，为美玉求情。嫔妃们纷纷跪倒在钟离春面前，求钟离春饶恕美玉。钟离春扫了她们一眼，凌厉问："你们什么意思？是不是让本后的约法三则形同虚设，然后你们也好如美王妃那样，违背约法而不受处罚？"

佳女说："王后，大王宠爱美王妃，王后不经大王恩准，便处死美王妃，大王不会不管不问。"

钟离春语气一转，道："你是用大王威胁本后吧？"

佳女忙说："臣妾不敢威胁王后，臣妾是提醒王后，等大王回来，再处置美王妃更为妥当。"

钟离春道："那好，下次你违背约法时，本后再等大王回来处置你，这一次，本后话已出口，绝不收回。"

朝中大夫听说王后因美玉耽误大王早朝，将美玉乱杖击毙，赞口不绝。高大夫赞叹道："这个王后，真了不起！以后那些嫔妃们决然不敢再用美色纠缠大王……了不起！真了不起……"

孙膑正从他身旁走过，高大夫一把拉住孙膑，问："孙先生，你说呢？"

孙膑发自内心地感慨说："当然了不起，如此王后，可胜千军万马！"

齐宣王对美玉的死怒不可遏，他质问钟离春："王后，你未经寡人恩准，便将寡人的爱妃杖毙，你眼里还有没有寡人？！"

钟离春不温不火，回答说："大王已经恩准过了。"

"胡说！寡人根本不知道此事，何时恩准？"

"臣妾制定约法三则时，便得到大王恩准：凡违背约法者，宫法处置，严惩不贷。"

齐宣王一时哑然，片刻后道："那是对一般嫔妃，美玉是寡人的爱妃，不能与她们同论。"

钟离春说："大王并没说过，爱妃就可违背约法，也没说过，爱妃违背约法不以宫法处置。"

第二十四回　指桑骂槐

齐宣王支吾道："寡人是没说过……可是，你身为王后，应该知道美玉在寡人心里的位置。"

钟离春淡淡地说："臣妾当然知道，大王若有美王妃陪伴，可以忘记一切，包括朝政之事与齐国的振兴，所以美王妃才不把约法放在眼里，任意践踏，臣妾若不处置美王妃，宫中嫔妃将纷纷效仿，纠缠大王，大王如何处理国事，振兴齐国？"

齐宣王无言以对。

钟离春接着说："大王若不想振兴齐国，臣妾可向大王认错，并以臣妾的性命，抵偿美王妃的性命。"

齐宣王立刻妥协下来，道："寡人绝无此意，寡人的意思是……你应该等到寡人退朝之后，再处置美王妃。"

"大王，臣妾性急，一刻也容不得践踏约法者逍遥法外，大王若认为臣妾的性格不适合做王后，可以将臣妾逐出王宫。"

齐宣王为了自己的王位，为了自己的国家，需要钟离春，他只好默认了钟离春的所为。

从此之后，嫔妃们再也没人敢违背钟离春的约法了。

　　按："指桑骂槐"是三十六计中的第二十六计，通俗的解释就是"杀鸡儆猴""敲山震虎"。古往今来，军队的将帅们常用此计树立威严，严明军纪；大国往往以此威慑小国就范。钟离春"指桑骂槐"，杀美玉，威震后宫，使众嫔妃不敢不听令于钟离春。欲知后事如何，请看下回："连环计"。

第二十五回　连环计

公孙阅回到临淄，听说齐宣王新封了一个仆役出身的丑女为王后，这个王后还强势做主杀了美王妃，心觉必有蹊跷。不论这个女人是如何进宫的，察其所作所为，如果背后没有一个足智多谋的人为她出谋划策，她不可能说出如此奥妙的隐语，更不可能从一个仆役成为王后。公孙阅隐约觉得这背后有孙膑的影子，他甚至怀疑这位神秘的王后就是钟离春。为此，他一度潜入王宫，窥视究竟，被钟离春发觉。

钟离春不敢怠慢，悄悄离开王宫，到田忌府中报告孙膑等人。禽滑推断公孙阅第二天就会发难，上告孙膑和钟离春有欺君之罪。面对这突然的变化，大家一时束手无策。孙膑让钟离春先回王宫，向齐王说明真情，稳住齐王，再定对策。

钟离春回到王宫，对齐宣王盈盈施礼道："大王，臣妾做了一件错事，请大王原谅。"

"何事？"齐宣王好奇地问。

"大王先说原谅臣妾，臣妾再说。"

"好，寡人原谅你，说吧。"

"大王，臣妾的名字不叫无盐女，叫钟离春，臣妾犯有欺君之罪……"

"不就是一个名字吗，有什么欺君不欺君的……"齐宣王无所谓地笑道，随即他突然想到什么，追问道："你说什么，你叫什么名字？"

"钟离春。"

齐宣王打量着站在面前的钟离春："你就是那个艺高胆大，在万军之

第二十五回 连环计

中活捉庞涓，逼其退兵的钟离春？"

"不错，正是我……上次公子郊师欲害大王，装扮成宫卫，救大王出郊师之府的也是我。"

齐宣王面带兴奋之色，道："对了，对了，我就说为何一见你就眼熟呢，原来你就是寡人的救命恩人……钟离姑娘……不，王后，你为何不早告诉寡人呢？"

钟离春答道："臣妾曾是田将军府上的人，又跟从孙先生漂泊国外，臣妾若用真名，害怕邹忌与公孙阅知道后，在大王面前说三道四……"

"王后多虑了。"齐宣王打断她，道："王后进宫是为了振兴寡人的国家，无论何人说三道四，寡人都不会相信。"

第二天上朝，公孙阅果然向孙膑发难，上告孙膑和钟离春有欺君之罪。齐宣王对公孙阅道："公孙大夫，你方才所说，王后已经告诉寡人了，王后是为劝寡人振兴齐国，才隐姓埋名，王后不但无罪，而且有功。"

"王后还有许多事瞒着大王，比如，她与孙膑的关系……"公孙阅说着，斜了孙膑一眼。

"王后也对寡人说了，孙膑是她的好朋友，即便王后不说，寡人也知道。"

"大王，王后不仅仅是孙膑的好朋友……"

"孙膑还是王后的老师，这一点王后也说了。"

公孙阅干脆和盘托出，说："孙膑不仅是老师，还是王后的相好。"

朝中大夫闻此，一阵窃窃私语。

齐宣王脸带愠怒之色，道："公孙大夫，朝中乃议政的地方，不可胡言乱语，更不可污蔑王后。"

公孙阅说："大王，微臣不是胡言乱语，微臣有证据在手。孙膑与王后在外颠簸，形影不离，外人都说他们是一对夫妻。"

这时，孙膑开口道："大王，公孙先生所说，皆不实之词，王后乃独来独往之人，并未与微臣在一起，更谈不上形影不离。"

公孙阅冷笑着说:"孙膑,你可以不承认事实,但我有证人,韩国太子,申大夫,司马大夫,吴将军……他们都可以作证。"

孙膑平静道:"公孙大夫可以把他们之中任何一人请来,他们若能证明公孙大夫所言,孙膑愿为大王随意处置。"

公孙阅不屑地笑道:"你知道他们来不了,才如此之说……不过,你不要得意,我会把证人找来的。"他说着扫了一眼沉默不语的邹忌。

邹忌装作没看见,仍沉默不语。

孙膑对公孙阅道:"我随时恭候公孙大夫。"

"好了,你们别争了!"齐宣王不耐烦了,"寡人不许你们再如此胡言乱语,诋毁王后!若无他事,退朝!"

退朝后,孙膑、田忌和禽滑在一起商量,禽滑认为公孙阅与邹忌不除,钟离春的潜在危机会一直存在。田忌则认为公孙阅与邹忌不一样,公孙阅是唯恐齐国不乱,而邹忌并不想出卖齐国,他只是因为嫉妒,才沦落到如此地步,对他们二人应该区别对待。孙膑说他有一计,既可使钟离春的危机烟消云散,又可除掉公孙阅,还可迫使邹忌让出相国一职。

禽滑按照孙膑的计策,约邹忌在一个不起眼的小客店相见。邹忌问禽滑:"禽先生约我微服来客栈,定是为钟离春的事吧?"邹忌随后笑道:"禽先生别担心,我说过,我与公孙阅不是一路人,也不是一条心,钟离春的事,我可以帮忙。"

禽滑说:"钟离春清白如水,不需要相国帮忙,我约相国到客店,是想帮助相国。"

邹忌笑道:"禽先生这话从何谈起,我现在并未遇到任何麻烦,不需要任何人的帮助。"

禽滑微微一笑,道:"孔夫子说:人无远虑,必有近忧。当年相国收留公孙阅,未曾想到他以后会凌驾于相国之上,对相国发号施令,所以现在处处受公孙阅所制,这是相国所不能忍受的吧?"

邹忌微笑着说:"禽先生多虑了。公孙阅虽然不再是我的门客,但仍是我的好朋友，再者，他的职位也不过是一个上大夫，怎么会凌驾于我这个相国之上？又从何而来对我发号施令呢？"

"相国多次当着众人的面，表白自己与公孙阅不是一路人，如果相国没有难言之隐，怎么会如此之说？"

"那只是因为对他的一些做法看不惯……"

"你身为相国，一人之下，万人之上，公孙阅又曾是你的门客，看不惯完全可以制止他，为何要多次向他人表白？"

邹忌支吾道："我……我是不愿撕破我与公孙大夫之间的情面……"

禽滑摇了摇头，说："相国不是那种为了情面，而不顾齐国利益的庸人；更不是为了个人私利，任凭国家衰败的小人。"

邹忌有些意外，片刻后道："禽先生恭维人，倒是很有一套。"

禽滑正色道："我不是恭维相国。当年相国辅佐先王时，抚琴进谏，矢志改革，励精图治，这是齐国上下有目共睹的事。田将军、孙先生虽然与相国存有隔阂，也不得不承认这些事实。田将军说，相国既然答应过先王，就不会任凭齐国内乱不止，更不会同齐国的敌人同流合污。"

邹忌实在不愿再受到公孙阅的胁迫，田忌他们既然能这样看待他，自己应该有所表示。他叹了口气，道："说起来，都怪我……怪我听从小人的挑唆，无中生有，陷害孙先生与田将军……使得我们老死不相往来……不知孙先生与田将军能不能原谅我？"

禽滑说："我约相国来此，就是受孙先生与田将军之托，他们说，过去的事可以既往不咎，眼下齐国外有强敌，内有叛乱，我们应该携起手来，共同对付齐国的敌人。"

邹忌点头道："先生说的极是。"

禽滑继续说道："齐国最危险的敌人是公孙阅，他是庞涓派来的奸细，此人不除，齐难不已。"

邹忌叹了口气，道："不瞒禽先生说，本相许多……糊涂之举，都是公孙阅所迫，本相早就想除掉他，可是因为他献美女给大王，深得大王信任，而且剑术天下无敌，要除掉公孙阅，太难了……"

"我有一计，可除掉公孙阅，但此计只有相国能办到，别人都无能为力。"

"说吧，只要本相能办到，当全力而为。"

"公孙阅虽是庞涓的奸细，可是我们手上没有把柄，相国可诱使公孙阅联络公子郊师谋反……只要拿到证据，除掉公孙阅不就很容易了吗？"

邹忌担心禽滑所说是孙膑设的圈套，让他和公孙阅相互争斗，他们好渔人得利……但他若不借此摆脱公孙阅的控制，以后怕很难再有机会。思考再三，邹忌最终答应按禽滑的计策行事。

公孙阅单独拜见齐宣王，把孙膑和钟离春的关系详细禀告给宣王，其中不免参有不实之词，他说孙膑和钟离春实际上就是夫妻，邹忌可以为他作证。齐宣王对钟离春大发雷霆，钟离春否认她和孙膑有夫妻关系，齐宣王立召邹忌进宫，与钟离春当面对质。

齐宣王绷着脸，非常严肃地问邹忌："邹相国，你说实话，你以前听人议论过王后与孙膑的事吗？"

邹忌答道："听说过……"随即对钟离春施了一礼："王后，请不要见怪，微臣不敢在大王面前说谎。"

钟离春冷冷道："不做亏心事，不怕鬼叫门，你想说什么就说什么吧。"

邹忌对齐宣王说："大王，微臣听说，王后没离开齐国之时，曾经打算嫁给孙膑，孙膑不同意，他借占卜人的口回绝了王后，王后一气之下离开了齐国……以后王后虽然多次帮助过孙膑，但再也没提过婚事。"

齐宣王问道："你怎么知道他们没提过婚事？是不是当着王后的面不敢说？"

邹忌说："微臣只是推断。王后是刚烈之人，王后若第二次向孙膑提出婚事，孙膑再次拒绝，王后早就与孙膑分道扬镳；孙膑若不拒绝，他们早就成了夫妻，如此知名之人，若结为夫妻，天下将无人不知。可天下没有这样的传闻，他们又没分道扬镳，岂不说明，他们二人早无此意。"

齐宣王脸色缓和了许多，道："相国说的有道理……"他面带歉意，

第二十五回 连环计

对钟离春说:"王后,昨天晚上寡人错怪你了,请王后不要记恨寡人。"

钟离春说:"臣妾怎么会记恨大王呢,臣妾所恨的是公孙阅,公孙阅如此搬弄是非,不但玷污了臣妾的声名,而且损害了大王的名声,大王应当重重处置他才是。"

齐宣王沉吟道:"这也不能怪公孙大夫,你杀了美王妃,他心里有气,等他这口气过去了,就不会再与你计较了……再说,他也是你妹夫,你宽恕他一次吧。"

钟离春说:"臣妾可以宽恕他,可如果这次不处置公孙阅,朝中搬弄是非之人就会越来越多,这对大王的国家非常不利。"

邹忌对宣王道:"王后说的也是,不处置公孙阅对国家不利……但公孙阅不是有意玷污王后的名声,他的确是因为美王妃的死一时性急,所以大王不可不处置,也不可处置得太重。"

齐宣王道:"依相国之意,如何处罚为好?"

邹忌说:"降为中大夫,然后贬至偏远都邑,做一个邑宰。"

公孙阅听说自己被贬至偏远都邑,怒气冲冲质问邹忌:"相国,这是怎么回事?"

邹忌道:"我估计是王后所为。"

公孙阅问:"大王召你进宫作证,你都说了些什么?"

邹忌一脸苦相,道:"那不是作证,那是审问!我按照你我商量好的话说了,大王不但不信,反而说你是受我挑唆……"他叹了口气:"大王是被钟离春迷住了心窍。"

公孙阅不无疑惑地说:"不会吧,大王好像对钟离春存有不满。"

邹忌解释道:"那是因为当着你的面,大王是对美王妃有愧……公孙大夫,你就知足吧,若不是因为已故的美王妃,你的脑袋早就掉了!"

公孙阅冷冷地说:"哼,想要我掉脑袋,没那么容易!"

邹忌继续道:"钟离春把持后宫,你我二人若再想得到大王的信任,怕是不可能了……这一次大王从轻处置你,下一次,孙膑他们再找个借口,你我二人可能就没命了……为保全性命,只有借庞涓之力,除掉大王,让公子郊师取而代之。"

公孙阅打量着邹忌说:"相国不是一直反对公子郊师吗?"

邹忌叹道:"此一时,彼一时,若公子郊师不能取而代之,我全家性命难保。"

"好,我可以去找庞元帅,请相国在临淄广泛联络公子郊师的死党,我们里应外合,逼迫大王让出王位。"

"公孙大夫最好派个人,带着你的亲笔信去找庞涓……我一个人留在临淄,势单力薄,怕对付不了孙膑……"

公孙阅微微一笑,说:"相国的胆子真是越来越小了。"

邹忌尴尬地讪笑道:"不是胆子小,是孙膑诡计多端,我实在难以对付。"

公孙阅说:"好,我留下……不过,相国也要写一封书信。"

邹忌一怔,道:"我……我不认识庞元帅,写信有何用?"

公孙阅轻轻勾起嘴角,说:"不是给庞元帅写,而是给公子郊师,让他知道你的态度。相国是先王的老臣,相国答应辅佐公子郊师,公子郊师就会增加夺取王位的信心。"

邹忌犹豫不决。

公孙阅盯着他问:"相国是不是担心这封信,以后会成为我要挟相国的把柄?"

邹忌怕公孙阅看出破绽,忙道:"不,你我二人的命运早已连在一起,一人有难,二人危亡,谁也没必要要挟对方。"

"那你还顾虑什么?"

"不是顾虑,我是在想这信怎么写……"

公孙阅派去送信的汉子刚出临淄,便被埋伏在城外的田国劫获,公孙阅写给庞涓的信和邹忌写给公子郊师的信都落入孙膑手中。孙膑将公孙阅的信交给齐宣王,齐宣王又惊又恨,他命田忌立即包围公孙阅的家,把他

第二十五回　连环计

抓起来，五马分尸。

孙膑对齐宣王道："公孙阅剑术无敌，若包围他家，他必将如困兽般拼死一斗，这样，不但颇费周折，还将殃及王后的妹妹钟离秋，大王可传旨召他进宫，大夫进宫不可携带兵器，微臣在宫内布下伏兵，捉拿手无寸铁的公孙阅，如囊中探物。"

姜寺人奉宣王之命召公孙阅进宫时，公孙阅正在家中的院子里和儿子小春秋追逐嬉闹，看上去那么开心，那么快乐。钟离秋坐在一旁，一边缝着孩子的小衣服，一边默默地看着追逐嬉闹的儿子和丈夫，她很惬意，她从来没感到过自己的家是如此温馨。姜寺人看着如此和美的一家人，真不忍心叫公孙阅走，可王命不可违，公孙阅必须走。

公孙阅跟着寺人走入王宫，齐宣王已经离开那里，坐在齐王位置上的是钟离春。钟离春望着公孙阅微微一笑，道："公孙先生，我们又见面了。"

公孙阅冷笑道："真没想到，你当了王后。"

"你没想到的事多着呢……你知道大王为什么召你进宫吗？"

"不知道，可能是为了劝我与王后言归于好吧。"

"不是为了言归于好，而是为了兴师问罪。"

钟离春说着拍了两下手。两个宫卫架着五花大绑的送信汉子走入。公孙阅不由一怔。钟离春摆摆手，宫卫又将汉子押了下去。

钟离春淡然道："公孙先生，人赃俱获，你还有什么可说的？"

公孙阅冷冷一笑，说："你们抓不住我！"

钟离春笑道："公孙阅，别再自以为是了……召你进宫，是孙先生的计谋，大殿内外，到处埋伏着弓箭手，你若想逃，必万箭穿身。"

公孙阅警觉地扫了一眼四周，后宫窗外隐约有弓箭手的身影。

钟离春又道："你若不信，可以一试。"

公孙阅沉默片刻，缓缓开口道："钟离春，算你赢了。"

"不是我，是孙先生。"

公孙阅长叹一声，说："难怪庞涓不肯放过孙膑，孙膑的谋略，鬼神莫测！"

钟离春微微一笑，道："公孙先生，不用如此感慨，孙先生说，这次抓你只用了区区小计，不足挂齿。"

"我不是说这一次，我说的是与他数年的争斗……"

钟离春看了公孙阅片刻，道："孙先生说，除了庞涓，你是他最难对付的对手。"

公孙阅苦笑道："孙膑如此之说，公孙阅不枉此生……钟离春，我有一事相托，你能答应吗？"

"说吧。"

"我这一辈子，最喜欢的人是钟离秋，最对不起的人也是钟离秋，她是为救孙膑才嫁给我。这几年来，她虽然身在我身边，可心仍在孙膑身上，我走了后，请你帮助他们二人，让有情人终成眷属，好吗？"

钟离春沉默不语。

公孙阅看了看钟离春，又说："钟离春，我知道你心里也惦着孙膑，可你现在已是王后，你不可能放弃王后的位置。"

钟离春阴沉着脸道："公孙阅，我的事，不用你操心！"

"我不是为你操心，我是为孙膑。你在王后的位置，可以帮助孙膑成就大事……钟离春，你若真的喜欢孙膑，就应该帮助他成就大事，一个男人活在世上，没有比成就一番大事，更让他欣慰与满足了。"

"孙先生肯定能成就大事，不但我会帮他，大王，田将军，还有许多人都会帮他。"

"这么说，钟离秋的事你答应了？"

钟离春又是无言。

公孙阅叹道："可怜啊，钟离秋，我活着，你不能与孙膑成为眷属；我死了，你还是不能……"他对钟离春说："钟离春，我走了以后，请你常去看望钟离秋，这可以吗？"

钟离春点头道："可以。"

公孙阅对钟离春行了一礼，而后仰天高声道："钟离秋，带好我们的孩子！"他喊罢，突然向一旁跃起……他的头重重撞在柱子上，鲜血四溅，

第二十五回 连环计

落地身亡。

公孙阅死后，禽滑去见邹忌。邹忌对公孙阅的死拍手叫好，然后问禽滑："禽先生，为了引诱公孙阅上钩，我曾给公子郊师写了一封信，你们搜到没有？"

"搜到了。"禽滑拿出一块丝帛。

邹忌如释重负，舒了一口气："这我就放心了……"他说着上前欲拿。

禽滑迅速将丝帛收回道："相国别急，我有个条件。"

"什么条件？"

"相国已经不再适合做相国了，相国若辞去相国职位，我就把这封信还给你；若不答应，我们就把这封信交给大王。"

邹忌没想到禽滑会有这么一手，气愤得直发抖："你们……原来你们早有预谋！"

禽滑语重心长地道："我们是为相国考虑……相国为了排除异己，同魏国奸细公孙阅串通一气，即使没有这封信，我们也可以上奏大王，那样，相国全家性命难保……我们之所以这样做，就是想保全相国及全家的性命。"禽滑看了看低头不语的邹忌，继续劝道："邹相国，还是答应了吧……若相国答应，我们保证不再追究此事。"

邹忌明白事到如今，不得不从，他很不情愿地答应辞去相国之职。

按："连环计"是三十六计中的第三十五计，其意是指多计并用，计计相连，环环相扣。孙膑为根除朝中内患，先离间邹忌与公孙阅的联盟；然后利用邹忌引诱公孙阅就范；再用公孙阅一事，逼邹忌辞去相国之职。欲知后事如何，请看下回："远交近攻"。

第二十六回　远交近攻

公孙阅下葬之后，钟离春只身来到公孙阅家，看望已很久不见的妹妹钟离秋。姐妹相见本来有很多话要说，可身穿白色孝服的钟离秋呆呆地坐在睡榻上，久久无话。

见妹妹如此，钟离春心里也很难过，"妹妹，我知道你怨恨姐姐……可是公孙阅不杀不行，他危害齐国，危害孙先生……"

钟离秋淡淡地说："公孙阅早该死。"

钟离春沉默片刻，道："妹妹，以后与姐姐住在一起，姐姐照顾你，好吗？"

"我没资格住进王宫，也不想住进王宫。"钟离秋冷冷地回绝道。

钟离春一阵尴尬，然后道："妹妹，你说吧，今后你想怎么过日子，姐姐一定帮助你。"

钟离秋赌气道："我想与孙先生在一起，你能让他答应我吗？"

钟离春一怔，不知如何回答。

钟离秋轻轻"哼"了一声，道："我就知道你不能答应。"

钟离春道："除了孙先生，你想找什么样的男人，姐姐都可以帮助你。"

钟离秋冷冷一笑："姐姐，你应该知道我为什么恨你，是你让我嫁给了公孙阅！"

钟离春喃喃道："我是为了孙先生……"

"住口！"钟离秋打断她，歇斯底里地说："你口口声声说是为了孙先生，其实，你是为了你自己，你把我打发走了，你好嫁给孙先生！"

"你……你怎么能这么说……"钟离秋的话刺痛了钟离春的心。

"这不是我说的,是公孙阅说的。"

"公孙阅是为了离间我们姐妹……"

"他说的是事实,难道姐姐不想嫁给孙先生吗?"

钟离春不知道如何回答妹妹。

泪水顺着钟离秋的脸颊缓缓流淌下来。

钟离春轻轻擦去妹妹脸上的泪水,不无内疚地道:"妹妹,姐姐确实想过,如果你嫁给了公孙阅,姐姐就可以得到孙先生……可是姐姐只是想想而已,决不情愿让你嫁给公孙阅……"

钟离秋抽泣着说:"姐姐别说了,姐姐的心我都知道,我方才是说气话,我气不过我的命,为什么上天偏偏让我这么命苦……"说着又大哭起来。

看着悲痛欲绝的妹妹,钟离春爱怜地将钟离秋拥入怀中,叹口气,道:"妹妹,苦尽甜来,这一次,姐姐一定让你如愿……"

钟离春心事重重地来到田府孙膑住处,告诉孙膑她是来提亲的,孙膑以为钟离春是想离开王宫,没有答应,说现在还太早。

"不是为我,"钟离春说,"是我妹妹,她一直在惦着你……"

孙膑没想到钟离春是为钟离秋提亲,愣愣地看着她,道:"那你……你怎么办……"

钟离春勉强地笑了笑,说:"我继续当我的王后,而且是真王后。"

孙膑懵了,问:"钟离姑娘,是大王逼你这样做,还是……"

钟离春违心地说:"谁也没逼我,是我自己情愿,我觉得做王后是我最好的归宿。"

孙膑摇头道:"不,你并不情愿……告诉我,这是为什么?"

钟离春装作平淡的样子,说:"不为什么,我真的是情愿,我已经习惯了宫中生活,习惯了向所有的人发号施令,包括大王,我觉得这非常适合我的性格,我不愿改变这种生活……"

孙膑决不相信钟离春说的是心里话,对于他们在生死与共中所建立起来的情感在钟离春心中的分量，孙膑心知肚明，他看着钟离春真诚地道："钟离春，我不相信你愿意永远留在宫中，我等你。"

钟离春片刻无言，然后轻叹一口气，说："孙先生，有你这句话就够了，可是我不能……我已经答应妹妹，让你娶他为妻。"

"你为什么要答应她？难道你忘记了我们的誓言，不想嫁给我了？"孙膑简直不能相信，情绪不由激动起来。

钟离春流着眼泪说："不是……我何尝不想嫁给你，公孙阅临死前求我，把钟离秋嫁给你，我都没答应……可是，面对妹妹的眼泪与痛苦，我无法说不……是我让她嫁给了公孙阅，我对不起她……我不能让她下半辈子，再做一个苦命的女人……"钟离春擦了擦泪，然后继续说："孙先生，你就答应了吧……"

孙膑呆了片刻，随后态度坚定地道："钟离春，我不能让你白等这么多年，告诉钟离秋，我不能娶她。"

钟离秋要走了，她卖掉房子，收拾好随身携带的衣物，要到魏国去。

钟离春劝道："妹妹，你别走，我再劝劝孙先生，他会答应的……"

钟离秋淡淡一笑，说："强扭的瓜不甜，孙先生不愿娶我，强迫之下，即使在一起了也不会幸福，就像我与公孙阅……"

"孙先生不是不愿娶你，他是怕……公孙阅刚死不久，就娶你为妻，外人会说他是因为你，才逼死了公孙阅……"

"他这是借口，他即使以后娶我，别人也会这么说。"

"妹妹，我可以让大王赐婚，把你许配给他……这样，别人就不会说闲话了。"

"姐姐的一片诚心，妹妹心领了……"钟离秋真诚地对钟离春说，"可妹妹心里明白，姐姐也喜欢孙先生，姐姐为了他，如今只是假做王后……"

"绝无此事。"钟离春连忙否认道。

"姐姐你别瞒我了，我去问过田将军，这是他告诉我的。"

"我……已经改变主意了，我要做真王后……我已经告诉孙先生了……"

钟离秋沉默了一会儿,说:"姐姐,你的心真好……"

"不是我心好,是姐姐对不起你……"

"我们不提过去的事了……姐姐,这几天,我反复在想,失去的东西可以找回来,失去的情感能找回来吗?即使找回来,还能像原来那样美好吗……不会,失去的毕竟失去了,不如把那美好的情感,永远留在记忆中……"她停顿片刻,又说:"我还有小春秋,我要把他抚养成人,我与公孙阅毕竟夫妻一场,我要对得起他。"

"那……你也没有必要回魏国,留在齐国,我可以帮你……"

"公孙阅是为魏国死的,魏国应该抚养他的孩子……再说,留在齐国触景生情,容易让人想起伤心的往事……"

钟离春再也不知道说什么了,无论说什么,也很难抚慰妹妹受伤的心。

临行时,钟离秋对钟离春嘱咐说:"姐姐,我走的事不要告诉任何人,包括孙先生,我不想惊动他们。"钟离春答应了她。

钟离秋带着小春秋和公孙阅的灵牌来到魏国,庞涓亲自为公孙阅安排了肃穆的灵堂。庞涓带领他的将军们跪在公孙阅的灵牌前,他眼含泪水望着灵牌,痛哭道:"公孙先生,肝胆相照,谋略超人,剑盖天下。为我大业,生死不顾,独往齐国,智敌群雄……只可惜,一时不慎,命归九泉……此乃上天无眼,令我寸肠欲断……我欲九泉,再见先生……无奈,魏国霸业,尚未成就。先生离去,独我承担,我若离去,前功尽弃……公孙先生,九泉之下,暂且寂寞,待我成就霸业,定去相伴先生……"

庞涓哭罢,叩首拜祭。

将军们见此,不由潸然泪下。

庞涓命令手下人一定要照顾好钟离秋和她的孩子,不能有半点怠慢。

庞葱对庞涓说:"叔父,你对钟离秋不可不防,她很可能是齐国的奸细。"

庞涓叹道:"不论她是不是奸细,我都要好好照顾她,照顾好她一是为了公孙阅,二是要让跟随我们的人感到,跟着我们,无论是生,还是死,都有人照顾他们的妻子儿女,只有这样,他们才会铁心跟着我们转战南北,争霸中原。"

一日,齐宣王命田忌和孙膑收复边城,平息公子郊师叛乱。孙膑对齐宣王进言道:"公子郊师区区乌合之众,之所以敢与国家为敌,是因为有魏国做后盾。秦国乃魏国劲敌,大王可派能言善辩的说客,前往秦国游说秦王与齐国结盟,请秦国出兵进攻魏国;韩赵两国早有与齐国结盟之意,只是因为先前我国内乱,才没有立盟,大王可派使者前往韩国与赵国,确定立盟之事,然后请韩赵两国同时出兵。若三国出兵,庞涓将无暇顾及公子郊师。此外,大王再派一使者前往楚国,答应割让城邑给楚国,使楚国不再与魏国和好,魏国将更为孤立,此时我们再出兵收复边城,轻而易举。"

齐宣王问孙膑何人出使这几个国家最为合适,孙膑道:"禽滑聪慧过人,能言善辩,可出使楚国、韩国,他既能让反复无常的楚王因贪利再度反复,又可使老谋深算、优柔寡断的韩王看清利害,出兵相助。大王可命高大夫出使赵国,高大夫秉直的性格,很容易让赵王相信我们的诚意。最后,大王可命邹忌出使秦国……"

"等等。"齐宣王不解,打断孙膑:"邹忌引咎辞职,他嘴上不说,心里应当非常不满,如果让他当使者,去而不返事小,若他有意坏寡人大事,如何是好?"

孙膑笑道:"不会的,邹忌在相国位置上发号施令多年,如今做普通百姓,很不习惯,他很想找个机会显示一下自己的才能,以期得到大王的赏识,再回朝中,大王若给他这个机会,他一定会尽心尽力。"

齐宣王问:"为何非给他这个机会不可呢?寡人完全可以派别人前往秦国。"

孙膑道:"此次伐交,秦国最为重要,因为只有秦国方能与魏国抗衡,秦国出兵,才可使庞涓顾西而不能顾东。大王命失去相国职位的邹忌前往秦国,不用多言,秦王便可从中窥视到大王的胸怀。任何一个国君,只要不是糊涂的君王,都愿与胸怀大度的君王结盟,而不愿与斤斤计较的国家

第二十六回　远交近攻

为伍，这是其一。其二，邹忌会尽最大努力游说秦王，这将使秦王感到，曾与大王为敌的人也如此全力为国，可见这个国家的局势一定非常稳定。任何一个国家都不愿与危机四伏、动荡不安的国家结盟，除非这个国家另有所图。还有，邹忌说话滴水不漏，颇有大国使者的风度。所以，前往秦国的使者，非邹忌莫属。"

齐宣王由衷佩服孙膑的宽大胸怀和用人之道，同意派邹忌出使秦国。

齐国迟迟未出兵收复边城，庞涓估计齐国打算派使者游说韩、赵、楚、秦等国，共同对付魏国，他对庞葱道："这是孙膑惯用的伎俩，兵家称之为伐交。庞葱，你若是我，打算如何对付孙膑的伐交之策？"

庞葱思考片刻说："赵国与韩国惧怕叔父，叔父可派使者恐吓他们，若与齐国结盟，魏国大军将直逼他们的国都；楚王是个贪图利益又自命不凡的人，叔父可送给楚王珠宝与赞美之言，楚王就不会帮助齐国；秦国是一个贪得无厌的国家，韩国为成皋一战，送城邑给秦国，秦国还不满足，叔父可答应秦王共同瓜分韩国的土地，秦国必然不与齐国结盟。"

"庞葱，你很有长进。"庞涓满意地笑道。"不过，你太小瞧韩国与赵国了，孙膑为他们攻克上党，使韩赵连为一体，只是恐吓，阻止不了他们与齐国结盟，应该分而治之，对赵国可以恐吓，对韩国可以恩威并用，韩国的军队经孙膑训练之后，已非昔日那样不堪我们一击；而对秦国，不要轻易答应他们的条件，秦国一直想东进，不论你答应他任何条件，都无法满足他东进的欲望，只有以威相对。"

庞涓让庞葱出使韩国，他嘱咐庞葱道："韩国对我们很重要，若说服韩国与我们结盟，秦国就不足为虑，若不能说服韩国，事态会变得麻烦。"

庞葱到达韩国的时候，禽滑也到达了韩国，齐魏两国的使者都是为结盟而来，韩王一时拿不定主意，他问朝中大夫们该如何是好。

申大夫赞同履行与齐国的盟约，反对与魏国和好，他对韩王道："魏国野心勃勃，又言而无信。它一直想吞并韩、赵两国，只是东有齐国，西有秦国，才未能如愿，我们不能与这样的国家结盟。"

左大夫的意见与申大夫截然相反，他对韩王说："我不否认魏国有野心，凡是大国都有野心，只要我们善于在大国间周旋，他们就无法灭亡韩国。我们之所以答应与魏国结盟，就是为了与其周旋，使魏国没有借口对我们用兵，否则，弄得太僵，魏国真对我们动用军队，齐国内乱不止，无力帮助我们，韩国将难以御敌。"

韩王不想与魏国对抗到底，又担心魏国言而无信，他想要一个两全其美之策。

司马大夫说："大王可告诉魏国使者，若让魏国的太子申来韩国做人质，韩国便与魏国结盟。太子申是魏王最宠爱的儿子，有太子申做人质，魏国便不敢进犯韩国。"

庞涓本不想答应韩国苛刻的条件，但他听细作说齐国出使秦国的使者是邹忌，便对庞葱道："孙膑太会选人了，邹忌出使秦国，秦国肯定与齐国结盟，如果韩国再乘机兴风作浪，我们就难以对付了……先答应韩王的要求吧，以后再想办法让太子回来。"

韩国答应与魏国结盟，申大夫感到愧对孙膑和远道而来的禽滑，他特意向禽滑表示歉意。禽滑安慰他说："孙先生本来就没指望韩国帮助齐国，只要韩国不出兵帮助魏国，我此行的目的就算达到了。"

申大夫道："禽先生尽可放心，韩国虽未与齐国结盟，但朝中大夫，包括大王都把齐国当做友国，决不会出兵帮助魏国进攻齐国。"

禽滑解释道："我说的出兵，不是指帮助魏国进攻齐国，而是帮助魏国对付秦国，如果秦国出兵攻魏，韩国不出兵相助，庞涓便东西不能两顾，我们就可以乘机收复边城，平息叛乱。"

申大夫有些为难，道："秦国一向威胁韩国，如今仍占据着韩国的边城，大王做梦都想收回边城，魏国若与秦国交兵，估计大王非出兵不可。"

禽滑微微一笑，说："收回边城，未必需要出兵，只要一句话，秦王就会将边城还给韩国。"

第二十六回 远交近攻

"哦？请禽先生明示。"

"秦国出兵攻魏，必走函谷关，秦国兵出函谷关与魏军交战之时，韩国可屯兵秦韩边境，威胁函谷关，然后派人告诉秦王：若秦国归还韩国边城，韩国将按兵不动，若秦国不归还边城，韩国将出兵截断秦军的粮道与退路。秦国将不得不归还边城。"

申大夫赞叹道："好，好计策！禽先生的智谋，可与孙先生媲美！"

禽滑笑了笑，说："不瞒你说，这是孙先生的主意。来时孙先生让我告诉你，只要这次韩国不帮助魏国，韩国有难，齐国决不会袖手旁观。"

申大夫对禽滑施了一礼道："请禽先生转告孙先生，只要能收回边城，寡君决不会帮助魏国。"

禽滑出使韩国很顺利，邹忌那边也一切顺利，秦国答应与齐国结盟，三十万军队出函谷关，兵压魏国。庞涓率魏国大军迎击秦军，决心与秦国军队一争高下。庞涓临行前，仍惦记齐国的公子郊师，他嘱咐驻守齐魏边境的费将军："宁可失去齐国边城，也不可失去公子郊师，只要公子郊师尚在，齐国就不会安宁。"

齐宣王决不会容公子郊师与自己分庭抗礼，他命田忌、孙膑立即收复边城，平息叛乱。齐太后听说此事，质问宣王道："听说你又要出兵讨伐郊师？"

齐宣王解释说："不是讨伐，是请郊师兄弟回到太后身边。"

齐太后冷笑道："请什么请，别糊弄我这个老太婆了！我心里明白。大王，我还是那句话，国家的事我不管，但你们兄弟之间的事，我不能不管，无论你有什么理由，也不能伤害郊师，你若伤害郊师，我就死在你面前。"

在太后的威逼下，齐宣王只得承诺说："太后放心，王儿已经下命，只准收复边城，不得伤害郊师，伤害郊师者，将与郊师同葬。"

"田忌与孙膑若不遵命呢？"

"违抗君命，就是死罪。"

田忌和孙膑指挥齐军将公子郊师盘踞的廪丘、范城、马陵分而围之。公子郊师依仗魏国的支持，负隅顽抗，命令叛军拼死守城，一场血战似乎在所难免。

田忌对孙膑说："孙先生，边城内外，皆齐国士兵，有的人还是乡邻亲戚，若能兵不血刃收复边城，才是上策。不知军师可有妙计？"

孙膑道："攻心。"

"如何攻心？"

"凡有乡邻亲戚在城中者，让他们写一书信，信中除了叙旧之外，告诉城内的乡邻亲戚，弃暗投明者，我们将既往不咎，然后用弓箭将书信射入城中。"

一旁的田国开口说："可是，如此发信，信会落入他人之手。"

孙膑微微一笑，道："我要的就是这种结果，如此一来，一封信将一传十，十传百，城内的叛军都将知道我们的态度。《孙子兵法》上说，投之亡地然后存，陷之死地然后生。我反其道而用之，让叛军有生路可走，求生是人的本能，只要有生路，多数士兵便无心守城，军心必然浮动，将军们就是有天大本事也无法控制住军队，我们若此时攻城，即使不能兵不血刃，也将是轻而易举。"

田忌赞叹道："好，一封书信，胜过十万大军！"

随着书信的攻心之箭纷纷落入叛军手中，果然一传十，十传百，守城叛军军心浮动，廪丘叛军逃兵过半，范城叛将开城投降。叛军首领高将军对公子郊师道："孙膑攻心不攻城，说明他的确计高一筹……不过，同时也说明他对公子不敢轻举妄动。只要公子在，我们就有希望，公子不如做个顺手人情，告示全军，愿意走的，可以走，愿意留的，随公子前往魏国，待庞涓大军凯旋，我们再卷土重来。"

公子郊师脸色一沉，拂袖道："我不去魏国！"

高将军道："孙膑用兵如神，我们不是他的对手，我们应该先避其锋芒……"

第二十六回　远交近攻

公子郊师打断他，说："你们都怕孙膑，我不怕！我就是要看看他到底有多大本事！"

"公子，现在不是逞能的时候，如果此次兵败，公子即使侥幸不死，也不可能再集结这么多军队，更不可能夺取王位！"

"躲到魏国就有可能夺取王位吗？吃人家的残汤剩饭，看人家的脸色行事，被人家使唤来使唤去，那种丧家之犬的滋味好受吗？"

"今日听别人使唤，是为了将来夺取王位使唤别人。公子，成大事的人，要能忍辱负重。当年晋国的公子重耳，漂泊国外十数年，受尽困苦，吃尽屈辱，最终回到国家，不但做了一国之君，而且成了一代霸主，名留史册。公子为何不能成为第二个重耳呢？"

公子郊师自觉高将军说的有理，依然抱怨道："我真无法忍受魏国人盛气凌人的样子，尤其是庞葱……"

高将军安慰道："孔夫子有句话，小不忍则乱大谋。为了王位，公子就忍一忍吧……"

公子郊师最终听从高将军的劝告，率残部弃城而逃。齐国军队网开一面，放公子郊师一条生路。

田忌有些遗憾，他对孙膑说："如果不是大王有命，我决不放过公子郊师！"

孙膑眺望着远方，道："他还要回来，下一次，他在劫难逃。"

按："远交近攻"是三十六计中的第二十三计。"远交"就是结交远方国家；"近攻"就是攻取近邻国家。此计意在分化瓦解敌方联盟，各个击破。春秋战国时期，诸侯们常用此计达到自己的目的。战国后期谋士范雎总结前人计谋，在说服秦王时，提出"远交近攻"，此计因此得名。孙膑用"远交近攻"之计，与秦、韩等国结盟，平息了国内叛乱，并从根本上改变了被动的局面。欲知后事如何，请看下回："打草惊蛇"。

第二十七回　打草惊蛇

公子郊师逃至魏国边城，朝思暮想着东山再起，他一边等待庞涓大军归来，一边操练军队。这一天，公子郊师带着几个卫士到郊外树林中练箭，箭靶是一个身穿齐王衣服的草人。公子郊师说那草人就是齐王，他连发几箭，箭箭命中"齐王"胸膛。卫士们连声叫好。

这时，一个散披着头发、目光如剑的汉子从树林中走出来，嘲笑道："胆大包天的人以射虎为生，胆小如鼠的人才以射草为趣。"

公子郊师打量了一眼那汉子，问："你是何人？"

汉子径直走到公子郊师面前，道："胆大包天的人。"

"你知道我是何人？"

"齐国的公子郊师。"

公子郊师微微一笑，指着草人问："你知道我射的是何人？"

汉子道："那不是人，是草。"

公子郊师不屑地笑了笑，说："荒野无知之人，不懂不为怪，我所射的是齐王辟疆。"

汉子轻笑道："呵，齐王辟疆在齐国，这只是一堆草。"

公子郊师有些不快，冷冷道："现在我心情不算坏，你赶快走开，否则，一旦我心情坏起来，你想走也走不了了！"

汉子笑了笑，道："我既然是胆大包天的人，就不会害怕你的恐吓。"

"给他一支剑。"公子郊师对一旁的卫士道。

卫士将剑递给汉子。

第二十七回　打草惊蛇

"我不用。"汉子看也不看，没去接。

公子郊师拔剑在手："你可别后悔。"

汉子回应道："我从来不知道什么是后悔。"

公子郊师挥剑向汉子砍去。

汉子并不躲闪，轻笑地看着公子郊师。

公子郊师的剑在汉子头顶上方止住。

"你为何不躲闪？"说着，公子郊师收回了剑。

"我何必要躲闪？胆大包天的人，不怕死。"

"你以为我不敢杀你？"

"你敢杀，但我不怕。"

"别怪我妄杀无辜，是你逼我杀你！"公子郊师说着，再次挥剑向汉子砍去。

汉子仍轻笑地看着公子郊师。

公子郊师的剑砍下，汉子胸前的衣服被剑划破，鲜血流出。

"好剑法！"汉子叫赞道："多进半寸，我命休矣；少进半寸，不见鲜血，的确好剑法！"

公子郊师再次审视着汉子坦然自若的脸，拍手称赞道："是条汉子！壮士，你愿意跟从我吗？"

汉子笑道："跟从你干什么？射草为趣？"

公子郊师绷起脸，说："我说的是正事。"

"你的正事应该是夺取王位吧。"

"今日射草习箭，就是为了来日夺取王位。"

"公子一只弓，能打败孙膑的十万大军吗？"

"我有庞涓的支持，他有三十万大军。"

"庞涓正与秦国人激战，能否回来，还很难说。再者，他即使回来，以疲惫之师，也难以战胜孙膑。"

"照你这么说，我没希望了？"

"不，还有一个人可以帮助你夺取王位。"

"何人？"公子郊师好奇地问。

"曹扬。"汉子平静道。

"曹扬是何人？"

"就是我。"

"你？"公子郊师疑惑地看着他，"你能够打败孙膑？"

曹扬道："我虽然不能打败孙膑，但我可以帮你刺杀齐王，齐王一死，公子便可名正言顺地继承王位。"

公子郊师问："王宫高墙深院，卫士防守严密，你如何能杀得了辟疆呢？"

曹扬自信地道："越高墙深院，如履平地；杀宫中卫士，如宰羔羊。"

公子郊师觉得好笑："壮士，你的志气可敬，可你的话未免说的太大了。"

"公子不信，请看……"曹扬话音未落，纵身一跃，落在高高的树杈上。

"好身法！"公子郊师不由赞叹。

曹扬随手折了一段树枝，又落回地上，对郊师道："你再看。"他对站在一旁的卫士们说："拔出你们的剑，一起上。"

卫士们看了看公子郊师。

公子郊师说："上吧，让他知道你们的厉害。"

卫士们挥剑向曹扬砍去。

曹扬一边轻步躲闪，一边以树枝代剑，向一卫士刺去。

一个卫士中"剑"倒在地上。

又一个卫士也中"剑"倒地。

公子郊师看得目瞪口呆。

最后一个卫士也被曹扬刺倒在地。

公子郊师兴奋地挥拳道："好，太好了！得一壮士，胜似十万大军。壮士，请受我一拜！"公子郊师说着向曹扬施礼。

曹扬也不回礼，对公子郊师道："公子，我们该走了。"

公子郊师对躺在地上的卫士们大声说："一群笨蛋！还躺着干什么？

第二十七回　打草惊蛇

赶快起来，跟我回去！"

曹扬淡淡地对郊师道："他们永远也起不来了。"

公子郊师一怔，仔细看了看地上的卫士，卫士们已经死了。他气愤地拔出剑，指着曹扬怒道："你，竟敢杀死我的卫士！"

曹扬道："刺杀齐王，除你我外，不应该让第三个人知道，若透露风声，就难以得手了。"说着，随手将带血的树枝掷出。

树枝深深插入远处草人胸膛。

公子郊师心中暗自高兴，曹扬正是他所盼望拉拢的人，他对曹扬说："说吧，你的条件。"

"公子继位后，将我刺杀齐王之事刻在临淄东、西、南、北四座城门上，要让天下人都知道，公子是因为有了我曹扬，才得以继承王位。"

"你要的太少了，我还可以给你高官、厚禄、美女、城邑。"

曹扬笑了笑，道："公子可听说过专诸与要离的名字吗？"

公子郊师点头道："儿时我就听说过，专诸鱼腹藏剑刺吴王僚，要离断臂刺庆忌，那都是名留百世的英雄。"

曹扬道："他们为了什么？不也是一个名吗？高官、厚禄、美女、城邑都是粪土，唯有一个震惊天下的名字，才能永垂不朽。"

曹扬这番话，让公子郊师对他更是佩服不已。

自从齐国军队收复边城，太后三番五次以死要挟，非要齐宣王请回公子郊师不可，齐宣王唯唯诺诺，每每受气。这天晚上，齐宣王向钟离春提起此事，不由唉声叹气。

钟离春道："大王，臣妾不明白，太后并非大王生身之母，大王为何如此敬畏太后？"

齐宣王说："寡人虽非太后亲生，可寡人是太后带大的，太后如同寡人的亲生母亲一样。"

钟离春摇头道："臣妾认为不一样，太后关爱公子郊师胜过大王百倍，公子郊师若杀大王，她决不会说出半个不字。"

齐宣王轻叹道："不管太后对寡人如何，寡人要对得起太后的养育之恩，否则，宗庙里的父王会指责寡人忘恩负义，世人会议论寡人不孝……"

"没想到齐王竟是一个愚蠢的孝子。"只见一轻狂的汉子悠然走进。

齐宣王见一个陌生人竟敢擅自闯入后宫，厉声道："大胆狂徒，竟敢擅自闯入寡人的寝室！"齐宣王说着拍了两下手，喊道："来人！"

"大王，门外的卫士来不了了，他们都被我杀了。"

齐宣王不由一惊，道："你……你是何人，想干什么？"

"我叫曹扬，受公子郊师之托，来向大王要件东西。"

"要何东西？"

"大王的命。"

"你敢？！"齐宣王又惊又怕。

"我当然敢，否则我就不来了。"曹扬微微一笑，他抽出剑，"是我动手，还是大王亲自动手？"

齐宣王惊恐地看着曹扬，颤抖道："你……你可知道，刺杀君王，祸及你全家，殃及你满族！"

"我的家不在齐国。"曹扬又是一笑。

"你……你想要什么，寡人都可以给你……"

"我什么也不要，就要你的命。"曹扬把剑扔在齐宣王面前，"还是你自己动手吧，也好让我瞧瞧齐国君王的胆气。"

一只手捡起了地上的剑，是站在一旁尚未开口的钟离春。

曹扬的目光转向钟离春，道："这里没有女人的事，如果想死，等齐王死了，你再陪葬。"

钟离春微微一笑："我如果不想死呢？"

曹扬道："那就走开。"

齐宣王一把拉住钟离春："王后，你不能走，你要救寡人。"

钟离春安慰他说："大王放心，我不走。"

曹扬饶有兴致地看着这一幕，道："真没想到，王后一个女流之辈，却如此有胆气。"

第二十七回 打草惊蛇

"你没想到的事多着呢,"钟离春冷笑道,"我如果告诉你,你不该让我拿到这把剑,你不会吃惊吧?"

"一个女人拿到剑又有什么用?拿不好的话,还会弄伤了自己。"曹扬不屑地笑了笑。

"我可不是一般的女人,我进宫之前,也是一个玩剑的人。"钟离春说着漂亮地玩了几个剑花。

"你会剑术?"曹扬见此一愣。

"后悔了吧?"

"不后悔,我很想看看女人玩剑,是什么样子……来吧,王后。"

钟离春扫了曹扬一眼道:"你身上还有兵器吗?"

"当然有。"曹扬说道。

"拿出来吧。"

"对付女人,我不需要兵器。"

"别太狂妄,太狂妄了要吃亏!"

曹扬轻视一笑:"我不是狂妄,与一个女人交手,本来就脸上无光,如果再用兵器,岂不是无脸见人?"

钟离春嗤之以鼻道:"你死到临头了,还要男人的臭脸面……好吧,我就叫你无脸见人!"

钟离春说着连出数剑。曹扬万万没想到钟离春的剑法如此迅猛,躲闪不及,钟离春的剑在曹扬脸上划开了长长的一条血口。曹扬急忙拔出两把匕首,和钟离春打在一起。

齐宣王目不转睛地看着两人眼花缭乱的对打,不由地惊住了。

钟离春边打边说:"身手不错,我已很长时间没这么酣畅淋漓了!"

曹扬间歇中回应道:"彼此彼此。"

二人一来一去又是几个回合。钟离春连发狠招。曹扬躲闪不及,腹部被钟离春刺伤。曹扬急忙向后飞身一跃,随手猛地扔出两只匕首。匕首直冲齐宣王而去。

钟离春见状,蓦地向齐王纵身跃去,于半空中随手一剑,但只打飞一只匕首，另一只匕首刺中齐王右胸。

钟离春一把抱住齐宣王，心急地呼唤道："大王，大王……"

曹扬趁此转身逃出。

曹扬跟跟跄跄逃出宣王寝宫，忍着剧痛穿过几个院落，一头倒在地上。身后传来杂乱的脚步声，还有喊声。曹扬挣扎着爬起来，他不能让宫卫抓住，他还没能杀死齐王。他进宫前已将王宫布局摸得一清二楚，他跌跌撞撞拐过一个院落，进了太后寝宫。

太后此时还没睡，听到宫外隐隐传来的喊声，正准备打发宫女出去查看，只见脸上身上满是血迹的曹扬出现在她面前。太后身边的宫女几乎惊昏过去，太后并不害怕，一脸平静地看着曹扬，问："你是何人？"

曹扬吃力地从怀里拿出一块玉佩，这是临行前公子郊师交给他的。他对太后道："你认识这个吗？"

太后看不清楚，她让宫女把玉佩拿过来。宫女战战兢兢地走上前，拿过曹扬手中的玉佩，递给太后。太后接过玉佩，看了一眼，不由一惊："这是我儿郊师的玉佩，怎么落到你的手里？"

曹扬答道："公子郊师让我送给太后的。"

"我儿郊师，他现在何处？"

"他在……"曹扬感到一阵剧痛，急忙捂住腹部，"魏国……"一句话未说完，曹扬便再也支撑不住了，一头栽倒在地。

太后立刻秘密召国太医来到自己的寝宫。经国太医一番治疗，曹扬清醒过来。太后重赏了国太医，嘱咐他每日早、中、晚三次来给曹扬治疗，并警告此事对任何人都不能说，否则要他的命。国太医应诺。

国太医走后，太后问曹扬："我儿郊师真的还活着？"

曹扬道："不但活着，而且活得很好，他正在广招天下志士，以图再起，若不是他有如此决心，我决不会冒生命危险刺杀齐王。"

太后拿出玉佩，又问："玉佩是他让你给我的？"

"是的，他说只要我把玉佩交给太后，太后就会帮助我。"

第二十七回　打草惊蛇

"你应该早来找我。"

"我不需要别人帮助，凭我的本事，杀死齐王如同捏死一只蚂蚁，"说到此，曹扬叹了口气，"可没想到王后竟有如此之高的剑术。"

太后凝重地说："你如果早来找我，就不会想不到了。"

"不过，我还是刺中了齐王，只是还不知道是否致命。"

"齐王没有死。"

"这是天意。"曹扬又叹了口气。

太后说："孩子，你在老妇这里好好养伤，养好了伤，老妇为你们祈求上天，让天意顺从我儿郊师。"

宫卫们在宫中忙了一夜，一无所获。田忌的士兵在城内城外也忙了一夜，同样没有任何收获。钟离春估计，刺客身负重伤不会跑出王宫大院，很可能躲在太后宫中。可是，没有宣王的命令，不能搜查太后寝宫，宣王又昏迷不醒，她问孙膑怎么办。孙膑让她撤回宫卫，外松内紧，暗中监视太后住处。

国太医每天早、中、晚三次到太后那里，对外宣称太后碰伤了脚，因太后年事已高，不易痊愈，故去得勤了一些。国太医是专治外伤的太医，钟离春推测，他频频去太后宫中，极有可能是为刺客治伤。孙膑思忖片刻，道："立刻把国太医抓起来。"

田忌犹豫道："这样会惊动太后，大王还在昏迷之中，她若出面干预，不好收拾。"

孙膑笑道："我就是要惊动太后，她若出面干预，便可断定刺客就在她的宫中，这叫打草惊蛇。"

钟离春立刻命宫卫把国太医抓了起来，严加审问。太后得知此事，立即赶到钟离春住处，说国太医是因为看中了她的宫女，才频频出入她的寝宫。太后将国太医带回自己的寝宫，随即下令将其乱杖击毙。

太后杀人灭口，证实刺客就在太后宫中。钟离春要立刻包围太后寝宫，捉拿刺客。田忌说："王后，别急，大王至今昏迷不醒，还是不要与太后正面冲突为好。"

钟离春道："不急不行，这个刺客剑术高明，若让他逃走，他还会刺杀大王，下一次，他恐怕就不会失手了。"

孙膑开口说："钟离姑娘，我有办法让刺客走出太后寝宫，自投罗网。"

夜幕降临，姜寺人带领一群宫卫进入太后寝宫，说是奉王后之命，搜查一个形迹可疑的人。太后一听顿时火冒三丈，她指着姜寺人的鼻子，让他滚出去。

姜寺人不急不慢对太后道："王后有命，小人不敢滚回去。"

太后气得直哆嗦："你……好，你不回去，老妇就死在你面前。"她说着就往柱子上撞去，太后的宫女们立刻上前拉住了她。

姜寺人故作害怕，让宫卫们立刻离开太后寝宫。宫卫们走后，姜寺人对太后小声说："太后，小人说实话，小人并不想搜查，是王后他非要小人搜查不可，王后怀疑刺杀大王的刺客就躲在太后宫中。"

太后闻言，板着脸道："她胡说！"

"小人知道王后胡说，可王后的脾气太后也知道，她认准的路，非走到头不可。今天下午，她把田将军召进宫来，说小人今夜若搜不出刺客，明天就让田将军的军队包围太后寝宫，非抓到刺客不可。"

"哼，她敢让军队进宫，老妇就敢死给她看。"

"太后，你可别当着王后的面说，王后不信邪，她真让你死，你可就下不了台了。"

"你以为老妇不敢死吗？"太后没好气地说。

姜寺人忙讪讪说道："敢死，敢死，太后什么都敢……不过，王后也是什么都敢做的人……太后，小人该说的都说了，告辞了。"

姜寺人这一闹，曹扬再也住不下去了，他对太后说："太后，宫中我是不能待了，若明日军队进宫，我想走也走不了了。"

"你的伤怎么样了？"太后关切地问。

"可以走路了。"

第二十七回　打草惊蛇

"我找辆车，明天一早送你出城。"

"不用，现在我就走。"

"能行吗？"太后还是不放心。

"越墙不行，爬墙还可以。"

"你出了宫，也出不了城，他们还在抓你。"

"只要有绳索，城墙也挡不住我。"

夜深人静，曹扬带着绳索摸到后宫院墙，他熟练地拉着绳索从高高的宫墙滑到宫外，双脚刚落地，身后便传来一个熟悉的声音："曹壮士，我们等你多时了。"

曹扬一愣，回头看去，钟离春和十几个手持弓箭的士兵从暗地里走出。曹扬下意识地抽出剑。

钟离春道："没有用的，你冲不出去，这些弓箭手都是百发百中，还是放下你的剑，束手待擒吧，这样，还可留一条活命。"

曹扬看了看手持弓箭瞄准自己的士兵，冷冷一笑："我曹扬既然敢刺杀齐王，就已经视死如归！纵然不能名扬天下，也绝不偷生！"

曹扬说着，猛然举剑向自己腹部刺去。

　　按："打草惊蛇"是三十六计中的第十三计，其意有二：一是指敌情不明时，以不同手段"打草"以惊蛇动，然后消灭之；二是指对隐蔽之敌，不可轻举妄动，以免打草惊蛇，让敌人发觉我方意图，使我方处于被动之位。孙膑用"打草惊蛇"之计，查出刺客所在，然后惊其出动，最终消灭之。欲知后事如何，请看下回："调虎离山"。

第二十八回　调虎离山

公子郊师刺杀宣王之心不死，魏国的费将军给他物色了三个刺客，他们分别是魏伯、魏仲、魏叔。魏氏三兄弟形象各异，高矮不齐，公子郊师不太满意，他对费将军皱着眉头道："费将军，你这次找来的刺客，好像还不如上一次。"

费将军笑了笑，说："公子试完了再下结论。"

公子郊师先走到魏伯面前，打量着魏伯：一个健壮的汉子，身上几乎没有多余的肉。公子郊师问："壮士，你最拿手的是什么？"

魏伯说："杀人。"

"我是问，你用什么手段杀人最拿手。"

"双手。"

"能让我们见识一下吗？"

"可以。"魏伯说着，突然伸出一只手，像老鹰抓小鸡似地提起公子郊师轻松举过头顶。

公子郊师在他头顶上惊慌地问："你……你想干什么？"

魏伯哈哈大笑，说："这就是我最拿手的杀人手段。"

公子郊师连忙道："放下我，我领教了……"

魏伯将公子郊师轻放在地上。

公子郊师镇定片刻，问魏伯："说吧，你想要什么？"

魏伯道："黄金。"

公子郊师又问："你想要多少？"

第二十八回　调虎离山

"我双手能拿多少算多少。"

公子郊师答应了他。

公子郊师又来到魏仲面前，他看着这个个子不高，但身材很结实的汉子，问："你呢，你用什么手段杀人最拿手？"

魏仲答道："石头。"

公子郊师点头道："试一试吧。不过，不要冲我来。"

魏仲笑嘻嘻地说："那当然。"他说着从地上随手捡起一块石头，又好像很随便地将石头掷出。

几十步外的一个躲在树后探着头向这边窥视的男子被石头击中，一头倒在地上。

公子郊师身旁一个士兵快步跑过去，弯下身伸手试了试，然后直起身子，高声道："公子，他死了。"

魏仲啐了一口，说："废话，被我打中的没有不死的。"

公子郊师满意地点了点头，问魏仲："你想要什么？"

魏仲说："美女。"

"几个？"

魏仲笑着说："公子也太小气了，几个怎么能够？"

"你说吧，要多少？"

"一百个，有吗？"

公子郊师轻笑道："给你这么多女人，你应付不了。"

魏仲有模有样地说："我养过一千匹马，一万只羊，女人与马羊一样，只要会养，没有应付不了这一说。"

公子郊师也答应了他。

公子郊师最后来到魏叔面前。魏叔一副文士打扮，模样很怪，一双小眼睛透着几分狡黠。公子郊师问魏叔："你呢，你怎么杀人？"

魏叔说："用舌头。"

公子郊师疑惑不解，同时心生好奇，问："舌头怎么杀人？"

"颠倒黑白，混淆是非，无中生有，造谣生事……用三寸不烂之舌杀人，防不胜防。"

"可以一试吗？"

"当然可以。"

"你打算怎么试？"

魏叔指了指立在不远处的费将军，低声说："让公子杀掉费将军。"

公子郊师冷笑道："你根本办不到。"

魏叔轻刮了下自己的鼻子，笑道："如果公子是黑白不辨的傻瓜，我就承认办不到。"

"我不是傻瓜！"

"公子不是傻瓜，天下就没有傻瓜了。"

公子郊师从来没有受过如此言语羞辱，他指着魏叔怒斥道："你太放肆了！竟敢当众羞辱齐国公子。"他对周围的士兵下令："把他抓起来，割掉他的舌头。"

士兵们手持兵器将魏叔围住。

魏叔慢条斯理地说："公子，听我把话说完，如果我的话没道理，不用你们抓，我自己把自己的舌头咬掉。"

公子郊师看了看他，没好气地道："说吧。"

魏叔说："这里不方便，我要对公子单独谈。"

公子郊师本不想再听魏叔胡说八道，但他又想知道魏叔到底要说些什么，便把魏叔带到一个僻静的地方。

魏叔对公子郊师说："你知道费将军为何找我们来帮你杀齐王吗？"

公子郊师道："我做齐王之后，能与魏国永世和好。"

"还有呢？"

"没有了。"

魏叔笑道："公子，你只知其一，不知其二。费将军的目的不仅仅在于此……"

"我知道，"公子郊师打断他的话，"他们还有一个目的，就是利用我牵制齐国，即使我当不成齐王，也能拖累齐国，使其无力与魏国争霸。"

第二十八回　调虎离山

"真没想到，公子原来是如此聪慧之人！"魏叔故作惊讶。

公子郊师高傲地冷笑道："天下任何事，休想瞒得了我！"

魏叔点头奉承道："那是，那是……"他突然跪在公子郊师面前，边叩头边说："公子，小人该死，不该欺瞒公子……"

公子郊师一愣，然后问："你有什么事瞒着我？"

魏叔说："小人是瞒不住公子的，公子如此聪慧之人，早晚会查明真相，小人欺瞒公子，是自欺欺人。"

公子郊师不由得意，心情也好了很多，道："你说的很对，你是瞒不住我的，自己说出来，比我查出了好。说吧，你到底有什么事瞒着我？"

魏叔站起身，向前凑了凑，低声说道："公子，我告诉你的事，你可千万不要告诉任何人，尤其是费将军。"

"我可以保证。"

"庞元帅与秦军之战相持不下，韩国打算帮助秦军，若韩国出兵助秦，庞元帅必败，魏国希望能尽快得到齐国的帮助，庞元帅为此密令费将军，立刻动手杀齐王，让公子尽快继位……"

公子郊师笑道："我以为有什么了不起的事呢，你说的这事，我已经知道了。"

"公子，你听我说完，关键之处是在后面。"魏叔停顿片刻，继续说："费将军认为，若杀齐王使公子继位，时间紧迫，又没有把握，他想将公子抓起来送给齐国，换取齐王出兵相助。"

公子郊师冷笑道："你说谎，费将军若不打算杀齐王，找你们来干什么？"

魏叔说："他找我们兄弟三人，不是为了齐王，而是为了公子。"

公子郊师一愣："此话怎讲？"

魏叔道："他让我们来抓你。"

"他敢？"公子郊师色厉内荏地说道。

魏叔轻蔑地说："有什么不敢？我那两位兄长的本事公子已经看到了，我大哥力大无穷，专门来抓你的；我二哥飞石无敌，专门对付你的卫士；

我三寸不烂之舌，是来劝你束手待擒，别自找麻烦。"

公子郊师神情惶惑，问道："那……你们为何还不动手？"

魏叔笑道："方才公子出手如此大方，我们兄弟三人非常感佩，而费将军出手太小气，我们不打算听命于他。"

"你们打算怎么办？"

"只要公子给我们的报酬不变，我们就听公子的。"

"好，报酬不变，你们把费将军杀掉！"

"公子，费将军不能杀，应该把他抓起来，由我们送给齐王，换取齐王的信任后，再杀齐王就容易多了。"

魏叔如此之说，公子郊师对他方才的话更坚信不疑，他怒冲冲走回原处，一指费将军，对士兵们道："把费将军抓起来。"

士兵们不解地看着公子郊师。

费将军更是如坠雾中，他问公子郊师："公子，你想干什么？"

"你心里明白。"公子郊师冷笑着，随即对士兵们厉声呵斥道："你们愣什么？把他抓起来！"

众士兵立刻蜂拥而上，将费将军按倒在地。

费将军大惑不解地看着公子郊师，挣扎着问："公子，你这是干什么？"

公子郊师笑道："不干什么，把你送给齐王，做为魏氏兄弟的见面礼，他们再杀辟疆就容易了。"

费将军愤怒至极，大骂道："公子郊师，你这个忘恩负义的小人！卑鄙无耻的小人！"

公子郊师怒道："你才是卑鄙无耻、忘恩负义的小人呢！我不抓你，你就会抓我！"

"哈哈……"后方传来一阵狂笑，魏叔走到公子郊师面前，说："公子，你上当了。"

公子郊师一怔。

魏叔说："我方才是无中生有，费将军是无辜受冤。"

公子郊师立时明白过来，他抽剑在手指向魏叔："你好大的胆，竟敢

第二十八回 调虎离山

戏弄我！"

魏叔笑道："公子别生气，你不是要试我嘛？我是为了让你见识一下我用舌头杀人的本事。"

公子郊师不快地说："你……玩笑开的也太大了！"

愤怒的费将军从地上爬起来，上前一把抓住魏叔，抬手欲打，魏伯伸出一只手抓住费将军的手腕，冷冷道："费将军，要打你应该打齐国的公子，是他要见识老三的舌头！"

魏叔说："费将军，你不应该生气，而应该为此庆贺，凭我们弟兄三人的本事，一定会搅得齐国不得安宁。"

费将军气哼哼地没理他，抽回手走到一旁。

魏叔径自走到公子郊师面前，说："公子，你该问我想要什么了。"

公子郊师怒气未消，他不想问，但又不得不问，冷冷问道："你想要什么？"

"官位。"

"什么官？"

"相国。"

公子郊师冷笑一声，调侃道："相国可不能无中生有，造谣生事。"

"见人说人话，见鬼说鬼话，当了相国自然就说相国话。"

"如果不称职，我可要罢免你。"

"这是理所当然。"

公子郊师答应了他的要求。

齐宣王的伤日益见好，田忌、孙膑请求出兵袭击魏国边城，除掉公子郊师。宣王不同意，他对孙膑说，若除掉公子郊师，太后将使他不得安宁。田忌认为可以将郊师生擒活捉，这样太后就无话可说了。齐宣王还是不同意，他说公子郊师的脾气他最清楚，宁可自杀，也不会让人生擒活捉。正当君臣二人沉默不语时，孙膑开口说他有办法活捉公子郊师。

邹忌自出使秦国归来后，虽然得到齐宣王的器重，但因未有合适的官职,尚未入朝为官。孙膑的计策就是请邹忌前往魏国边城垂都,引诱公子郊师回国。邹忌为了进一步得到宣王的赏识,欣然答应。

邹忌来到垂都,对公子郊师道:"大王自从被刺,未离开后宫一步,朝中大夫询问大王伤势,王后总说伤势见好,后来我们几个老臣发现田忌与孙膑的行为鬼祟,就买通宫中太医,太医说大王不但伤势不见好转,而且日益加重,太医已经无能为力了。"

"好,相国带的消息太好了!"公子郊师喜形于色,击掌叫好。

邹忌却摇头道:"公子,你先别说好,我的话还没说完呢……我们几个老臣估计,田忌、孙膑封锁大王的伤势消息,其中定有阴谋,便派人暗中监视,果不出我们所料,田忌与孙膑正在暗中物色王位的继承者。"

"辟疆无后,我是王位理所当然的继承者。"

"听说田忌在高密找到一个叫继疆的人,说他是先王与宫女生的儿子,他们想用此人阻止公子继位。"

公子郊师脸色顿时一变,愤然道:"不能让他们的阴谋得逞!"

邹忌点头道:"对,如果让他们的阴谋得逞,公子将无回国之日,更不可能再得到王位。我们这几个曾得罪过他们的老臣,也将死无葬身之地……"他瞥了公子郊师一眼,"为了阻止他们的阴谋,我受这些老臣的委托,冒着生命危险来见公子。"

"我即刻派人除掉田忌、孙膑。"

"不行,田忌、孙膑有军队的保护,一两个刺客奈何不了他们……再说还有一个剑术高强的王后,曹扬就是被她杀死的……"

"那么依相国之意,如何才能阻止继疆继位呢?"

"公子立即潜回齐国。"

公子郊师一愣:"回国……一旦让他们发现,岂不是送死吗?"

邹忌笑道:"有太后在,即使被他们发现,他们也奈何不得公子。"

公子郊师想起上次险些落入田忌之手就后怕,他对邹忌说:"不行,有太后也不行,回去太危险了!"

邹忌道:"公子回国,可顺理成章继承王位;公子不回国,继承王位

第二十八回 调虎离山

的就会是那个所谓的继疆。"

邹忌说的也是实情,历代这种以假乱真的王位继承者不乏其人,公子郊师犹豫不决。

"公子,我联络了朝中数十名先王的老臣,大家为了齐国社稷,都愿拥戴公子继位,"邹忌说着从怀中掏出一块丝帛,"这是我们数十名老臣联名写给公子的信。"邹忌将信递给公子郊师,继续道:"如果公子回国,有太后的支持,有我们这些老臣的拥戴,王位非公子莫属……如果公子不回国,我们将无能为力。"

公子郊师和他的谋士们商量再三,他们既不想错过时机,又担心落入孙膑的圈套。思来想去,公子郊师决定先派高将军潜回临淄,想办法见到太后,让太后查明邹忌所言真伪,然后再做决断。

高将军微服来到临淄,装扮成工匠进入王宫,见到太后之后,先代公子郊师行了问候之礼,然后请太后看望宣王伤情如何。曹扬身亡,太后自感窝囊,一直未出寝宫半步,她也想知道宣王伤势,便答应了高将军的请求。

太后在两个宫女的搀扶下,来到宣王寝宫,钟离春将她带到宣王的睡榻前。太后见宣王双目微闭,脸色苍白,不由伤感,毕竟宣王也是她看着长大的。

钟离春轻声呼唤道:"大王,大王,太后来看你了……"

齐宣王无力地睁开眼。

太后俯下身子,轻声问:"王儿,你好些了吗?"

一颗泪珠从齐宣王眼角滚下。

太后伸出手轻轻擦去齐宣王眼角的泪珠,安慰道:"王儿,别难过,你会好的……"

齐宣王无力地摇摇头,又一颗泪珠从他眼角滚下。

钟离春不由轻轻抽泣了一声,随即又极力忍住了。

太后再也忍不住了,浑浊的老泪夺眶而出。

齐宣王喃喃道:"母后,儿不值得您流泪,不值……"

太后不禁动容，道："王儿，你怎么能这样说呢……你虽然不是老妇亲生，可老妇是看着你长大的，老妇对你，像亲儿子一样……"

齐宣王说："不，儿不是这个意思……儿的意思是……儿若一早把王位让给郊师……我们兄弟二人……就不会……闹得你死我活了……"

太后擦了擦泪，真诚地道："王儿，是郊师做得不对……他回来后，我一定要惩罚他，重重惩罚他。"

"母后……有您这句话……我就……欣慰了……"齐宣王似乎累了，慢慢闭上了眼睛。

"王儿，王儿你怎么了……"太后焦急地呼唤着。

齐宣王闭着眼，喃喃地说："母后……儿累了……想静一静……"

泪水再次从太后眼中流出。

太后回到自己的寝宫时，脸上还带着泪痕，她对高将军埋怨说："郊师做得太过分了，太过分了！"

高将军解释道："公子不这样做，就不可能得到王位……"

太后气愤道："为了王位，就可以杀害自己的兄长吗？杀害兄长，是不仁，不悌！"

高将军见太后发怒，连忙纠正道："太后，是公子错了……"

太后指示高将军说："你回去告诉郊师，叫他立刻回来，跪在他兄长面前，请求他的宽恕，否则，老妇饶不过他！"

高将军马上回到魏国的垂都，将太后的话转告公子郊师。公子郊师这才对邹忌所说深信不疑，他立刻带着魏氏三兄弟和高将军秘密返回临淄。公子郊师先将高将军等人安排在宾舍，然后自己进宫去见太后。郊师跪在太后面前请求太后饶恕，太后眼中闪动着泪花，伸出颤抖的手抚摸着他的脸，喃喃地说："郊师……你让母后想死了……"

公子郊师一把抱住太后，哭泣道："母后，以后儿再也不离开您了！"

太后抚摸着公子郊师的头说："你可要说话算话……"

公子郊师信誓旦旦道："儿说话算话，永远不离开母后！"

第二十八回　调虎离山

　　太后想起了躺在睡榻上的奄奄待毙的宣王，擦了擦泪，对公子郊师说："你赶快去看看你的兄长，他已经不行了，你跪在他面前，求他宽恕，直到他死……这样，祖庙里的父王才不会怪你，朝中大夫才会原谅你。"

　　公子郊师哭着走入宣王寝宫，一边走，一边道："兄长，兄长，兄弟对不起你……"

　　公子郊师走到齐宣王的睡榻前不由愣住了。

　　宣王不在睡榻。

　　"郊师，擦去你的眼泪！"身后传来一威严的声音。

　　公子郊师回过头，一脸疑惑。

　　只见齐宣王和钟离春站在他身后。

　　齐宣王不屑地道："寡人厌恶虚心假意的哭！"

　　公子郊师这才明白过来，气急败坏道："原来……你在欺骗我！"

　　齐宣王道："不是欺骗，是计谋，这一计叫调虎离山。"齐宣王说着拍了拍手。

　　十数名宫卫从帷帐后走出，将公子郊师团团围住。

　　公子郊师惊恐地指着齐宣王说："你……你若杀我，母后不会饶过你！"

　　齐宣王冷冷一笑："寡人不杀你，寡人让你永远不见天日。"

　　按："调虎离山"是三十六计的第十五计，此计的意思是：诱敌离开有利之地，然后使其就范。孙膑用此计，诱骗公子郊师脱离魏国的保护，只身回到齐国，轻而易举将其抓获。欲知后事如何，请看下回："欲擒故纵"。

第二十九回　欲擒故纵

当初，公子郊师决定回临淄的时候，邹忌劝他先不要带军队回去，以免田忌、孙膑借双方将士的仇恨挑起事端，节外生枝。费将军也主张不带军队，说一旦临淄有什么变故，垂都的军队可以有所照应。所以，公子郊师只带了高将军和魏氏兄弟回到临淄。

孙膑在生擒公子郊师的同时，田国手下的士兵包围了高将军和魏氏兄弟住的宾舍，此时高将军和魏氏兄弟正在喝酒吃肉，魏仲醉眼迷离地闹着要出去找女人，刚出门，便又跟跟跄跄跑了进来，他肩膀上中了一箭，鲜血流出。

魏仲知道情况不妙，随手扔出两只酒杯，将屋内火烛打灭。

屋外传来田国的喊声："高将军，魏氏兄弟，公子郊师自投罗网，已经被大王抓获，你们赶快出来投降吧，否则，死路一条。"

高将军懊恼不已，这次恐怕又中了孙膑的诡计。

田国继续喊道："高将军，你们不要心存侥幸，宾舍四周都是弓箭手，你们插翅也难逃走，要想活命，只有投降。"

魏伯抓过一只桌几做为盾牌，打算冲出。高将军拦住他说："硬冲不行，他们人多，又有弓箭。"

魏伯叫嚷道："弓箭算个屁，大不了一死。"

魏叔眼珠转了转，说："能不死还是不死……大哥，你看我的。"魏叔走到门前，对门外高声回应道："外面的将军听着，要我们投降可以，但你必须说话算话，保住我们的性命。"

第二十九回　欲擒故纵

田国高声道："你们放心，我田国一向说话算话。"

魏叔继续说："那就烦请将军讨一支齐王的简令，恕我们无罪。"

魏伯低声对魏叔道："兄弟，齐王就是恕我们无罪，我们也不能投降呀。"

魏叔解释说："我这是缓兵之计。"

简令很快就来了，魏叔要亲自验证。田国手下的将军走到房门前，将一支竹简从门缝中塞进去。突然门开了，魏伯一把将那将军拉进来，一手提起，护在身前，对后面的人说了声"走"，提着将军冲出宾舍。

院内的士兵们正欲放箭，发现挡在魏伯身前的是自己的将军，欲射不能。士兵们犹豫之时，冲出宾舍的魏仲扬手扔出一把石子，院中士兵手中的火把被一一打飞。魏仲又飞出一把石子，十几名守在院门的士兵被石子击中，纷纷倒地。

魏伯等人乘机冲出院子。他们借着夜色，翻过城墙，一口气跑出很远的距离，直到天色蒙蒙亮才停下来。

魏伯气喘吁吁地对高将军道："高将军，我们兄弟可从未如此狼狈过……"

魏仲附和道："都是因为你谎报军情。"

魏叔道："你说怎么办吧，我们兄弟不能白来一趟。"

高将军擦了把汗，说："我身上只有三两黄金，你们如果不嫌少，就拿走……或者，你们把我抓起来交给齐王，他会奖赏你们。"

"你倒是有些骨气，"魏伯冷笑道，"不过，你不值钱，三两黄金都不值！"

高将军欲怒又止，道："你们如果想多得奖赏，就留下来，帮我救出公子，杀死齐王。"

魏仲问："就我们四个人？"

高将军说："临淄城内还有我们的人。"

魏叔问："你是说邹忌？"

高将军摇头道："不是，我们只是利用他。"

魏仲又问:"那是何人?"

高将军说:"公子离开临淄时留下的人,都是肯为公子卖命的死党。"

魏仲问魏伯:"大哥,你说留不留?"

魏伯心中自有盘算,对高将军道:"冲着你有些骨气,我们留下。"

高将军跪在地上,叩头道:"我代公子,谢谢诸位!"

太后听说公子郊师被宣王捉拿,气急败坏地来找宣王,指着宣王骂道:"辟疆,你竟敢欺骗母亲,欺骗兄弟,欺骗世人!你这样做,有辱先祖,先祖不会饶恕你!"

齐宣王心平气和地说:"太后,儿这样做正是为了先祖,先祖不但不会怪罪,还将称赞儿的行为。"

太后冷哼道:"你用诡计对待自己的母亲,对待自己的兄弟,先祖怎么会赞成这样的行为?!"

齐宣王说:"太后,先祖开创的国家,不容任何人分裂;先祖的后代,不应背叛国家;公子郊师背叛国家,与齐国为敌,太后又不容许儿杀死他,儿只好用计谋骗他回来,使其就范。儿这样做既维护了国家的安定,又不违母命,难道先祖还不赞成我吗?"

太后无言以辩,片刻后道:"老妇不听你的狡辩,老妇只有一句话,不许你杀害公子郊师!"

齐宣王反驳说:"太后,儿从来没想杀死公子郊师,正是因为不想杀死他,所以才用计谋将他活捉……"

"别说了,"太后打断了齐宣王,"只要你不杀害公子郊师就够了!"

太后走了,齐宣王长出一口气。钟离春从内室走出,对宣王道:"太后对大王太蛮横无理了,大王若容忍这种无理之举,她必将得寸进尺!"

齐宣王说:"寡人已经抓到了公子郊师,太后就是得寸进尺,也救不了公子郊师。"

齐宣王低估了太后,也低估了公子郊师。被关进牢狱的公子郊师不吃

第二十九回 欲擒故纵

不喝，以死抗争，非要见太后不可。齐宣王本不想答应公子郊师，但又担心如果郊师真的饿死，无法向太后交代，只好同意让太后和郊师相见。

太后见到郊师的时候，他躺在牢狱的破席上，头发蓬乱，双目微阖，脸色憔悴。太后走到公子郊师面前，疑惑地上下打量着他问："你……是我儿郊师？"

公子郊师挣扎着爬起来，看着太后，悲凄道："母后，是我，我是郊师……"

泪水立马从太后眼中流下，她伸出颤抖的手抚摸着公子郊师憔悴的脸庞，说："郊师我儿……你怎么变成这样……母亲都认不出你了……"

公子郊师流着泪，哽咽道："儿这是……想母后……想的……盼母后……盼的……"

太后双手紧紧搂住公子郊师，脸上已老泪纵横，哭着说："母亲不离开你……再也不离开你……"

太后一刻也不能等了，她要让宣王立刻释放郊师，让郊师住在自己身边，照顾他，保护他。她见到宣王，对他道："王儿，你如果眼里还有我这个太后，就立刻把郊师放出来！"

齐宣王心觉不妙，但很快镇静下来，说："太后，公子郊师弑君叛乱，危害社稷，罪不该赦，儿不杀他，已是非常宽容，若放他出来，齐国还有什么国法可言？"

太后道："老妇不问国法，只问亲情，你既然是郊师的兄长，你就应该高抬贵手，放他出来！"

齐宣王正色道："儿不仅是公子郊师的兄长，还是他的君王。作为兄长，儿对他已经是仁至义尽；作为君王，儿决不能容许叛臣逍遥法外！"

太后脸带愠怒，冷冷道："这么说你是不肯放郊师了？"

"是的，如果放了公子郊师，儿对朝中大夫，对国人，对社稷都无法交代。"

"那好，你把老妇也关进牢狱，老妇要与郊师在一起！"

齐宣王一怔，说："太后，这万万不可……你这是陷儿于不仁不孝之地。"

"那就把郊师放出来。不放郊师,老妇就进牢狱陪着他!"

齐宣王没有办法,只好请孙膑给他出主意。孙膑建言放公子郊师出来,齐宣王犹豫道:"公子郊师出来后,肯定不会罢休,他还要作乱……他若逃到魏国,再抓他可就不容易了……"

孙膑微微一笑,道:"公子郊师出来后,大王装出对太后无可奈何的样子,对公子郊师的所作所为不闻不问,他认为有机可乘,就不会离开临淄,一旦大王抓住他的把柄,便可再次把他关进牢狱,这样,太后就无话可说了。"

高将军得到公子郊师出狱的消息,马上带着魏氏三兄弟来见郊师。郊师感激三兄弟在他落魄时仍忠心耿耿,安排三兄弟住在自己的王府,还为他们找来美女,嘱咐三兄弟听命而行,千万不可擅自出去惹是生非,以免坏了他的大计。

公子郊师安排完三兄弟又去拜见邹忌,原谅邹忌没能识破孙膑阴谋,请邹忌继续暗中联络朝中大夫,有朝一日,帮他控制朝政,安定国家。

公子郊师蠢蠢欲动,田忌不免担心,他对孙膑说:"邹忌派人转告我们,公子郊师篡位之心不死,高将军正秘密召集旧部,魏氏兄弟已经回到临淄,他们还要刺杀大王……先生,我们不能只是等待,而应该设法制止公子郊师胡作非为。"

孙膑道:"如今,等待就是最好的行动。"

"我担心若一时疏忽,让他们得手,后果不堪设想……先生,应该找一借口把刺客抓起来。"

"他还会再找刺客的。"

"那就逼刺客开口招供,有了刺客的供词,我们还可以再将公子郊师关进牢狱。"

"太后还会逼大王放人。"

"照你这么说,我们对公子郊师就无计可施了?"

第二十九回　欲擒故纵

"欲擒故纵，放纵公子郊师，让他亲自下手，在他下手之时，将他除掉。"

"我总担心……这样做太冒险……"

"要获全胜，有时就不得不冒险。"

魏氏兄弟住在王府，观赏美女跳舞，大口吃肉，大碗饮酒，过得倒也很惬意。但天天如此，不免有些厌倦，他们是野惯了的人，足不出户，再好喝的酒，再漂亮的女人，也没了味道，他们决定上街走走。

临淄街上，车水马龙，熙熙攘攘，行人各色各样，货摊丰富多彩。魏氏三兄弟走在街市上，目不暇接，流连忘返，他们后悔不该听从公子郊师的，在屋子里白白憋了这么多天。

这时，孙膑的马车恰巧从街上驶过，行人们无不恭敬地和孙膑打招呼。三兄弟还从未见过孙膑，听说坐在马车上的人就是孙膑，纷纷挤上前打量孙膑。

孙膑无意中瞥见了形象各异的三兄弟，他们那充满杀机的目光，深深印在他的脑子里。

自从见到孙膑，魏伯就在想，何不先刺杀孙膑，杀了孙膑，照样可以名扬天下。他把他的想法告诉了魏仲和魏叔。魏叔不同意，因为公子郊师没让他们擅自行动。

"他害怕孙膑，我不怕。"魏伯表示很不屑。

魏叔说出了他的顾虑："我们受雇于公子，他不下令，我们就是杀了孙膑，也得不到重赏。"

"哼，杀了孙膑，我去找公子要赏，他不给重赏，我不会放过他。"

"大哥，还是告诉公子一声为好。"

"告诉他，我们就杀不成了。"

"三弟，干吧，"魏仲也赞同杀孙膑，他对魏叔说，"毕竟，杀人比睡女人还要过瘾。"

一钩弯月挂在静静的夜空，人们都睡了，大街小巷是那么的安静，那么毫无防备。

魏氏三兄弟翻过田府的墙头，顺着墙根，悄悄来到孙膑住处，轻轻拨开房门，走进屋内。屋内条几后坐着一个人，他俯在几上，已经睡了，几上的火烛光照在他的身上，他身上的衣服正是白天孙膑在街上穿的那件。

魏伯走到那人身旁，冷笑道："孙先生，别睡了，该上路了……"他说着推了那人一把。魏伯感到有些不对，伸手抓住那人的衣领，将其从几上拉起一看，那是一个假人。三兄弟暗道不妙，转身溜出屋子。

三兄弟在田府院内没遇见任何阻拦，便逃了出去。他们一口气逃回王府，满脑子不解。

魏仲喘着气说："一定是有人透露了消息。"

魏伯摇头道："不可能，这件事只有我们三人知道。"

"孙膑可能根本不知道我们要去杀他，"魏叔思索片刻，说，"如果知道，他早就在院子内外埋下伏兵了。"

魏伯点点头，然后道："不过，他既然不知道，为何要在屋内摆个假人？"

魏叔自作聪明地说："那个假人一直在他屋内，真人另有住处，这叫防患于未然。"

魏仲道："有道理……可惜，三弟事先没想到这一点。"

"你们说，这件事告不告诉公子？"魏伯询问道。

魏叔道："不能告诉他，若告诉公子，他必然思前顾后，迟迟不敢对齐王下手，这样，我们不知还要等多长时间。"

魏仲持相反的意见说："应该告诉公子，我们已经惊动了孙膑，孙膑必然加强防范，公子若不知此事，贸然行动，将难以成事。"

魏叔道："孙膑加强自己的防范，必然忽视王宫的防范，我们去杀齐王，不就更有把握了吗？"

魏伯认为魏叔说的有道理。

第二十九回 欲擒故纵

孙膑这一夜没有睡，他一直在和田忌下棋。他白天从三兄弟那可怕的目光中就预感到，他们晚上可能会动手。三兄弟走后，他才把三兄弟行刺的事告诉了田忌。田忌埋怨孙膑说："这么大的事，你怎么不事先告诉我呢？我好在院中布下伏兵，将他们生擒活捉，以除心腹之患。"

孙膑笑道："正因为如此，我才不能告诉你，我不想因此惊动公子郊师，我要继续放纵他，好让他早日动手。"

"这次不得手，他们还会来……"田忌看了孙膑一眼，"这次若不是你偶然之中产生预感，怕是已经没命了……必须除掉这几个刺客，他们太危险了！"

"除掉刺客，必然吓跑公子郊师，他若再次逃到魏国，除掉他就难上加难了。"

"那你说怎么办，刺客随时都会来，一旦疏忽，后悔晚矣。"

孙膑微微一笑，道："大将军，你别担心，我已经想好了，我们离开临淄，到我的封邑博昌去住……这可安全了吧？"

田忌点点头，说："行，明天你就走，我留在临淄。"

"你不能留下，你也要走。"

"我走了谁保护大王？"

"我就是要让公子郊师感到我们无意保护大王，这样，他才会尽快下手，我们也才能尽早除掉他。"

田忌与孙膑离开临淄的消息很快就被公子郊师知道了，他感到起事的机会到了，但必须查清田忌与孙膑离开临淄的原因，以免再次落入圈套。他让邹忌调查此事，邹忌很快就查清了，邹忌对他说："昨夜有人潜入田府，刺杀孙膑未成，被孙膑事后发现……他和田忌离开临淄，定是与此有关。"

公子郊师道："你的意思是说，他们害怕了？"

邹忌摇摇头，说："孙膑与田忌绝非胆小怕死之人，他们之所以走，是另有缘由……田忌、孙膑都想在齐国建立永世留名的功业，要建功立业，必须使齐国朝政安定，所以他们一心想除掉公子。可是大王惧怕太后，对公子心慈手软，他们曾在许多大夫面前露出心灰意冷之意，不愿再干预王位之争……昨夜他们又遇刺客，他们定是认为，如此死在刺客之手太不值，不如暂时离开临淄这是非之地。"

公子郊师点头称是："邹先生说的有道理……不过，据我所知，临淄城内没人想杀他们，也没人敢杀他们。"

"公子不是想杀他们吗？"

"可我没有去做。"

"公子，你是不是不相信我。"

"你这话什么意思？"

"据说昨夜前往田府刺杀孙膑的是三个人……除了魏氏兄弟，这三人还能有谁？"

"不可能是魏氏兄弟，没有我的命令，他们不会擅自行动。"

邹忌叹了口气，说："公子不相信我也是应该，谁让我将公子骗至临淄，险些丧命呢……"

公子郊师忙道："邹先生，你别误会，我这就找魏氏兄弟当面对质。"

邹忌装作无所谓的样子："算了，为了这么点小事不值得这么认真。"

公子郊师淡淡说道："这绝非小事，如果魏氏兄弟不是刺客，孙膑离开临淄，极有可能是一个阴谋。"

公子郊师派人叫来魏氏兄弟，询问他们刺杀孙膑之事，魏氏兄弟异口同声否认。魏仲对公子郊师说："公子，我们这几天足不出府，怎么可能去刺杀孙膑呢？"

公子郊师道："去了就是去了，我不会怪罪你们。"

魏叔说："没去就是没去，我们不怕公子怪罪。"

邹忌在一旁道："不是你们是谁？别人没有这个胆量。"

魏仲说："我们虽有胆量，可没有公子的命令，我们的胆量绝不会拿出来。"

邹忌道："你们敢不敢起誓？"

魏叔敷衍地说："这点小事，用不着起誓。"

第二十九回　欲擒故纵

"你们不敢。"邹忌有意激他们。

"这有什么不敢，我起誓……"魏叔拔出剑，指着天："我魏叔如果去刺杀孙膑，将死在……"

一直没开口的魏伯一把夺下魏叔手中的剑，十分严肃地对他说："别的事可以说谎，对天起誓不能说谎。"他转过身子对公子郊师说："公子，昨天晚上我们的确刺杀过孙膑，只可惜没有得手，如果因此打乱了公子的部署，我们甘愿受罚。"

公子顿时脸露喜色，道："我不但不罚你们，还要奖赏你们！"

三兄弟都不解地看着公子郊师。

公子郊师道："孙膑、田忌被你们吓跑了，夺取王位，将如囊中探物！"

魏伯顿时来了兴致，说："公子，我们今天就去杀齐王。"

公子郊师得意道："不，我们不杀他，我们兵围王宫，逼迫辟疆交出王位，这样事后将免去很多麻烦。"

公子郊师和高将军，还有魏氏兄弟，带领着高将军召集起来的旧部，将王宫团团围住。高将军气壮如牛地对站立在宫墙上的宫卫将军高声喊道："请转告大王，如果大王再不答应公子的要求，我们可要攻打王宫了。"

宫卫将军回应道："高将军，大王说，他即使死，也不会把王位让给叛臣。"

"那我们就对不起了。"高将军手中剑一举，十几名叛军拥着巨大的圆木撞车向宫门撞去。

随着宫门的一声轰响，宫墙上冒出黑压压的弓箭手，铺天盖地的箭雨一拨又一拨地向宫墙下的叛军射来，叛军猝不及防，顿时阵脚大乱。

叛军尚未回过神来，身后又响起急促的战鼓声，喊杀声更是惊天动地。

高将军明白，他们又一次中计了。他推开驾车的士兵，亲自驱车而逃，魏氏兄弟紧随其后。高将军的部下们乱作一团，四处逃窜。

公子郊师未能逃脱，他被田国手下的士兵困在宫墙下，弓箭手们拉开手中弓箭瞄准立在王车上的公子郊师。

一片箭飞过去，公子郊师中箭而倒，摔出马车。

公子郊师万万没想到自己会死，他挣扎着爬起来，要去见太后。

只听田国一声令下："杀死他！不要活的。"

士兵们手中的兵器同时向公子郊师刺去。

按："欲擒故纵"是三十六计中的第十六计，意思是：为更有利地消灭敌人，有意暂时放纵敌人，使敌人放松警惕，然后再伺机而动，歼灭敌人。孙膑为根除叛乱势力，用此计放纵公子郊师，在其叛乱之时，将其消灭。欲知后事如何，请看下回："借尸还魂"。

第三十回　借尸还魂

公子郊师的死，令太后悲痛欲绝，她哭着闹着要齐宣王还她的儿子。齐宣王向太后解释说："两军交锋，兵戈无眼，他死于混战之中，儿也无可奈何。"

太后不依不饶，情绪更为激动："你不下令出兵讨伐郊师，他怎么会死于混战之中？罪魁祸首还是你！"

齐宣王无奈道："儿身为一国之君，面对叛乱若不出兵制止，国家就会陷入灾难，儿无法向宗庙内的先祖交代，更无法向齐国臣民交代。"

太后抹了一把泪，道："你可以制止叛乱，但你不能杀死郊师，你……你不还我公子郊师，老妇就死在你面前……"

她说着就向柱子撞去，齐宣王连忙一把拉住了她。

太后全力挣扎，哭喊着："放开我，放开我，让我死……"

齐宣王死死拉住太后，劝道："人死不能复活，太后，你应该想开……"

"老妇就是想不开，老妇没有了儿子，老妇没法活！"

"太后，儿向您认错还不行吗？"

太后伤感道："晚了，郊师已经死了，老妇要到九泉之下陪伴我儿……"

这时，钟离春从内室走出，对太后道："公子郊师煽动叛乱，危害国家，死在战乱之中，是咎由自取！太后若为叛臣寻死觅活，祖庙内的先王将如何看待太后？"

太后理亏，无法回答钟离春这么直接的问话，便道："老妇不与你说话，老妇只与王儿说话。"

钟离春平静道："大王不是你儿子。"

"大王怎么不是老妇的儿子？是老妇亲手把大王带大的。"

"你并没把大王当做自己的儿子。"

"你知道什么，大王病了，老妇亲自给他煮药；大王冷了，是老妇给他盖被，老妇对待王儿如同亲儿子一样。"

钟离春淡淡一笑，道："太后说的是以前，我说的是现在。太后如果真把大王当做亲儿子，就不应该偏袒公子郊师，纵容他刺杀大王，叛乱篡位。"

太后无言以对。

钟离春看了看太后那老泪纵横的脸，语气柔和了许多，道："太后，公子郊师死了，还有大王，大王一定会像对待亲母亲一样对待太后……"

宣王也上前劝慰太后说："王后说的极是，太后对待儿如同亲生一般，儿对待太后也应该如亲母亲一样……"

太后呆了片刻，老泪再次流下，伤心地说："只是老妇再也见不到郊师儿了……"

说着，她放声痛哭起来。

庞涓率领魏国大军经过多日浴血奋战，终于打败了秦国军队，迫使秦军退回函谷关。韩王没有如约截断秦军的粮道，更未出兵相助，使他这一仗打得非常艰难。他对韩王恨得咬牙切齿，他发誓，此仇不报，誓不为人！可他眼下不能，军队疲惫不堪，太子申还在韩国做人质，还有齐国的孙膑，那才是他真正的对手。他只好带领他的军队返回魏国国都大梁。

费将军先于庞涓赶到大梁，他是专程来请罪的，他对庞涓说："罪将未能完成元帅的重托，有失元帅信任，请元帅惩罚罪将。"

庞涓大度地道："公子郊师的死我已经听说了，这不能怪你，也不能怪他，你们都不是孙膑的对手……本元帅恕你无罪。"

"元帅，公子郊师的部下，急于为郊师报仇，元帅可借此，携败秦军之威讨伐齐国，打败孙膑。"

第三十回 借尸还魂

"此次与秦军恶战,虽然获胜,但伤亡很大,军队必须休整一段时日,方可再战。"

"元帅休整之时,齐国的军队也将得到休整,待齐军休整之后再想打败他们,就难了。"

庞涓诡秘一笑:"我不会让他们得到休整的。"说着他拍了拍手。

一个长得颇似公子郊师的男子走了进来。

庞涓对费将军道:"你看他是谁?"

费将军愣愣地看着走进来的男子,疑惑不解:"公子郊师……这不可能。"

"你再仔细看看。"

费将军仔细打量着站在面前的男子,那男子显得很局促,点头示意问候。

费将军疑惑地对庞涓说:"难道公子郊师没有死……"

庞涓道:"他确实死了,这是一个秦国的随军小吏,因为长得酷似公子郊师,所以我没杀他。"

费将军似乎有些明白了,说:"元帅是打算让他装扮成公子郊师,继续与齐国作对,使齐国不得安宁,军队无暇休整。"

庞涓笑着点了点头。

费将军摇头道:"元帅,他无法装扮公子郊师,他的士兵都知道公子郊师已经死了。"

庞涓笑道:"有多少人看到公子郊师死了?你们对他的士兵说,那是孙膑的谣言,是为了动摇军心。"

"我担心那些士兵们不相信……"

"你让高将军带着假公子潜入临淄,想办法见到太后,让太后给他一个真实的身份。"

自从郊师死后,太后万念皆灰,吃不下,睡不好,无时不在想念自己的儿子。宣王告诉她,郊师已经下葬了,就在城东王室墓地,宣王愿意陪伴她一起去看望郊师。太后直接回绝了，她要自己去，她不愿让任何人听到她和自己的儿子说话。

公子郊师的墓地在一个小山坡上，那里树木茂密，茅草丛生，只有郊师那方方正正的坟墓袒露着暗黄色的新土。

太后在两个宫女的搀扶下向郊师的坟墓走来，身后还有几个宫卫。她走到儿子的坟墓前已是痛不欲生，她跪在儿子墓前——母亲对儿子本不该跪，她还是跪下了，她觉得对不起儿子，没能保护好他。她放声哭喊着："郊师吾儿，你死得太惨了，太惨了……"

宫女和宫卫也在太后身后跪下来。

一个汉子踉踉跄跄从树后走出，正是魏叔。魏叔走到坟前，跪在太后身旁，面对坟墓大声哭道："公子，你不该死啊，不该啊……上天啊，睁开你的眼吧，让公子回来吧……我们需要他，他不能死，不能啊……"

太后被魏叔这一出搞得莫名其妙，愣愣地看着他。

一个宫卫起身走到魏叔身旁，一把拉住魏叔的衣领，呵斥道："走开，这不是你哭的地方。"

魏叔委屈地说："你这是什么话？准许你们哭，就不准许我哭吗？"

宫卫的脸马上阴沉了下来："少废话，走开！"

魏叔面向太后道："太后，我是公子郊师的朋友，听说公子死于非命，悲痛欲绝，千里迢迢赶来，就是为了痛痛快快哭上一场……太后，千万别让他们赶我走，好吗……"

太后虽然不知道魏叔是干什么的，但是他是为郊师所哭，哭得那么悲切，一定是郊师的朋友。她向宫卫摆摆手："退下。"

宫卫解释说："太后，他一个平民百姓，不能与太后跪在一起……"

"少废话，退下。"太后不想听他说废话，不容置疑地打断了他。

宫卫了解太后的脾气，二话没说，转身退到原处。

太后和颜悦色地对魏叔道："孩子，你哭吧，想怎么哭，就怎么哭。"

魏叔看了看身后不远的宫卫和宫女，对太后说："太后，你能不能再让他们退得远一些，我不愿让他们……听到我哭。"

太后对身后的宫卫和宫女们命令道："你们退得远一些。"

宫卫和宫女们起身向后退了十多步。

魏叔又说："太后，还得再远一些，我要哭天，我要骂地，我要诅咒杀害公子的人……可是我胆小，不想让他们听见……"

太后理解他的心情，对宫卫们大声道："你们再退远一些，到林子外面去，老妇不愿看见你们！"

宫卫头目欲言又止，带着宫卫和宫女们离开了墓地。

太后对魏叔道："好了，你哭吧，你骂吧，没人会听见了。"

魏叔露出一副憨厚的笑脸道："太后，我方才是装哭。"

"你说什么？"太后一愣。

"太后，公子其实并没有死。"

太后根本不相信，道："你……你是不是在戏弄老妇？"

这时，高将军从树后走出来，向太后施了一礼，然后说："太后，他说的是真的。"

太后吃惊地看着高将军，道："高将军……你是在安慰老妇吧？"

高将军说："不是……太后，公子就在这附近，他想见你。"

"你说的可是真的？"太后还是难以相信。

高将军点点头："微臣这就带太后去见公子。"

高将军把太后带到林中的一间草屋内，太后在昏暗的光线中，看到了那个长得酷似郊师的人。四目默默相望。

太后不敢相信自己的眼睛，喃喃道："郊师，真的是你吗？"

假郊师上前几步，跪在太后面前叩头说："不孝之子拜见母后。"

太后一把抱住假郊师的头，哭道："郊师吾儿，你让老妇想死了……"

"儿也想母后……"

时间似乎静止了，只有屋外的鸟雀在叫。

片刻后，太后抚摸着假郊师的头道："你的嗓音为何不像以前那么好听了？"

假郊师故作伤感地说:"儿死里逃生,颠沛流离,风餐露宿,哪还有好听的嗓音?"

太后眼中的泪水再次涌出:"郊师,你太苦了……"说着,失声痛哭。

"太后,现在不是哭的时候,"高将军上前劝道,"公子冒着危险来见太后,是有要事相求。"

太后擦擦泪,对假郊师道:"郊师我儿,说吧,你有何事需要母后去做,只要母后能做到,就一定去做;母后即使做不到,也要为你尽力。"

"母后,儿想做齐国君王。"

太后摇头道:"为了王位,你险些丧命,这王位不要也罢。"

假郊师说:"人活世上,应该成就一番事业,不做君王,儿宁可死!"

太后不无担忧地对假郊师道:"你不是辟疆的对手,他有孙膑、田忌,还有众多军队的拥护……"

假郊师说:"我可以借助魏国的力量,打败辟疆。"

太后还想说什么,但没说,她不想让苦命的儿子为难,便问:"你要母后做什么?"

假郊师脱口而出:"儿要母后下命,废除辟疆,立儿为齐王。"

太后苦笑道:"郊师,你是不是被他们气糊涂了,母后没有权力废除辟疆。"

"母后虽然没有权力,但母后有威望,只要母后为儿写一则废除辟疆、立儿为王的旨令,儿便可以此为凭证,利用母后的威望,召集旧部,与辟疆分庭抗争,最终逼他让位。"

太后犹豫道:"可是……齐国会因此动荡不安……"

假郊师说:"儿并无意使国家动荡,儿是被逼无奈,辟疆时时想除掉儿,儿不夺取王位,早晚会被他杀死。"

为了儿子,为了让儿子好好地活着,太后答应了他的请求。

有了太后的旨令,假郊师在垂都堂而皇之地自称齐王,垂都的叛军振奋不已,他们不再是乌合之众,他们有盼头了,有朝一日公子郊师一旦成

第三十回 借尸还魂

事，他们就会拥有高官厚禄、黄金土地，还有无上的荣耀。叛军们在高将军的带领下，向假郊师跪拜起誓：唯大王之命是从，赴汤蹈火，死而无憾！

假郊师的第一道王命就是夺取齐国边城马陵，他要在自己的国土上发号施令。马陵城守卫城门的士兵毫无防备，被装扮成百姓的魏氏三兄弟打了个措手不及，城门大开，叛军们蜂拥而入。

马陵失守的急报送进王宫已是晚上，齐宣王即刻召田忌和孙膑进宫，面色沉重地说道："马陵送来急报，说公子郊师没有死，他率领叛军夺取了马陵，并且在马陵自立为王。许多逃匿的叛军又回到他的手下……"

"大王，"田忌道，"田国将军亲眼目睹，公子郊师死在士兵的乱戟之下；他的尸体入棺之时，臣也曾亲自验尸，他不可能还活在世上。一定是庞涓的人冒名顶替。"

"嗯……极有可能。"齐宣王若有所思地点点头，继续道："田将军，孙军师，不能让这个假公子继续蛊惑人心，与寡人分庭抗礼。寡人命你们立刻率十万大军夺回马陵，消灭叛军，除掉假公子。"

孙膑对宣王道："大王，庞涓这样做是为了牵制我们，使齐国大军无暇休整，此次前往马陵，不宜兴师动众，我与田国将军带五万人马足矣，田忌将军可留在临淄，休整大军，准备与庞涓大战。"

田忌不放心，他对孙膑说："五万人马太少了，如果庞涓率大军增援马陵，先生的五万人马将难以应付。"

"田将军放心，五万人马强攻马陵是少了些，但马陵叛军是乌合之众，只要揭穿假公子，叛军必无心恋战，攻克马陵易如反掌。庞涓大军若增援马陵，我不会用鸡蛋去碰石头，我将立刻撤军。"停顿了片刻，孙膑继续道："我倒是希望庞涓的大军增援马陵，这样得不到休整的就不是我们，而是庞涓了。"

齐王认为孙膑说的有理，同意出兵五万。

田忌不同意，他对宣王说："大王不可轻率，即使庞涓大军不支援马陵，垂都还有数万魏军，最令人担心的是魏氏兄弟，他们有万夫不当之勇，上次田国将军手下死伤数百将士，也未能将他们抓获……他们会危及军师的性命啊！"

齐宣王又犹豫起来，问田忌："田将军，你说怎么办？"

田忌说："还是多派军队为好。"

孙膑摇头道："为了几个刺客，多派军队不值得，也不一定有作用。"

齐宣王问："依军师之意，该如何对付魏氏兄弟？"

钟离春从内室走出，对齐宣王道："大王，臣妾知道如何对付魏氏兄弟。"

齐宣王急切地说："王后请讲。"

"臣妾随军师同征。"

"你？"齐宣王顿时一愣。

钟离春点头道："我足可以对付魏氏兄弟，保护孙军师。"

田忌在一旁说："大王，王后说的极是，只有王后才能对付魏氏兄弟。"

齐宣王沉思不语。

钟离春恳求道："大王，孙军师对齐国太重要了，你就让臣妾去吧。"

田忌也恳求道："大王，就让王后去吧，王后若能随军，可保军师安然无恙。"

齐宣王不愿当面反驳王后，便问孙膑："孙军师，你的意思呢？"

孙膑打心里想让钟离春同行，但又担心宣王起疑心，便沉声道："王后随军，多有不妥，齐国也从未有过先例。"

齐宣王不由点了点头，他让孙膑回去想一个更妥善的办法。

孙膑和田忌离开王宫后，钟离春对宣王说："大王，臣妾随军出征，不仅仅是为了孙军师，更是为了国家。"

齐宣王道："随军出征，将有生命危险，寡人放心不下。"

"臣妾的剑术，大王曾亲眼所见，臣妾多次来往两军阵前，出生入死，却未伤及一根毛发，大王没有必要担心。"

"常在河边走，总有湿鞋时……你万一有个闪失如何是好？"

"臣妾若有闪失，愿受大王任何惩罚。"

第三十回　借尸还魂

齐宣王没好气地道:"王后,你这是说的什么话!若有闪失,王后命将不存,寡人如何再惩罚你?"

钟离春很认真地说:"大王可惩罚孙先生,惩罚田将军,惩罚齐国社稷,臣妾是为了他们才随军出征。"

齐宣王无言,他不知道该如何反驳钟离春。

"大王,你倒是说话啊……"钟离春催促着。

"寡人只有一句话,你不能去。"

"还是在为臣妾担心?"

"也是,也不是。"

"那是为什么?"

齐宣王犹豫片刻,道:"寡人不便明说,你心里应该明白。"

钟离春听出了齐宣王的话外之意,这种是她最不愿让宣王想到的。她对宣王说:"大王是不是因为公孙阅曾污蔑臣妾与孙膑有过私情,担心臣妾随孙膑出征,重续旧情……"

"知道还问什么?"齐宣王阴沉着脸打断了她。

"大王,公孙阅是魏国的奸细,唯恐齐国不乱,他的话大王为何至今还信以为真呢?"

"不仅是公孙阅,还有一个人也对寡人说过。"

"这个人肯定与公孙阅有同样目的。"

"恰恰相反,这个人没有恶意,他是为你们好。"

"他是谁?"

"寡人答应过他,永远不把他的名字告诉第三个人。"

"臣妾怀疑,这个人根本就不存在。"

"寡人可以发誓,这个人不但存在,还是你们的好朋友。"

钟离春一时猜不出宣王说的这个人是谁,但她明白,宣王什么都知道了……她多么想和孙膑一起离开齐国,但孙膑不会答应,齐国现在还需要他,他一定会去马陵,而去马陵一定会有危险。她不知道怎么办,到底怎样才能保护她心爱的人?

月亮已经升高了，钟离春坐在宣王的睡榻，望着窗外的月亮，沉思不语。

齐宣王脱去外衣，坐在钟离春身旁，对钟离春道："王后，别费心了，你一辈子也想不到他是谁……去歇息吧。"

钟离春坐在睡榻上没动。

齐宣王见状，道："去吧，王后。你不走，寡人也没法歇息，寡人累了。"

钟离春艰难地做出了决定，她说："大王，今晚臣妾不走了……"

"王后，有话明天再说，你也累了，歇息去吧。"

"臣妾陪伴大王歇息……"说出这几字后，钟离春觉得她的心已跌入谷底。

齐宣王顿时一愣："王后，你……"

钟离春平静地对宣王说："大王，自从臣妾与大王结为夫妻以来，还未与大王享受过夫妻的恩爱，臣妾今夜想与大王……结为真正的夫妻……"

齐宣王有些难以相信，道："王后，你不是说……待振兴齐国之后，再……"

钟离春柔声道："这段时间以来，大王疏远奸佞之徒，任用贤臣良将；节制美色饮宴，立志奋发图强，臣妾都看在眼里。齐国振兴指日可待，臣妾……不需要再等了……"

齐宣王将钟离春搂在怀里，柔情四溢，他一直在盼着这一天，他把钟离春缓缓放倒在睡榻上……

窗外的月亮害羞地藏入云中，它想看，又不忍看——人间这最幸福的，也是最无奈的一幕……

短短的时刻，钟离春好像经历了一生，艰难的一生，发髻蓬松的钟离春躺在睡榻上，泪水从她眼角缓缓流下。

齐宣王轻轻抚去钟离春眼角的泪水，安慰道："王后，别哭，姑娘第一次都这样……"

钟离春喃喃道："我不是为了这个……"

"那是为什么？"

第三十回 借尸还魂

钟离春沉默无言。

"是不是因为寡人错怪了你与孙先生……"

钟离春还是无言。

齐宣王懊恼道："如果寡人早知道你是姑娘身子,寡人就不会……王后,寡人向你道歉……"

钟离春长出一口气,宣王永远不会知道她是为什么,她是为了爱,刻骨铭心的爱,她为了爱付出一切之后,便再也不会得到它了……

第二天钟离春女扮男装,身穿卫士服饰来到孙膑的住处,孙膑一愣,问:"大王同意了?"

钟离春点点头。

孙膑又好奇地问:"你是怎么说服大王的?"

钟离春极力忍耐着,但终于没忍住,她扑到孙膑怀里,泪流满面,伤心地哽咽道:"孙先生……我与大王……我对不起你……"

孙膑看着怀里痛哭不已的钟离春,一句话也说不出来……他知道钟离春所做的一切都是为了他……他不知道如何安慰这个从心里深深爱着自己的姑娘,他只盼望尽快完成在齐国的使命,和自己心爱的姑娘远走高飞,过他们自己的生活。却不想,终成了一种美好的奢望。

孙膑率领五万人马刚刚赶到马陵,禽滑便骑快马匆匆追来,他对孙膑道:"先生,大王命令你停止攻打马陵。"

孙膑问:"出了什么事?"

禽滑道:"大王说,公子郊师没有死,就在马陵。"

田国说:"这不可能,我亲眼看见公子郊师死在士兵的乱戟之下,他怎么会没死呢?"

禽滑道:"大王说,你们杀死的,是公子郊师手下一个长相酷似公子郊师的替身卫士。"

"这是谣言!"田国无论如何也不能相信。

钟离春在一旁问道："大王是听何人所说？"

"太后，"禽滑道，"太后说，前些日子，公子郊师去见过她。"

孙膑顿时了然，淡淡一笑道："庞涓这一步看似平庸的棋，因为有太后，变得高明了。"

按："借尸还魂"是三十六计中的第十四计，原意是指已经死亡的东西，借用另一种形式出现。庞涓用假公子郊师代替死亡的真公子郊师，使齐国的叛乱势力由衰而兴。欲知孙膑如何平息齐国的叛乱，请看下回："釜底抽薪"。

第三十一回　釜底抽薪

　　田国的军队兵临马陵城下，马陵城上的叛军准备拼死一战。田国对城上的高将军说，他不是来攻城的，他要见一见所谓的公子郊师。高将军让田国起誓，不能借此伤害公子郊师。田国对天发誓。

　　任凭城下如何千呼万唤，假公子郊师还是没有出来，他从未见过这般阵势，深感害怕。田国等得有些不耐烦，高声对高将军喊道："高将军，公子郊师怎么还不露面，是不敢，还是马陵根本就没这个人？"

　　高将军回应道："田将军，你别着急，公子一定会来。"

　　田国笑道："我不着急，着急的是你高将军，请不出公子郊师，高将军可是无法收场啊。"

　　高将军心中痛骂假公子胆小如鼠，他命令士兵再去催促他们的"大王"。

　　假公子终于来了，他在多名盾牌手的护卫下来到高将军身旁。假公子心惊胆战地对高将军道："高将军，你可一定要保证寡人的安全……"

　　高将军说："大王放心，他们不敢怎样。"

　　高将军将公子郊师拉到墙垛边，然后对城下高声说："田将军，睁大眼睛看一看，站在我身旁的是何人？"

　　田国望着城墙上的假公子愣住了。

　　田国手下的士兵们也愣住了。

　　"公子郊师，真是公子郊师！"

　　"这可真怪了，他明明被我们杀死了，怎么又活了呢？"

……

田国撤军回到大营的时候，还是疑惑不解，他对孙膑说："军师，也许我们杀死的，真的是公子郊师的替身。"

孙膑心中有数，道："这一个才是替身。"

"军师，你没看见他，他真的是公子郊师……"

孙膑笑了笑，道："他如果真的是公子郊师的话，就不会千呼万唤之后才出来，而是早早就傲立于马陵城头之上了。这才符合公子郊师的秉性。"

田国恍然大悟，说："对呀！公子郊师不会如此胆小谨慎……军师，他既然不是公子郊师，那我们可以进攻马陵了吧？"

禽滑在一旁道："不行，只要太后还把他当做公子郊师，大王就不会同意我们攻城。"

孙膑点头认可，对禽滑道："禽先生，你立刻回临淄，设法把太后请来，我们要当着太后与叛军的面，揭穿假公子郊师，这样不但太后再也没有理由阻止我们平息叛乱，马陵叛军也将军心浮动，无心守城。"

孙膑又对钟离春道："钟离姑……王后娘娘，有劳你去一趟魏国，去找钟离秋，请她帮忙查明假公子郊师的真实身份，太后来到马陵后，我们对她好有个交代。"

钟离春不放心孙膑，说："我走了以后，谁来对付魏氏兄弟？"

孙膑道："我这次兵临马陵城下，有两个目的，一是见识见识那个假公子郊师；二是虚晃一招，然后退兵一舍，迷惑马陵叛军，使叛军们以为，我是在引诱他们进入无城可守的旷野之中，从而不敢轻举妄动。叛军不出兵，魏氏兄弟也不会单独行动。"

钟离春快马加鞭赶到魏国大梁，趁着夜色悄悄摸到钟离秋的家，姐妹俩相见，激动得紧紧拥抱在一起，许久才分开。

钟离秋问："姐姐，你从这么老远的地方来，一定有什么重要的事吧？"

钟离春道："庞涓不知从哪弄来一个长得特别像公子郊师的人，那个人在齐国边城马陵，硬说自己就是公子郊师，并且自立为君王，孙先生想让你帮他查清那个人的真实身份。"

"我帮不了他。"钟离秋闻此，立刻变得非常冷漠。

钟离春语重心长地道："秋，如果弄不清假公子的真实身份，孙先生就无法平息这次马陵叛乱。"

钟离秋仍冷冷地道："孙膑他神机妙算，根本不需要我这样的弱女子帮助他。"

钟离春用乞求的口吻："那你就算是帮我，帮姐姐行吗？"

钟离秋沉默片刻，才开口说："姐姐……请原谅，我也帮不了你……"

"还记恨姐姐呢？"

"不是。我既然是魏国公孙阅的夫人，就不可能帮助魏国的敌人。"

"可你毕竟是齐国人。"

"我现在已经嫁给魏国了。"

"那，你永远不打算回齐国吗？"

"是的，永远不打算回齐国了。"

"要是让你嫁给孙膑，你回齐国吗……"

"姐姐，我现在已经不是过去的钟离秋了，你不要再用这样的话糊弄我。"钟离秋的脸色沉了下来。

"姐姐怎么会糊弄你，姐姐是真心的，秋。"

"姐姐，我记得你曾经对我说这样的话，强扭的瓜不甜。"

"这次我想他会心甘情愿。"

"不，他心甘情愿要娶的是姐姐。"

钟离春不禁苦笑，道："这已经是不可能的事情了，大王与姐姐已经成了真夫妻了……"

钟离秋一怔，说："姐姐为何会……你完全可以不这样……"

钟离春轻轻抚摸着妹妹的头发，道："秋，姐姐确实喜欢孙膑，从心里喜欢，可是现在姐姐已经不可能了，姐姐清楚你对孙膑的感情，你比姐姐还要喜欢孙膑，你为他吃了那么多苦，姐姐一想起来心里就特别难受，姐姐不知应该对你说什么好……你能再帮他一次吗？"

钟离春再次抱住姐姐："姐姐，你不用再说了，我心里全明白……"

钟离秋悄悄问了许多人，没人知道假公子的事，姐姐又急着回去，她只好把最不愿见的人庞葱——请到了自己家中。她为庞葱摆上菜，端上酒，庞葱受宠若惊，两只眼睛不住打量着钟离秋。

钟离秋为他斟满酒，说："庞将军，这些日子，你三番五次来我家，乡邻们多有议论，我希望庞将军喝了这些酒，以后就不要再来找我了。"

庞葱忙收回目光道："可是我……对你并没怎么样……"

"虽然如此，可我一个寡妇，容易引来议论。"

"你嫁给我，就没人议论你了。"

"我是公孙阅的女人，不会再嫁给第二个男人。"

"钟离姑娘，你还年轻，没有必要为公孙阅守一辈子寡。"

"公孙阅在世的时候，一心一意待我，我不能对不起他。"

庞葱不屑地道："公孙阅对你并非一心一意，他在外面还有别的女人。"

钟离秋正色说："不许你污蔑公孙阅，他是坐怀不乱的君子，从不沾惹别的女人。"

庞葱笑了笑，道："你可认识公孙阅送给齐王的美王妃吗？"

钟离秋说："听说过，但不认识。"

"她进宫之前，就是公孙阅的女人。"

"她不是，她进宫前是齐国公子郊师的女人，叫美玉。"

"公子郊师逃出临淄后，她一直跟着公孙阅。"

"你说谎，美玉没有跟着公孙阅，她一直与公子郊师在一起。"

庞葱一本正经地道："我没说谎，公孙阅来魏国为齐王选美女时，亲口对我说的，他本不想把美玉送给齐王，只是因为魏国没有胜过美玉的女人，他为了魏国，不得不忍痛割爱。"

钟离秋紧紧咬着嘴唇，愤然道："这个可恶的女人……该死！"

庞葱直勾勾地看着钟离秋道："钟离秋，真正能对你一心一意的是我……嫁给我吧……"

第三十一回　釜底抽薪

钟离秋无言。

庞葱抓住钟离秋的手："钟离秋……"

"你想干什么？"钟离秋连忙抽回手。

"我，我要你嫁给我……"庞葱难以控制住自己，他说着伸手将面前的桌几拖至一旁，向钟离秋靠过来。

"你别过来，别过来……"钟离秋惊慌失措。

庞葱继续向前挪动着身子，充满欲火的眼睛盯着钟离秋。

钟离秋已经退至墙下，无法再退，她惊恐地看着庞葱，威胁道："你敢动我……我可喊人了……"

庞葱的身子停在钟离秋面前，悻悻道："钟离姑娘，你是不是很讨厌我？"

钟离秋不知如何回答。

庞葱很大度地说："如果你讨厌我，我立刻就走，再也不见你……"他说着站起，转身欲走。

钟离秋忙说："不，你别走……"

庞葱回过身看着她，道："你不讨厌我，是吧……"

钟离秋心里极不情愿，但还是说："是的……"

庞葱"扑通"跪在钟离秋面前："钟离姑娘，嫁给我吧，我求你了……"

钟离秋镇定了一下情绪，说："庞将军，你向后退两步……我们心平气和地说，好吗？"

"说吧……"庞葱向后挪了挪身子。

"庞将军，我是第一次，听说美玉与公孙阅的事……我很难相信是真的……"

"钟离姑娘，你相信我，是真的……"

"庞将军，我不是不相信你，可是此事关系到公孙阅的名声……我想亲自问问公子郊师，公孙阅离开临淄的时候，美玉是不是跟他在一起……"

庞葱叹了口气："你无法去问公子郊师了，他已经死了。"

"你又骗我，公子郊师明明还活着，他就在齐国边城马陵。"

"我没骗你,他确实死了,马陵的公子郊师是假的。他是一个秦国随军小吏,叫冯错,在秦魏大战时,被我俘虏,叔父见他长相极似公子郊师,让他假冒公子郊师之名,与齐王作对。"

"你说的可是真的?"

"我庞葱对天发誓:我若有半句假话,死无葬身之地。"

钟离秋看了看庞葱认真的样子,说:"好,我相信你。"

"钟离姑娘,现在你可以答应嫁给我了吧?"

"不行。婚姻大事,我自己不能做主,我要问问我姐姐。"

"你姐姐远在齐国,如何去问?"

"我可以让人带信给她。"

"你姐姐恨我叔父,她不会同意我们的婚事。"

"不论她同意不同意,只要我告诉了她,就算礼到了。"

庞葱顿时无言,火辣辣的双眼盯着钟离秋的脸,道:"钟离姑娘,我可一天也不想等……"

"你如果真想娶我,你就给我等,否则,你得到的将是一具死尸!"钟离秋态度坚决,容不得半点商量。

庞葱默默盯着钟离秋,终于长出一口气,道:"好吧,我等你。"他说完站起身,"钟离姑娘,告辞了……"

庞葱走了。钟离春从内室走出,来到钟离秋身旁。钟离秋将瘫软的身子靠在钟离春身上,说:"姐姐,我真后怕……"

钟离春赶回马陵的时候,太后已经到了,禽滑费尽口舌才把太后请到了马陵。钟离春把假公子的来龙去脉禀报给太后,太后没听完就火了,气得直哆嗦,怒道:"住口!不许你再胡说八道!根本没有这么回事!"

钟离春说:"太后,这是庞葱亲口所说,马陵的公子郊师的确不是太后的亲儿子……"

"你再敢胡说八道,老妇就打死你!"太后说着举起手中拐杖。

禽滑急忙跨步拦在太后面前打圆场道:"太后,您老别发火,王后也是为您好，要是真把假公子当做真公子，不但祖庙内的先王不会饶恕你，就是您老自己，也将后悔莫及。"

太后理直气壮地道："老妇不后悔。"

"假儿子也不后悔？"钟离春问。

太后道："这不可能，世上没有长相跟郊师如此相似的人！"

禽滑说："太后，我记得您老说过，田国将军杀死的那个人是酷似公子郊师的替身卫士，那个所谓的卫士，不就是与公子郊师长得相似吗？"

太后哑然。

孙膑道："太后，先王在位之时，您协助先王，励志图强，振兴齐国，使齐国威震诸侯。而如今齐国国力衰退，内乱不止，有负先王，也有负您老数十年所付出的心血……难道您就不痛心吗？"

太后淡淡地道："这不能怪老妇，只能怪辟疆治国无能。"

"治理国家，不能仅靠一个君王，要靠我们大家，当然，也包括太后您。"

太后沉默不语。

孙膑语重心长地说："太后，齐国不能再乱下去了，若再乱下去的话，不但不能重振国威，还将被他国所灭……到那时，我们有何脸面去见先祖……"孙膑看了看低头不语的太后，继续道："太后，恕微臣直言，如果不是太后的干预，公子郊师的叛乱，不会至今不止。"

太后喃喃地道："可是……老妇不能没有儿子……"

"太后，他不是您的儿子，他只是用了您儿子的名字，如果他真是您的儿子，我们绝不杀害他。"

"他真是老妇的儿子，他去临淄看过老妇……"

"太后与他见面，是不是在一间昏暗的屋子里？"

太后一怔，问："你怎么知道？"

孙膑道："你们分别之时，他也没有离开过那屋子。"

"你是听谁说的？"太后更是不解，仿佛孙膑就在现场似的。

"这是我的推测，"孙膑道，"太后，他绝不是您的亲儿子，他是怕您看出破绽，所以才选择昏暗之处与您见面。"

"这不可能……"太后若有所思。

孙膑道："太后，微臣设法让你们再见一面，到时候，您老可仔细看看。"

太后和假公子在马陵城下又相见了，假公子站在高高的城墙上，太后坐在城下的一架马车上，他们远远相望。太后老眼昏花，看不清城上的假公子。来时孙膑已经安排好，让她不用看，只需问公子儿时的事情，他若是真的，一定知道，若是不知道，那就是假的。

田国手持盾牌立在太后身旁，他问太后："太后，先问他什么？"

太后想了想，说："你问他，几岁不尿铺？"

田国高声对城上的假公子道："公子郊师，你听着，太后问你几岁不尿铺？"

假公子不知如何回答。

高将军在一旁低声道："你就说，这种事，大庭广众之下，不好意思开口，让她改问别的。"

假公子会意，对城下喊道："母后，这种事情，儿子在大庭广众之下，怎么好意思说出口呢？您还是改问别的吧。"

"太后，他不知道。"田国低声对太后道。

太后不愿相信城上的公子郊师真的不知道，她自语道："也许，他是真的不好意思开口……"太后想了想，对田国说："田将军，你再问他，几岁不跟着老妇睡觉？"

田国高声道："公子郊师，你听着，太后问你几岁不跟着太后睡觉？"

假郊师不知所措地看着身旁的高将军，问："几岁呢？"

高将军极力思索着，道："好像是大了之后……"

"到底是几岁呢？"

"我也说不清……你就说……"

"太后，您看见了吧，"田国对太后道，"他什么都不知道，总是问高将军。"

太后的脸色逐渐沉了下来。

城上的假公子故伎重演，高声道："母后，您怎么又问这样的事情？说出来笑话，还是问点别的吧。"

"太后，还问他什么？"田国问道。

太后阴沉着脸说："你问他，老妇胳膊上有一块痣，在左胳膊，还是在右胳膊。"

田国高声道："公子郊师，你听着，太后问你，她胳膊上有一块痣，太后问你是在左胳膊，还是右胳膊。"

假公子又问高将军："是左胳膊，还是右胳膊？"

高将军摇头道："我也不知道。"

假公子着急地直冒汗，说："那可怎么办？"

高将军心想只有赌一把了，道："听天由命吧，你就说左胳膊。"

假公子高声说："母后，要是儿没记错的话，是在您左胳膊上。"

太后望着城上的假公子，久久没说话。

田国小心翼翼地问太后："太后，难道他猜对了？"

老泪从太后眼中流出，她伤感地喃喃自语道："他不是我儿子，我儿子已经死了……"

田国高声对城上道："太后说了，你不是她儿子，他儿子已经死了。"

城墙上下一阵骚动。

高将军忙对假公子道："你快说，刚才记错了，这块痣是长在右胳膊。"

假公子急忙高声说："母后，刚才儿记错了，您那块痣长在右胳膊上。"

太后喃喃道："老妇胳膊上根本就没有痣……"

田国高声道："太后说了，她胳膊上根本就没有痣！"

假公子慌了，他问高将军："高将军，这怎么办？"

高将军心一横，命令身边的士兵："告诉魏仲，准备下手。"

假公子面目已经被戳穿，田国不敢久留，他命令军队撤回大营，太后不让他走，田国道："太后，真相已经大白，若不及时离开，他们会下毒手的……"

太后说："他们不敢……田将军，你跟那个假公子说，如果他能够开城投降，老妇可以认他为真儿子，他可以继续做公子。"

田国道："太后，他不会的……"

"你就这么说便是。"

田国无奈，只好对城上高声道："冯错，你听着……"

假公子惊慌失措，说："高将军，他们连我的真名字都知道了，你说怎么办？"

高将军道："别慌张，让他说下去。"

田国对城上继续道："太后说，尽管你是冒名顶替，但只要你开城投降，太后照样认你为真儿子，让你继续做公子。太后还答应赦免马陵城内所有的人……"

魏仲躲在一个城垛后面，手里拿着一块石头，盯着城下的太后，手突然一挥，石头裹着风声飞了出去。

田国已来不及用手中盾牌，连忙将太后拉到自己怀里。太后还是没能躲过飞来的石头，那飞石击中太后的胳膊。太后大叫一声，倒在车上……

太后的伤不太重，只是疼昏了。她清醒过来的时候已是晚上，她躺在自己的营帐里，慢慢睁开眼，看着面前的孙膑等人。

孙膑行了一礼，说："太后，微臣无能，未能保护好您老人家，微臣罪不可赦！"

田国低头道："太后，罪不可赦的是卑将……"

太后吃力地摇摇头，叹道："你们都没罪，有罪的是老妇，老妇不该是非不分，认敌为儿……"太后说着不由地哭泣起来："老妇不是有意的，老妇是想儿子……"太后说不下去了，伤心地痛哭不已。

孙膑心怀内疚地说："太后，微臣对不起您，是微臣设计，杀了您的亲儿子……"

田国上前道："太后，对不起您的是卑将，您的亲儿子是卑将所杀……"

太后又摇摇头，道："不，郊师不是你们杀的，他是自己杀死了自

第三十一回　釜底抽薪

己……"

田国说："太后，您老是不是气糊涂了，公子郊师的确是卑将所杀，卑将对不起您老人家……"

太后轻咳几声，道："老妇不糊涂，郊师是被自己的野心所杀……他……该死……"说完最后几个字时，太后感到深深的无力。

众人一阵沉默。

此时一个将军走进营帐，报告孙膑马陵城内军心浮动，许多守城士兵弃城而逃。

太后抹了一把泪，对孙膑道："孙膑，你们千万不可放走那个假公子，不能让他再冒充吾儿郊师的名字，继续败坏老妇的声誉！"

孙膑躬身道："太后放心，微臣决不会放走他！"

　　按："釜底抽薪"是三十六计中的第十九计，此计之意是指从根本之处解决问题，就如抽去釜底燃烧的柴薪，才可彻底止住釜中之水的沸腾。孙膑当众揭穿假公子，使太后不再阻挠平叛，同时令叛军人心浮动，纷纷逃离，齐国叛乱之水，再也无力沸腾。欲知后事如何，请看下回："顺手牵羊"。

第三十二回　顺手牵羊

假公子的身份被揭穿后，马陵城内逃兵越来越多，高将军一面加强巡城，杜绝逃兵增加，一面派魏叔到垂都说服费将军，率军支援马陵，以稳定军心。

费将军惧怕孙膑，担心途中被齐军伏击，对魏叔说："你回去让高将军向垂都方向突围，我率军队接迎你们。"

魏叔道："马陵军心浮动，若离开马陵，多数士兵将趁机逃跑，到那时，不但突围不成，还将全军覆没……费将军，你可不能见死不救啊！"

费将军为难地说："我不是见死不救，我是担心孙膑再来一次'围魏救赵'，在途中伏击我的军队。"

"费将军多虑了，孙膑只有五万人马，包围马陵，已经力所不能及，他没有多余的军队伏击费将军。"

"这可难说，孙膑一向虚虚实实、真真假假。"

魏叔知道，费将军真是被孙膑打怕了，叹了口气："还是高将军说的对……"他向费将军施礼道："费将军，不难为你了，我回去转告高将军，让他投降孙膑。"

"你这是要挟我！"费将军脸色立时阴下来。

魏叔道："费将军，我决无要挟之意……我对你说实话吧，我来求援，高将军并不赞成，他说费将军害怕孙膑，不敢出兵，他打算投降孙膑。我们兄弟三人是费将军举荐给他的人，我们为费将军着想，据理以争，高将军总算答应让我来垂都一试，没想到费将军确如高将军所说，我们兄弟三人已经没有任何理由,阻止他投降了……"

费将军沉默不语,若失去齐国叛军,庞涓不会饶恕他,可是他打心里不愿与孙膑交锋。见费将军犹豫不决,魏叔起身告辞,费将军拦住他,咬咬牙说:"你回去告诉高将军,叫他固守马陵,我的军队随后就到。"

魏叔走后,费将军并没有立刻动兵,他派人快马赶回大梁,请庞涓定夺。

庞涓同意费将军出兵马陵,让他小队在前,大队在后,步步为营,谨慎前进,使孙膑无机可乘;到达马陵后,在马陵城外二十里处安营扎寨,与马陵城内的守军遥相呼应,不要轻易与孙膑交锋,与他拖下去,把他拖得筋疲力尽,庞涓再率领大梁的魏军出击。

天色蒙蒙亮,一团团晨雾飘过马陵城头。高将军一早就来到城墙上,一边巡城,一边密切注视着垂都方向。他急切盼望费将军的到来,如果费将军的军队再晚来几天,马陵城内就将土崩瓦解。

前方突然传来叫喊声:"抓住他,抓逃兵!"

高将军抬头看去,一个留着胡子的士兵朝他的方向迎面而来。

高将军拔剑拦在胡子士兵面前,大声喝道:"站住。"

胡子士兵一愣,但已来不及止步,索性举剑向高将军冲过来。高将军挥剑挡开对方的剑,侧身闪过,顺势一脚。胡子士兵被踢倒在地,手中剑飞出。

还没待胡子士兵爬起来,高将军的剑已经顶住他的咽喉。胡子士兵并不畏惧,从地上爬起来,说:"你杀了我吧,反正我也不打算活了!"

一个卒长带着几个士兵追来,士兵们上前将胡子士兵擒住。

高将军收起剑,问卒长:"他是第几个?"

卒长说:"将军是说一共,还是说今天?"

"今天。"

"第三个……"卒长怯怯地看着高将军。

一旁的胡子士兵冷笑道:"我是第六个!"

卒长连忙更正道："将军，这是抓到的第三个。"

高将军"嗯"了一声，对卒长道："你们走吧，把他交给我。"

卒长带着他的士兵们走了。

高将军对胡子士兵道："你知道我将如何处置你吗？"

"不就是斩首示众嘛。"胡子士兵冷冷一笑。

"不，我要将你零刀碎剐！"高将军有意吓唬他。

"都一样，都是一死，只不过多受一点罪罢了。"胡子士兵显得无所谓。

高将军盯着他的脸，片刻后道："我这次不杀你，你还逃不逃？"

胡子士兵斩钉截铁地答道："逃。"

"难道你不怕死？"

"不，我怕死。蝼蚁尚且知道偷生，何况人呢。而且，我上有老，下有小，我怎么能不怕死呢？"

"那你为何还要逃？"

"活着要有盼头，我本以为公子郊师有太后的支持，总有一天会主宰齐国，到那时，我可以弄个一官半职，回乡光宗耀祖……可谁想到这公子郊师是冒名顶替……高将军，你说，我们还有什么盼头？"

高将军沉默了一会儿，开口道："活着总比死了强。"

胡子士兵摇头说："那要看怎么活，如果为了活，欺骗自己的祖宗，背叛自己的国家，活着不如死。"

高将军无言。

"高将军，你杀了我吧，杀了我，我还可以落个宁死也不背叛国家的美名！"

"你已经背叛了国家，我们攻占马陵，就是与国家作对。"

"不知不为怪，我是受你们欺骗，我的家人与祖先会原谅我。如今，我知其真相若仍不弃暗投明，不但我的家人鄙视我，就是我的后代子孙，也会唾弃我！"

高将军默默看着胡子士兵，片刻后道："我绝非无情无义之人，我也不是抛弃祖宗国家的人。我很想放了你，可是我不能，我是带兵的将军，

第三十二回　顺手牵羊

一个将军即使走错了路，也不能容忍自己的士兵背叛自己，只有杀死背叛者，他手下的士兵才会任他驱赶，义无反顾。"高将军抽出剑，"对不起了，壮士……"说着他举起剑。

"将军，等等……"

"你后悔了？"

"没有。请将军从背后杀我。"

"你不敢面对死亡？"高将军不解地问。

"不是，我不是将军的敌人，而是将军手下的逃兵，敌人应该与将军面对面厮杀而死，逃兵则应背对将军而死。"胡子士兵说着转过身，背对高将军，"请将军下手吧。"

高将军再次举起剑，犹豫片刻，又一次放下剑，叹道："我放你走，你走吧。"

胡子士兵愣住了，他回过身，问："将军为何要放我？"

高将军道："我手下难得有如此明白事理的士兵，杀了你，太可惜……我如果早发现你，定让你当将军，可现在已经晚了……你走吧。"

胡子士兵很是感动，说："将军如此之说，我如果再离将军而去，就太无情无义了。"

"那你就留下？"高将军不由一喜。

胡子士兵摇摇头，说："我若留下，则是大逆不道。"

高将军失望地说："那你还是走吧。"

胡子士兵向高将军叩首施礼，说："将军知遇之恩，小人来生一定报答。"

高将军催促道："走吧，再不走，让别人看见，我就不好说话了。"

胡子士兵起身来到城墙边，登上城垛。

高将军在背后高声道："绳子。"

胡子士兵回过头，微微一笑："不用了。"他说完，头朝下，纵身跳下城墙。

高将军走到城垛边，看着摔死在城墙下的胡子士兵，发出一声长长的叹息。

太阳当空的时候，费将军的军队到了，高将军心中一块石头终于落地了。费将军在马陵二十里处安营扎寨，摆出一副固守之势。他让人告诉高将军，庞涓的大军就要来了，庞涓到达之前，孙膑若进攻马陵，他便趁机袭击孙膑的大营，让孙膑首尾不能相顾；如果孙膑虚张声势，只派少量军队攻城，他便不予理睬；如果孙膑进攻他的大营，他将固守不出；如果孙膑撤军，他和高将军一起回垂都。

"甚妙！"高将军笑道："孙膑对我们将无可奈何了。"

自从太后在马陵城下受伤，钟离春一直和太后住在一起，喂药，送饭，起居，穿衣，无微不至地照顾太后，没过几天，太后就能下地走动了。她很感激钟离春，也非常喜欢她，把她当做自己的亲女儿对待。

太后每天起来，念叨的第一件事便是攻打马陵，她要亲眼看到那个假公子就地正法，方解心头之恨，可是孙膑迟迟不用兵，太后不免有些着急。这天晚上，太后拉着钟离春去找孙膑，非要孙膑给一个明确的答复不可。

孙膑对太后道："太后，我打算暂时不进攻马陵，先顺手牵羊，进攻魏国边城垂都，垂都兵力空虚，容易得手。"

太后十分不悦，问："假公子在马陵，你占领垂都有何用？"

孙膑解释道："垂都是魏国边境重镇，占领垂都，可使齐国边境又多一个屏障。此外，还可调动魏国军队，他们若回军收复垂都，我们便可在途中寻机打垮他们，魏军兵败，马陵将不攻自破。"

太后说："你这是一厢情愿，如果马陵的叛军趁机逃走，怎么办？"

"马陵的叛军已成惊弓之鸟，他们若逃出马陵，我们正好避开攻城之难，不必血战，便可将他们消灭在旷野之中。"

"你想得很好，但没有把握，假公子若趁乱逃掉，他必将继续用吾儿的名字，招摇撞骗，败坏老妇的声誉……总之你们不能去攻打垂都，必须全力以赴围攻马陵，不能让假公子有一点可逃之机。"

"太后，若进攻马陵，二十里外的魏国军队不会等闲视之，我们将两面受敌。"

"早干什么去了？在魏国军队来之前，你们为何不进攻马陵？"

"太后，强攻伤亡太大，若不能迅速攻克，垂都的魏军赶来，对我们更为不利……"

太后摆摆手打断了他，说："你不用再解释了，老妇只有一句话，你必须尽快拿下马陵，除掉假公子。你若没有把握，老妇就让大王调大军前来马陵。你说吧，要不要调大军来马陵？"

孙膑道："不需要。"

太后问："那么，你几天可以拿下马陵？"

孙膑思索片刻，道："三天。"

太后又问："如果三天拿不下马陵，怎么办？"

"拿不下马陵，就拿微臣的脑袋。"

"好，我们说定了。"

钟离春担心地对孙膑说："军师，别把话说得这么绝。"

孙膑微微一笑，道："兵法说：陷之死地然后生。"

太后和钟离春走后，田国问孙膑："军师，还打不打垂都。"

孙膑道："当然要打。"

"太后怪罪怎么办？"

"将在外，君命可以不受，何况太后呢？"孙膑对禽滑说："禽先生，我与田将军都不能离开大营，只有劳你率军前往垂都，怎么样？"

禽滑爽朗一笑："军师不必客气，军师既然需要我，我理当效命。"

孙膑问："你需要多少人马？"

禽滑想了想，说："五千。"

"五千人马少了一些，我可以再给你五千。"

"五千已经不少了，军师既要对付费将军的军队，又要围歼马陵的叛军，必须留有足够的兵力。"

"若偷袭不能迅速得手，不但你进退两难，还将影响全局。"

"嗯……如果钟离姑娘能随我同往，我可胜券在握。"

"只怕太后不会同意。"

"我去交涉。"

禽滑拜见了太后，问："太后是不是很想早日除掉假公子？"

太后道："那当然……他多活一个时辰，老妇都难以容忍！"

禽滑又问："太后以为，孙军师能在三天之内攻克马陵，除掉假公子吗？"

"你说呢？"太后反问。

"臣以为，三天之内，他不能攻克马陵。"

"他如果不能，老妇就拿他是问！"

"太后，臣有一计，可保证在三天之内除掉假公子。"

"何计？"

"此计非常简单，请王后化装成叛军士兵，潜入马陵，刺杀假公子。"

"王后？"太后闻言一怔，她看了看身旁的钟离春，道："不行，她一个女人，又是王后，怎可承担如此危险之事。"

"太后，王后剑术高强，不但马陵城内，即使在齐军之中，也没有谁是王后的对手。"禽滑说着向钟离春施一眼色。

钟离春道："太后，禽先生说的不错，马陵城内没有臣妾的对手，臣妾进入马陵如入无人之地。"

太后道："叛军人多，你剑术即使再高强，也难以敌众。"

钟离春笑了笑，道："太后，您别忘了，臣妾是扮成叛军入城，叛军认不出臣妾，他们人即使再多，又有何用？"

"王后，这太危险，老妇实在放心不下，万一让叛军发现，老妇如何向大王交代？"

"太后，即使被叛军发现，他们也抓不住臣妾。太后您忘了，刺客曹扬孤身一人潜入临淄，如此众多的齐国卫士，却奈何他不得，若不是臣妾

第三十二回　顺手牵羊

剑术高他一筹，他早就逃之夭夭了。"

"嗯……你们说的也是。"太后点了点头，对禽滑道："如此简单的计策，你为何不早一些想到？"

禽滑说："我们不是没想到，太后没有识破假公子之前，得不到太后的恩准，我们不敢刺杀假公子；太后受伤之后，王后忙于照顾太后，脱不开身，我们不便提出此计。"

太后冷笑道："你们这么多男人，还抵不上我们一个女人。"

第二天早上，晨光悄悄地从帐门外钻进来的时候，太后醒了，她习惯地唤了几声"王后"，可帐内没人回答。她睁大惺忪的眼看看身旁，又看看帐门，坐起身，拍了拍手。

"太后，有何吩咐？"一个卫士走进帐内恭敬地问道。

"王后呢，王后去何处了？"

"王后昨晚走了……太后，您不是知道吗？"

"哦，是了，她走了。"太后想起来了，道："走，我们到大营门口，等待王后回来。"

"王后今天回不来。"

"你怎么知道她回不来？说不定王后昨天晚上就把假公子杀了，现在正往回走呢。"

太后梳洗完毕，在卫士的搀扶下来到营门口，她透过栅栏门，向远处张望着。

守门的士兵问："太后，您在等谁？"

太后道："王后。"

守门士兵说："王后回不来，她现在还不一定能到垂都呢。"

太后一怔，问："你说什么，王后去了垂都？"

卫士连忙向士兵使了个眼色，纠正道："他说错了，王后没去垂都，王后去了马陵……"

"他没说错，"旁边走过来一个不知内情的士兵，很实诚地说，"王后的确去了垂都，昨天半夜，我亲眼看见王后与禽先生一起离开大营的。"

太后板着脸问卫士："你说，这到底是怎么回事？"

卫士支吾着道："我……禽先生不让我说……"

太后怒气冲冲地来找孙膑，她气愤地指着孙膑道："孙膑，你好大的胆，竟敢与禽滑串通一气欺骗老妇……你这是欺上之罪！"

孙膑一脸不解的神情，说："太后，臣并没有欺骗您。"

"好，"太后平静下来质问道，"禽滑对老妇说，让王后去刺杀假公子，可你却让她去了垂都，这不是欺骗是什么？"

"太后，王后她从垂都回来后，就去刺杀假公子。"

"昨天晚上，禽滑可并没说王后先去垂都。"

"太后，禽先生昨晚也没说不让王后去垂都。"

太后语塞片刻，然后道："昨晚他说过，三天之内，除掉假公子，王后既然去了垂都，她如何能在三天之内除掉假公子呢？"

孙膑表态道："太后放心，三天之内，我们肯定能除掉假公子。"

"如果不能呢？"

"那就是犯了欺上之罪。"

"好，老妇三天以后，再跟你算账！"

天色大亮之后，一支疲惫不堪的齐国军队打着叛军的旗帜抵达垂都城外。垂都城上的魏军士兵箭上弓，戟在手，百倍警惕地注视着城下的不速之客。

一个立在马车上的齐国将军高声对城上喊道："别放箭，我们是来投奔公子郊师的，请放我们进去。"

城上的魏国将军冷笑道："公子郊师在马陵，你们到垂都干什么？"

"马陵被孙膑围得水泄不通，我们无法进城。"

"你们可以去投奔费将军，他的军营就在马陵城外。"

"费将军所部与孙膑的军营举目可望，费将军担心我们诈降，不让我们进营。"

魏国将军笑了笑,道:"你以为我就不担心了吗?"

齐国将军说:"将军不必担心,孙膑远在百里之外,我们不足千人,若是诈降,岂不是自投罗网么?"

魏国将军思索片刻,道:"你们有什么凭证吗?"

"我有公子郊师的招募信。"

"派人送上来。"

扮作将军的钟离春跳下马,走到城墙下,此时一根绳子从城上垂下,钟离春正欲攀绳而上,魏国将军在城上道:"你不用上来,把信系在绳子上。"

钟离春抬头向城上看去,数名魏国士兵的弓箭正瞄着她。钟离春掏出信,把信系在绳上,离开城墙,回到队伍中。钟离春对身旁的齐国将军低声道:"按第二手行事。"

魏国将军看完信,对城下道:"我还是不放心。"

"你说怎么办?"

"请你们放下兵器。"

齐国将军将兵器扔在地上,然后对身后的士兵们高声道:"放下兵器。"

士兵们纷纷放下兵器,但盾牌还在他们手中。

齐国将军对城上说:"可以了吧?"

魏国将军道:"士兵们退后百步,将军们先进城。"

齐国将军向士兵们命令道:"退后百步。"

士兵们零乱地向后退去,装扮成士兵的禽滑也在其中。城门前只剩下了七八名齐国的将军,其中有钟离春。

垂都城门缓缓打开,钟离春和将军们牵着马向城门走去。行至城门处,钟离春突然止步,随手从马鞍下抽出一把短剑,顺手一挥,一片寒光飞起,顷刻间,门内的魏国士兵纷纷倒地身亡。齐国的将军们从地上捡起魏国士兵的兵器,跳上马随钟离春杀进城去。

城外,装扮成士兵的禽滑手中旗帜猛然摆动,士兵如听到命令,盾牌手在前,其他士兵在后,迅猛冲到刚才扔下兵器的地方,捡起地上的兵器,呐喊着拥入城门。

　　按："顺手牵羊"是三十六计中的第十二计，此计意思是，发现敌人微小漏洞，只要不因小失大，便应及时利用，即使是小胜，也不应放过。孙膑在与敌人相持不下又无法取胜之时，发现垂都空虚，顺手牵羊，夺取垂都。欲知孙膑如何变小胜为大胜，请看下回："关门捉贼"。

第三十三回　关门捉贼

袭击垂都得手后，禽滑让被俘的魏国人转告马陵城外的费将军，如果他两天之内不离开马陵，就把垂都被俘的魏国士兵全部杀死。费将军开始并没有把禽滑的话当回事，可当报信的人说齐军中有一个剑术超凡的俊秀将军，立刻引起他的关注，他认定那个将军就是齐国王后钟离春，若能抓住钟离春，孙膑将不战而退。但费将军也不敢妄自行动，再次派卫士骑快马回大梁禀报庞涓。

孙膑见费将军按兵不动，便让垂都被俘的魏国士兵，每人给费将军营中的亲戚朋友写了一封信，不会写的可以找人代笔，然后用弓箭射入费将军的军营。信的内容无非是叙述情意，谈论乡愁。费将军看过信后，认为孙膑这是在动摇魏军的军心，大骂孙膑可恶，当即命令手下将军，把齐军射进来的信在全部收缴烧掉，不交者军法惩处。

士兵们对费将军的命令十分反感，许多士兵拒绝交出来信，一个青年士兵向他的将军请求道："将军，你就让我把这封信留下吧，这是我兄长的最后一封信……"

其他士兵也帮他说情：

"将军，就让他把信留下吧，他与兄长相依为命，不能去救自己的兄长，他已经够难过的了……"

"将军，就让他留下信吧，如果他兄长被齐国人杀死，他也好有个想头。"

那将军根本不听，他非常严厉地对青年士兵说："这是军令，别说是兄长，就是你父亲的信也不能留，把信交出来，不交就杀了你。"

青年士兵再也忍不住了，他怒气冲冲道："杀吧，我兄长活不成，我也不想活了！"

将军抽出剑："我再问一遍，你交不交？"

青年士兵心一横，道："不交。"

"那我只好按军令行事了……"将军眼露杀机，说着举起剑。

一个身材魁梧的卒长快步走过来，一把抓住了将军拿剑的手。卒长对将军道："将军，你的剑应该砍向齐国人，而不是自己的士兵！"

将军愤然对卒长说："你也想违抗军令？"

卒长不卑不亢，道："我只是想为士兵们说句公道话。"

将军正在气头上，恶狠狠地说："我这一剑杀不死你，你再说……"

将军举剑向卒长刺去，卒长急忙躲闪，但剑还是刺中了他的肩膀，鲜血流出。士兵们见此，不由怒火中烧，纷纷拿起兵器，把将军围住。

将军惊恐地看着群情激愤的士兵们，说："你们……你们想干什么？"

青年士兵红着眼道："人逼急了，什么都敢！"

卒长捂住胳膊上的伤口，对将军道："将军，士兵们的亲戚朋友被齐国人扣押在垂都做人质，他们本来就心急如焚，你们不但不设法解救人质，反而强迫自己的士兵交出亲人的来信，士兵们一旦被你们逼急了，我们将不战自乱。"

将军说："你懂什么，这是齐国人的阴谋。"

"身为将军，应该设法挫败齐国人的阴谋，而不是压制士兵的仇恨。"

"你这些话对费将军讲去，我只是执行他的命令。"

卒长带着愤怒的士兵来见费将军，他对费将军道："我的兄弟们想知道，将军打算如何解救垂都的弟兄们？"

费将军说："齐国人只是想借此调我们回去，不会杀他们的。"

"如果杀了呢？"

"我为他们报仇。"

"人死了再报仇，不如救他们生还。"

第三十三回　关门捉贼

青年士兵在一旁高声道："我兄长若死，我找你要命！"

费将军怒目道："放肆！"

青年士兵也怒目道："我们就是放肆，你不答应回垂都，我们现在就要你的命！"他说着抽剑在手，其他士兵也纷纷抽出剑。

费将军面对这群愤怒至极的士兵，心中再次暗骂孙膑可恶狡诈。

卒长让士兵们收起兵器，然后心平气和地对费将军道："费将军，你应该理解士兵们此时的心情，如果你的亲人被齐国人抓获，行将丧命，你也不会坐视不管。"

费将军说："我会克制，身为统领军队的将军，我不会因此而不顾全局。"

"费将军，如果我是你，我既要顾及全局，也要救人。"

"说起来简单，做起来难呐。"

卒长道："不难，我们可以偷袭齐国人的大营，抓获齐国人做人质，换回我们的兄弟。"

"偷袭？"费将军不屑笑了笑，"没那么容易，孙膑早有防备。"

"将军可以设法调孙膑大军出营，然后再偷袭，就容易了。"

"孙膑如何能听你调遣？"费将军冷笑道。

"将军可假装回兵垂都，孙膑便可离开大营。"

费将军一怔，看着卒长问："这是何人为你出的主意？"

"孙膑。"卒长沉声道："我们与孙膑多次交锋，孙膑获胜靠的就是虚虚实实，声东击西，我正是受他的启发。"

费将军没想到手下有这样一名肯动脑子的卒长，要战胜强敌必须善于思考，他知道自己该怎么办了。费将军精神顿时振奋，对士兵们说："你们回去吧，回去磨快你们的兵刃，准备与齐国人血战。"

就在费将军打算用计谋夺回垂都的同时，庞涓确定了对付孙膑的方案，他让报信的卫士速回马陵转告费将军：固守马陵大营，拖住孙膑，他即刻命庞葱率三万人马火速赶奔垂都。

庞葱没想到这么快就会出兵垂都，庞涓派人找他的时候，他正独自一人站在郊外的树林中，热辣辣的眼睛望着林外小河边的钟离秋。钟离秋是来洗衣服的，新洗的衣服搭在身旁的灌木上，她坐在河边的草地上，默默望着河水中倒映着的白云。那一片片的白云，不时变化着各异的形态，在河水中的天空缓缓飘动。

钟离秋轻轻叹了口气，自语道："我如果是云，就好了……"

"可惜你不是。"庞葱已走至钟离秋身后。

钟离秋猛然站起，回过头，警觉地看着庞葱，问："你来干什么？"

庞葱一边向前走，一边说："找你说说心里话。"

"你别过来……"钟离秋向后退着。

庞葱站住了，关切地说："小心，后面是河水。"

钟离秋下意识地回头看了看身后的河水。

庞葱突然扑过去，一把抱住了钟离秋。

钟离秋大惊，挣扎着叫道："你放开我，放开我！"

庞葱抱着挣扎的钟离秋离开河边，色眯眯地笑道："你就要做我的妻子了……这是早晚的事……"

钟离秋怒骂道："你这个混蛋，我不会嫁给你，你放开我，放开我！"

庞葱抱着钟离秋来到河边的灌木后，说："你已经答应了我，不能不嫁……"他说着将钟离秋放倒在草地上，一只手按住钟离秋的胸膛，另一只手解开钟离秋的衣襟。

钟离秋双手紧紧抓住衣襟开口处，高声骂道："庞葱，你这个该死的混账王八蛋，我就是死，也不会嫁给你！"

庞葱使劲拉开钟离秋抓着前襟的手，喘着粗气道："你骂也没用，我今天想得到你，就非得到不可！"

钟离秋情急之中，无意间看到了庞葱腰间的佩剑，渐渐停止了挣扎，对庞葱道："庞葱，我答应你……你松开手……"

庞葱看着钟离秋身子慢慢松软下来，松开钟离秋的手，脸上露出得意的笑容，说："这就对了，不答应也没用，受罪的是你自己……"他说着取下腰间佩剑，放在地上，然后解开腰带。

钟离秋突然伸手抓过庞葱的佩剑，身子一滚，在几步远的地方站了起来，她手中的剑已经出鞘。

庞葱一愣，立刻反应过来，站起身冷笑着说："不愧是钟离春的妹妹，到底还是练过两手……"他说着向钟离秋慢慢走过去。

钟离秋用剑指着庞葱，身子向后退着，道："你别过来，你过来我可就……不客气了。"

庞葱一步步向钟离秋走过去，微微一笑，说："没用的，我虽然赤手空拳，照样可以再次抓住你。"

钟离秋突然反手将剑尖对准自己腹部，道："你再往前走，我就死在你面前！"

庞葱站住了，看着钟离秋，无奈地说："钟离姑娘，你这是何必……你早晚要嫁给我……"

钟离秋恨恨地说："你做梦，我死也不会嫁给你这个混蛋！"

庞葱沉默片刻，说："钟离姑娘，你别生气，方才我一时心血来潮，不能自已……以后，再也不强迫你了。"

"那好，请你现在走开，永远别再来纠缠我。"

庞葱站在那里没动。

"你走啊，走！"钟离秋怒吼道。

庞葱开口说："有件事我要说明白……"

"说吧。"

"我知道，是你把假公子郊师冯错的来龙去脉，告诉了齐国的奸细……"

"是又怎么样？"

"这是叛国之罪，你会被处死的。"

钟离秋冷笑道："我本来就不是你们魏国人，何来叛国一说？"

"你是魏国公孙阅的夫人。"

"我从来就没承认是他的夫人，我嫁给他是为了救出孙膑，我再次来你们魏国，也是为了孙膑。"

一阵沉默后，庞葱说："这么说你是奸细？"

"我很高兴你这么称呼我。"

"奸细会死得更惨。"

"你如果愿意，我现在就可以死！"

庞葱连忙说："不，我并不想让你死，我如果想让你死，早就把这件事告诉我叔父了……"他盯着钟离秋，目光中充满渴望，"我不想失去你。"庞葱说完便转身走了。

钟离秋望着他远去的身影，心中有一种说不出的惆怅。

庞涓听说庞葱因为女人姗姗来迟，一脸愠怒对庞葱骂道："为了一个女人，你神魂颠倒，萎靡不振，三番五次找不到你踪影……你早晚会耽误大事！"

庞葱低头说："叔父，我错了……"

庞涓用命令的口气厉声道："以后不许你再去找钟离秋！"

"叔父，我不能没有她……"庞葱仍低着头。

庞涓一脸威严，正色道："作为一个征战沙场的将军，世上没有不能离开的女人。"

"叔父，我真的不能……"

"那好，你从今天起，你离开叔父，离开军队！"

庞葱不语，身为一个将军，更不能离开自己的军队。

庞涓看了他片刻，语气缓和了一些，道："垂都的事，你已经听说了吧？"

庞葱点点头说："听说了。"

庞涓道："你立刻率三万人马，昼夜兼行，赶往垂都，我率大军随后就到。"

费将军为了夺回垂都，平息士兵们的怨怒，写信告诉高将军：为了报

第三十三回　关门捉贼

复孙膑，他打算假装回兵收复垂都，调孙膑的主力离开大营，高将军可趁机袭击孙膑的大营，使孙膑东西不能两顾。

高将军看出费将军计中有计，但他嘴上没说，他对魏氏兄弟道："我与费将军约好，袭击孙膑大营，为谨慎行事，我打算先派数十位敢死之士，摸入敌营，若孙膑确无防备，便放火为号，我再兵出马陵，彻底摧毁敌营。"他看了看魏氏兄弟，"除了你们兄弟，没人能担当此任。可此行危险，九死一生，你们若不愿去，我绝不强求。"

孙膑刚到马陵时，三兄弟便三番五次提出袭击孙膑大营，高将军担心三兄弟失手，身边再无可用之人，始终未答应，此时由高将军点将，三兄弟即使不想去也无法回绝，只好一口答应下来。

晚上，月上中天的时候，费将军的军队马不鸣，人不语，悄悄离开大营。孙膑随即也带领自己的军队离开齐军大营。高将军也送魏氏兄弟上路了，他特意挑选了五十名身强力壮的士兵做三兄弟的帮手。

魏伯和魏仲拉着绳索一一滑下城墙，魏叔最后一个离开，他对高将军道："如果敢欺骗我们兄弟，变成鬼，我们也不会饶过你。"

望着消失在城下的魏氏兄弟，高将军感到有愧于他们，但他已无法改变局势，不得不这样做。

远处终于亮起一团火光，那是齐军营中燃烧的营帐。高将军不由叫好："魏氏兄弟干得好！"他命令身旁的将军："留一千人看守马陵，做做样子，其他将士出西门，直奔垂都。"

假公子郊师不解地问："高将军，我们不去袭击孙膑的大营了？"

高将军苦笑道："费将军已经去了垂都，我们再不走，将自取灭亡。"

"你不是说，费将军回兵垂都只是装装样子吗？"

"我那是说给魏氏兄弟听的。"高将军冷笑道："哼，费将军的真实目的我早就看透了。"

"那……魏壮士他们不是白白去送死吗？"

"他们不去送死，我们如何平安离开马陵？"

魏氏三兄弟大摇大摆地在空荡荡的齐军营内走来走去，四周都是被他们点燃的营帐，他们很得意，跟从高将军后从来没有这么痛快过。魏仲对魏叔道："老三，你不是说有伏兵吗，他们怎么还不出来？"

魏叔警惕地看着四周，说："一会儿就出来了。"

魏仲笑道："就是有伏兵，看见我们也早就吓跑了……"

话音未落，传来一阵鼓响，前方突然冒出一排弓箭手。

魏叔高喊一声"快跑"，魏仲随手扔出几块石头，数名弓箭手被石头击中，三兄弟趁机转身向来的方向逃去。

魏氏兄弟带着那几十个叛军士兵，一口气跑到大营的栅栏墙下，他们突然止步不前，惊恐地望着栅栏墙。

一排排齐军士兵立在栅栏外，手中弓箭瞄准魏氏兄弟和叛军士兵。

魏氏兄弟一伙转过身，身后的齐国弓箭手已经追上来。他们看看左边，左边也是弓箭手；他们看看右边，右边还是弓箭手。

右边的一个齐国将军高声道："你们无路可逃了，不想死的，就投降吧！"

魏伯仰天狂笑，说："投降？老子不会！"

魏仲冷笑道："没什么了不起，不就是一死嘛，我们死，你们也活不了几个，高将军的军队一会儿就到。"

魏叔轻笑道："还是放我们出去吧，我们可以让高将军退回马陵。"

齐国将军嘲笑道："魏氏兄弟，你们还蒙在鼓里呢，高将军已经率军前往垂都，你们已经被他抛弃了！"

魏伯不屑地笑道："你骗人，高将军不会抛弃我们！"

齐国将军道："他如果不抛弃你们，早就应该到了，可你们听，马陵方向没有任何动静。"

魏氏兄弟此时才留意马陵方向，那边的确一点声响都没有，他们傻眼了。

齐国将军笑道："不过，他也跑不了，孙军师早已布好了天罗地网。"

第三十三回　关门捉贼

高将军带领叛军仓皇逃离马陵，一路上掉队的士兵不计其数，他顾不上这许多了，他只有一个想法，尽快离开赶上费将军。可他万万没想到，离开马陵仅仅二十里，孙膑的军队便拦住他们的去路。高将军不敢多想，调转车头，带领一部叛军一口气又逃回马陵。

此时，马陵城门紧闭，城墙上一片寂静，只有两个带叛军标志的人在城上巡逻。一个士兵对城下的叛军高声道："你们是什么人？"

高将军没有立刻回答，他有一种预感，马陵城内好像发生了什么变化，却一时看不出端倪，他警惕地看看四周。

城上士兵又道："你们再不回话，我们就放箭了。"

高将军向旁边一个骑马的将军示意，那将军高声说："我是高将军，快开门。"

"你不是高将军，高将军已经去垂都了。"

"我又回来了。"

"高将军不可能回来。你们赶快走吧，不走，我就放箭了。"

那将军对高将军低声说："看来马陵没什么变化。"

高将军还有些犹豫，身后隐隐传来喊杀声。同车的假公子郊师再也沉不住气了，说道："高将军，别犹豫了，再不进城，就来不及了。"

高将军终于开口，对城上说："开门吧，我是高将军。"

城上士兵道："听出来了，你是高将军，方才那个不是。高将军，你怎么回来了？"

高将军道："进去再说，快开门。"

城门缓缓打开，高将军驱车率先驶进城门，假公子长长吐了一口气。

突然一阵鼓响，高将军一愣，城门被重重关上，城墙两侧拥出许多齐国士兵，将高将军和假公子团团围住。高将军的预感没有错，他刚离开马陵，马陵便落入田国之手。

田国站在一辆马车上大声道："高将军，军师这一计，叫做关门做贼，魏氏兄弟被军师关在大营里，你们被关在马陵城中，只有费将军逃走了，不过，他的下场也好不了。高将军，你们彻底完了，要想活命，只有投降，否则，死路一条！"

高将军面色凝重地抽出剑，长叹一声："一步走错，步步皆错……"他抽出剑，缓缓举起，猛然向自己的腹部刺去。他那魁梧的身躯，就这样重重倒下。

假公子已吓得魂飞胆破，他乖乖地向田国投降。

田国将假公子交给太后，太后抬手就是两巴掌，气愤地对跪在面前的假公子道："你为何要假扮吾儿，为老妇脸上抹黑？"

假公子低头不语。

太后又是两巴掌，道："你为何要与齐国为敌，替魏国人做事？"

假公子还是低头不语。

太后抬手又打，道："你为何暗害老妇？你罪该万死！"

太后的巴掌不停地向假公子打去，假公子垂着头任凭太后的巴掌落在自己脸上。太后打累了，喘着粗气，指着假公子道："打死你，老妇也难解心头之恨！"

孙膑在一旁问："太后，是就地处死他，还是押回临淄再处死他？"

太后喘着粗气，看着假公子，片刻后叹道："算了，留他一条活命。"

假公子一愣，抬头望着太后。

太后喃喃道："难得他长得如此像吾儿郊师，就让他留在老妇身边，伺奉老妇吧。"

假公子闻此，连忙叩头："谢太后不杀之恩，小人肝脑涂地，也要伺奉好太后！"

　　按："关门捉贼"是三十六计中的第二十二计，此计意思是指对弱小之敌四面包围，聚而歼之，就像"关上门捉贼，堵住笼抓鸡"一样。孙膑连用此计，消灭了叛军，平定了齐国内乱，并为齐国大军争取了休整时间。欲知后事如何，请看下回："苦肉计"。

第三十四回　苦肉计

费将军与孙膑作战，只有两次是擅作主张，一次是在韩国成皋，那一次他中了孙膑的"空城计"，第二次就是这次收复垂都。按照他的算计，这次应该万无一失，只要围住钟离春，即使失去了马陵和齐国叛军，也是胜利，可他又错了。他快到垂都的时候收到了庞涓的命令，他已经无法挽回，只有将错就错，欲赶在庞葱到来之前收复垂都，以将功补过。

天色蒙蒙亮，费将军的军队赶到了垂都，齐国军队刚刚离开，他手下的将军问他追不追齐国人，费将军望着前方的晨雾，实在是再也没有胆量与孙膑较量了，他决定放任齐国人离去。

魏国大军很快也到了垂都，费将军向庞涓请罪，庞涓阴沉着脸对他道："费将军，你知道这次我为何不能饶恕你吗？"

费将军内疚地说："知道，卑将擅自离开马陵，坏了元帅的大计。"

庞涓道："不是，你没有去追赶钟离春。"

费将军垂下头，说："我是怕再中了孙膑的诡计……"

庞涓沉声道："败于孙膑不可怕，可怕的是从心里对他产生恐惧，这种恐惧之心一旦流传全军，我们在孙膑面前将永无获胜之日。"

费将军了悟了，但晚了，他被庞涓就地处决。

庞葱对庞涓说："叔父，我们不能就此罢休，我们应该进军马陵，与孙膑一决高低！"

庞涓摇头道："此时此地不是决战的时机，齐国大军已经得到休整，若在齐国境内作战，取胜非常困难。"

"那……何时何地才可与孙膑决战？"

"调孙膑离开齐国，在魏国境内与之决战。"

"叔父打算如何调孙膑离开齐国？"

"进攻韩国。"

魏国使者赵大夫带着贵重的礼物来到韩都拜见韩王，他先是代魏王问候了韩王，表示两国友好，然后提出接魏国太子申回国，看望重病在身的魏王后。韩王不愿让太子申回国，他知道太子申若回国，魏国必进犯韩国，但母子情深，人之常情，他不想因此再次得罪魏国，便召集朝中大夫商讨对策。左大夫对韩王说，他有一计，既可不得罪魏国，又可将太子申留在韩国。

左大夫物色了几名妖艳的美女，特意请太子申喝酒观舞。那几个美女身穿短衣，赤膊双腿，翩翩起舞，舞姿充满挑逗之意，可太子申却心不在焉。

左大夫以为太子申对这几个美女不满意，太子申摇摇头，叹了口气说："左大夫，不瞒你说，母后病重在身，为儿不能回国看望母后，却在千里之外醉酒当歌，世人会说我不忠不孝。"

左大夫宽慰他道："太子殿下来韩国做人质，魏韩两国才化敌为友，这是大忠；太子为了国家无法回去看望母后，这是大孝，怎能说不忠不孝呢？"

太子申动情地道："一个人一生可以有许多妻子，但只有一个母亲，若此次母后一病不起，为儿如何对得起母后的养育之恩？"太子申眼圈有些湿润，"左大夫，请你帮我在韩王面前多说一些好话，让我回去吧，以尽为人子的孝心，好吗？"

左大夫见他如此情状，不好再说什么，答应禀报韩王。

左大夫走后，从大梁来的赵大夫劝太子申一定要收下美女，说庞元帅自有妙计。太子申说他无法强装笑容与美女欢歌酒宴。赵大夫说无法装也得装，这不但是为了他自己，也是为了魏国。

左大夫又物色了几个更加妖艳迷人的韩国美女，那舞姿更具有挑逗

第三十四回 苦肉计

性。太子申强打精神，津津有味地观看美女跳舞，并将美女留在宾舍。

晚上，曲终人散。领舞的美女留了下来，她跪在太子申的睡榻，将被子铺好，然后脱去自己的外衣，侧躺在睡榻上。太子申走入，看到睡榻上的美女，不由火上心头，对美女怒目道："给我出去！"

美女躺在睡榻上没动，一脸媚态地嬉笑道："太子殿下，贱妾之身，有百般好处，你享用之后，就不会赶我走了……"

"你再不出去，我就杀了你。"太子申抽出剑，满脸杀气。

美女脸色顿变，立刻穿好外衣，走了出去。

赵大夫走进，对太子申"哎呀"了一声，"你怎么把这么漂亮的美女赶走了。"

"我受不了。"太子申紧皱眉头厌恶地说，"受不了韩国人如此肮脏的伎俩！"

赵大夫劝道："受不了也得受，这是将计就计。"

太子申情绪激动，厉声质问赵大夫："如果你不能回家看望重病在身的母亲，你是什么心情？如果你还有一点人心，怎么可能强装笑脸与美女为伴？更何况，送美女的人，本来就是用心不良……将计就计，亏你们想得出来！"

赵大夫笑道："太子殿下，你别激动……"

太子申怒道："我能不激动吗？大庭广众之前，你让我强装笑脸，饮酒观舞可以，这男女媾合之亲，岂是能装出来的？我装不了！"

赵大夫转身走到门前，关好门回到太子申面前，低声说："太子殿下，王后根本就没有病，我是为了让你离开韩国。"

太子申一怔，很快就明白过来，埋怨说："你应早告诉我，不该让我如此着急。"

赵大夫笑道："太子如果不着急，韩国人就会怀疑王后的病是假的，元帅的下一计，就无法让韩国人相信了。"

"我可以装出着急的样子……"

"太子为人坦诚，一向不善伪装，元帅担心你装得不像。"赵大夫笑了笑，"我看元帅的担心并不多余，我让太子强装笑容对待美女，太子就装得不像。"

"谁说不像？睡女人都睡不像，那还是男人吗？"太子申顿时换了一副神情，拍了拍手。一个随从推门而进，道："太子，有何吩咐？"

"去，你立刻把刚走的那个美女叫来，让她陪我过夜。"

从此之后，太子申日夜与美女为伴，再也不提回国一事。魏国使者装作非常生气，打算离开韩国，左大夫特意送给他一堆非常贵重的珠宝。赵大夫十分喜欢这堆珠宝，他对左大夫说："左大夫，这礼物是不是太重了？"

左大夫笑道："这要看怎么说了，如果赵大夫回国后，不提韩王不放太子，只说太子迷恋美女，这点礼物，非但不重，反倒轻了。"

赵大夫欣然收下了宝珠，左大夫以为大功告成了。

日子一天天流逝，韩国人已经把太子申回国的事淡忘了。这一天，太子申正在宾舍和他的韩国美女们嬉闹玩乐，远道而来的庞葱带着几名卫士风尘仆仆地闯了进来。

庞葱对太子申道："太子殿下沉溺于美色，不肯回国看望病重的王后，这是大逆不道，大王非常气愤，特命我前来催促太子殿下回国，殿下若是再不肯回国，我只好带太子的人头回去。"他掏出三根竹简捧至太子申面前，"太子殿下，这是大王的简令，请过目。"

庞葱进来的时候，左大夫也在宾舍内，他不动声色地观察着庞葱和太子申。

太子申伸出颤抖的手接过简令看了看，对庞葱说："庞将军，你不能杀我……"

庞葱冷哼一声，道："我可以不杀你，但你必须跟我回国。"

太子申转过身，对立在身后的左大夫说："左大夫，帮帮我吧，我不想死，你求求韩王，让我回去吧。"

左大夫仍是不动声色，缓缓道："太子殿下，是你自己不愿走……"

太子申着急地说："现在我想走了……"他跪在左大夫面前，声泪俱下，"帮帮我吧，左大夫……我不想死，也不能死……"

左大夫道："殿下，不是我不帮忙，机会已经错过，而今你再提回国一事，寡君怕是不会同意。"

庞葱对太子申厉声道："太子殿下，大丈夫敢做敢当，没有必要在韩国人面前卑躬屈膝。"他抽出剑，"太子殿下，站起来，让他们韩国人看看，魏国人都是大丈夫。"

太子申没有站起来，他用乞求的目光看着左大夫，说："左大夫，你真的不肯帮忙？"

左大夫道："太子殿下，我实在无能为力。"

太子申长叹一声，站起来，恨恨地对左大夫说："左大夫，你从一开始就用美女迷惑我，使我背上不忠不孝之名，如今大王要处死我，你又撒手不管，你这是有意让我死啊！"

左大夫看着他，一句话也不说。

庞葱道："太子殿下，不要怪别人迷惑你，只怪你自己忘记了孝道。"他又对左大夫道："左大夫，请你退后几步，别让鲜血溅到你的身上。"

左大夫向后退了几步，眼睛盯着庞葱。

庞葱慢慢举起剑，对太子申道："太子殿下，臣无礼了。"

庞葱手中的剑正欲砍下，左大夫连忙上前一把抓住庞葱持剑的手，道："庞将军，你不能杀他呀。我一定说服寡君，放太子殿下回去。"

左大夫把庞葱要杀太子申的事禀报韩王，韩王一时不知该如何处置是好。申大夫劝韩王不要理睬庞葱，他说庞葱只是吓唬他们，太子申是魏王最宠爱的儿子，魏王不会真杀太子申。司马大夫建议韩王表面上不予理睬，派人暗中监视，庞葱若真的杀太子申，可以刺杀太子的罪名当场将其抓获。韩王采用了司马大夫的建议。

两天后，庞葱和卫士再次来到宾舍，催促太子申随他回国。太子申说左大夫未能说服韩王，他让庞葱再等几天。

庞葱抽出剑威胁太子申道:"我可以等,但大王不容许我等,你不走,我只好杀了你!"

宾舍屋门被猛然推开,韩国士兵蜂拥而入,将庞葱和他的卫士团团围住。

庞葱看了看韩国士兵,道:"这里没有你们韩国人的事,你们出去!"

左大夫徐步走进来,说:"庞将军,你错了,太子殿下是我们韩国的人质,你要杀人质,我们不能不管不问。"

庞葱冷笑道:"左大夫,我杀的不是人质,是不忠不孝的叛逆。"

左大夫微微一笑,说:"都一样……庞将军,为了保护人质,只好对不起你了……"他对周围的韩国士兵命令道:"把他们抓起来。"

韩国士兵正欲上前,庞葱突然抓住太子申,将剑放在他的脖子上,对韩国士兵道:"你们敢抓我,我现在就杀了他。"

韩国士兵不由止步。

太子申惊恐地看看庞葱,向左大夫哀求道:"左大夫,快救我……"

左大夫镇定自若,说:"太子殿下别慌张,他不敢杀你。"

庞葱冷笑道:"有大王之命,我没有什么不敢的!"

他将手中剑使劲一按,鲜血从太子申的脖子上缓缓流出。

太子申惨叫道:"左大夫,快叫他住手,叫他住手……"

左大夫故作镇静,说:"庞将军,你杀了太子申,你也活不了……放开太子。"

庞葱冷冷一笑道:"我若放了太子,就是违抗君命,回去必死无疑,与其回去被大王处死,不如在此轰轰烈烈去死。死在你们手中,我不但可以名扬天下,还可为我叔父攻打韩国找到借口,他会让你们整个韩国为我殉葬!"

左大夫哑然。

太子申再次乞求道:"左大夫,你我朋友一场,你不能让他杀我,你一定要救我……"

左大夫沉默片刻,只好对士兵命令道:"你们出去吧。"

第三十四回　苦肉计

士兵们相继退出。

左大夫对庞葱说："说说你的条件吧。"

庞葱道："上次已经说过了，让我带他回去。"

"我需要时间，说服大王。"

"已经给你两天时间了。"

"再给我两天。"

庞葱不容商量，道："一天。"

左大夫看看庞葱手中的剑，说："好，一天就一天。"

庞葱道："还有，我要与太子殿下住在一起。宾舍由我的卫士守卫，不许韩国士兵再次进入宾舍。"

"你这是不相信我们。"

"先小人，后君子。"

"好，我答应你。"

庞葱松开太子，太子如瘫了一般倒在地上。

左大夫弄巧成拙，韩王非常气恼，骂他比猪还笨。韩王再次召集朝中重臣，商议如何处理此事。

申大夫说："左大夫当初就不该自作聪明，用什么美人计，若直接回绝魏国的要求，就不会有现在的麻烦了。"

韩王不愿再提美女一事，美人计他也曾非常力挺，他对申大夫道："过去的事就不要再提了，你说现在该怎么办？"

申大夫说："微臣还是那个主意，不理睬他们。"

左大夫道："不理睬不行，庞葱已经在太子申脖子上来了这么一下，你没见，鲜血直流，太子申当场就昏了过去。"

"他这不是还没有死吗？"

"这次没有死，下次庞葱一定会杀死他。"

"庞葱不会，他是在威胁我们……"

韩王打断了申大夫，道："庞葱真的杀死太子申怎么办？寡人召你们来，是让你们想办法，既不能让太子申死，也不能让他走。"

申大夫说："大王，不理睬他们，太子申就不会死，也走不了。"

韩王问："如果他死了呢？"

申大夫说："微臣陪他死。"

韩王脸色一沉，道："你这是废话，你死就能让他复活吗？"他对司马大夫道："司马大夫，你有什么好主意？"

司马大夫说："大王可派兵包围宾舍，逼庞葱放人。"

左大夫道："庞葱他不怕死，逼他没用。"

司马大夫微微一笑，说："我的目的不是真的让他放人，如此一逼，他若真杀太子申，必然下手；如果是假的，也将真相大白。"

韩王问："庞葱如果真杀太子申怎么办？"

司马大夫看了看左大夫和申大夫，对韩王道："微臣想单独告诉大王。"

按照司马大夫的计谋，吴将军指挥着韩国士兵包围了太子申的宾舍。太子申不免有些惊慌失色，问庞葱："庞将军，怎么办？"

庞葱镇静自若，道："太子殿下不必慌张，我自有办法。"

吴将军带着十多名士兵闯进来，毫不客气地对庞葱说："请庞将军交出太子申。"

庞葱笑吟吟地道："这么说，韩王不同意让太子殿下跟我回去了？"

"是的。"

"你可知道，他若不能回国，我就要杀死他。"

"知道，左大夫都告诉我了。"

庞葱抽出剑。

吴将军的士兵也抽出剑。

庞葱的卫士几乎同时抽出剑。

吴将军对自己的士兵说："我们是来要人，不是来厮杀的，把剑收起来。"

吴将军的士兵收起剑。

第三十四回 苦肉计

庞葱对自己的卫士道:"你们也把剑收起来吧,我也不愿看见你们厮杀。"

庞葱的卫士也收起剑。

吴将军说:"庞将军,你的剑也该收起来了吧。"

庞葱笑了笑,道:"我的剑与他们不同,它是用来执行寡君之命的。"他说着猛然转身,向太子申刺去。

庞葱手中的剑深深刺中太子申的腹部,鲜血四溅。太子申大叫一声,紧紧捂住腹部,怨怒地看着庞葱,倒吸一口气说:"庞将军,你……"

庞葱拔出剑,擦了擦剑上的血,道:"太子殿下,你不要怪罪臣下,是韩国人逼我杀你的。"

太子申抬起沾满鲜血的手颤巍巍地指着庞葱:"我……我不会放过……"话未说完,便一头倒在地上。

庞葱收起剑对吴将军道:"吴将军,你可以把太子殿下带走了。"

正在发愣的吴将军回过神,正欲上前,庞葱又拦在他面前,道:"等等。"

庞葱走到太子申身旁,伸手在他鼻前试了试,回头对吴将军:"吴将军,他还没有死,我还不能给你……"他说着再次抽出剑。

这时,屋外有人高声道:"庞将军,剑下留人。"

庞葱抬头看去,司马大夫和一名韩国太医快步走进屋子。

司马大夫对吴将军等人怒目道:"谁让你们来的?"

吴将军答道:"左大夫。"

"左大夫无权调用军队!"

"他说是大王之命……"

"他是假传王命。"司马大夫抽出简令,厉声道:"王命在此,退出去!"

吴将军看了看司马大夫手中的简令,说了声"是",带着他的士兵转身退出。

司马大夫向庞葱施了一礼,赔笑道:"庞将军,大王已经答应让太子殿下回国了。"他回头对太医道:"太医,赶快给太子殿下治伤吧。"

庞葱用剑拦住太医,对司马大夫道:"你骗不了我,韩王不会转变如此之快。"

司马大夫说："庞将军，不是大王转得快，是……"他看看周围的人，道："先救太子，我一会再给你解释。"

庞葱犹豫不决。

司马大夫着急地说："庞将军，我不会欺骗你，如果太子申死了，对我们韩国也没什么好处。"

庞葱收回剑，道："好，我就信你这一次，你如果再骗我，我还可以再杀他。"

太医来到太子申面前，翻开他的眼皮看了看，对司马大夫道："司马大夫，还来得及。"

司马大夫松了口气，随后将庞葱拉到一旁，悄声说："庞将军，实不相瞒，左大夫是孙膑安插在韩国的奸细。"

庞葱一愣，问："有证据吗？"

司马大夫点点头："孙膑在韩国的时候收买了他，后来孙膑又派齐国奸细带给他密信，答应在齐王面前举荐他做相国，左大夫先前一直窥视韩国相国之位，寡君始终未同意，他对此耿耿于怀，所以投靠了孙膑。"

"投靠孙膑没有好结果。"

"庞将军说的很对，"司马大夫点头道，"对于太子申回国一事，左大夫一直从中作梗，他说魏王后根本没病，庞元帅是借口要回人质，然后进犯韩国。"

"他说谎。"庞葱怒道。

"庞将军息怒，我知道他是说谎……他的目的是离间韩魏两国，让我们兵戈相争，使孙膑渔翁得利。"

"那你们为何迟迟没有发现他的阴谋？"

"我们都没想到，左大夫为了名利，会出卖韩国的利益。多亏庞将军，才使我们看清了他的真面目。"

庞葱一怔，道："我没做什么呀。"

司马大夫说："庞将军奉命来杀太子申，大王感到事情定有蹊跷，让

第三十四回　苦肉计

我暗中察访，终于找到左大夫投靠孙膑的证据，左大夫见事情将要败露，假借王命，调军队逼杀太子申……幸亏我来得及时，否则，我们对庞将军将有口难辩。"

"那韩王打算如何处置左大夫？"

"处死左大夫，派人带着左大夫的尸首，随将军同往魏国，向魏王请罪。"

庞葱虽然心中觉得好笑，但脸上并无表情，道："如果是这样，我可以相信你们。"

左大夫被韩王处死了，庞葱带着受伤的太子申终于回到魏国，庞涓嘲笑韩国人自作聪明，随后调集军队准备进攻韩国，为了麻痹韩王，他让庞葱派人回告韩王，说魏王对孙膑收买奸细，离间韩魏两国之事非常气愤，决意倾魏国之精锐讨伐齐国。

韩王听到魏国将要讨伐齐国的消息后，认为自己的计谋成功了，韩国也可高枕无忧了。司马大夫在一旁笑道："大王不但可高枕无忧，还可隔岸观火，坐收渔利。"

按："苦肉计"是三十六计中的第三十四计，此计的意思是，用看似"违背常理"的自我牺牲，达到欺骗敌人的目的。庞涓用此计骗过韩国君臣，使太子申得以离开韩国。欲知后事如何，请看下回："隔岸观火"。

第三十五回　隔岸观火

庞涓统率三十万魏国大军，浩浩荡荡开往韩国，并扬言韩国若不臣服魏国就灭亡韩国。韩国上下对魏国的进犯毫无准备，韩王只得听从申大夫的建议，让出韩国部分疆土，避其锐气，退守国都，同时派使者前往秦国、赵国还有齐国，请求他们出兵相助。韩国军队不战而退，这是庞涓最希望看到的结果，他命令一部分军队逼近韩国国都，其余军队养精蓄锐，他要等待孙膑的到来。

庞涓离开大梁的时候，命令庞葱守卫大梁，他对庞葱道："孙膑若要救韩，还会用围魏救赵那套把戏，你留在大梁，与他周旋，不论伤亡多大，也要拖住他，我要在魏国的土地上与他一决高低。"他还特别嘱咐庞葱："我走之后，你要想办法让钟离秋回到齐国。"

庞葱以为庞涓是担心他再次被钟离秋利用，对庞涓表态说："自从上次叔父教导我之后，侄儿再也没找过钟离秋，以后也绝不会再与她来往。"

庞涓道："让钟离秋回齐国，主要不是担心你，钟离秋是孙膑的奸细，我这样做是要利用她以施反间计，让她把大梁空虚的消息告诉孙膑，使孙膑围魏救韩更坚决一些。"

庞葱一怔，问："叔父，你如何知道她是奸细？"

庞涓微微一笑道："是你告诉我的。"

庞葱疑惑不解，说："我……我没有啊……"

"上次假公子郊师冯错的事，你虽然不承认，但我知道，是你把消息告诉了钟离秋，然后齐国就知道了。"

庞葱内疚地垂下头，说："叔父，我不该欺骗你……"

庞涓语重心长地道："庞葱，人不能没有情，尤其是不能没有男女之情，但是男女之情最容易使人失去理智。一个百姓失去理智，丧失的是自己的利益；一个商人失去理智，丧失的是自己的金钱；你是一个将军，如果你失去理智，所丧失的将是成千上万人的性命，乃至自己的国家。"

庞葱抬起头，看着严父般的叔父，点头道："叔父，我明白了。"

自从钟离秋上次在河边拒绝了庞葱，庞葱再也没来纠缠过她，她总算度过了一段安静的日子。这天钟离秋一人在家缝补衣服，庞葱来了，她扫了一眼庞葱，十分淡漠地问："你来干什么？"

庞葱坐在她一旁，说："好久没见了，来看看你……"

钟离秋仍忙着自己手中的活，自嘲道："因为我是奸细，来监视我？"

"不，因为我对你还没有死心。"

"你身为魏国将军，追求一个齐国奸细，魏王知道后会杀了你，还是死了这条心吧。"

庞葱笑了笑，说："我不说，没人知道你是奸细。"

"没有不透风的墙，别人早晚会知道。"

"一旦有人知道，我们立刻离开魏国。"

"不要你叔父了？"

"为了你，我什么都可以不要。"

钟离秋停下手中的活，看着庞葱道："为了我这样的女人，你不值。"

"我既然选择这么做，就一定值。"庞葱显得很真挚。

钟离秋不由有些动容，道："庞将军，我真的不值得你……"

"值，"庞葱打断了她的话，"我说值就值。"

钟离秋道："庞将军，你听我说完……因为孙膑，我恨庞涓，也恨你，我曾暗自发誓一定要杀了你们……可惜，我不是我姐姐，杀不了你们……庞将军，与一个仇人在一起，你的生命时时都会有危险。"

庞葱柔声说："我不怕，如果能得到你，哪怕只有一天，就是死，我也甘心。"

钟离秋瞬间从庞葱的甜言蜜语中清醒过来,冷冷道:"我宁可死,也不会让你得到我。"

虽然只是逢场作戏,庞葱仍不免有些心寒,他问钟离秋:"我真的如此令你讨厌?"

"不,只因为你是我的仇人。"

"只要不令你讨厌,我就还有希望……对了,我忘记告诉你,我叔父已经走了,去攻打韩国,没人管我了,我可以天天来找你。"

"天天来我也不会答应。"

庞葱笑着说:"不答应没关系,能跟你在一起说说话,我也高兴……今天我还有点事,否则我还可以多待几个时辰。"他站起身坏笑道,"一直待到晚上……下次吧,下次一定。"

第二天清晨,天色尚未放亮,一辆马车便驶出大梁城,车上坐着钟离秋和她的儿子小春秋。

小春秋紧紧搂着妈妈的胳膊问:"娘,齐国远吗?"

钟离秋道:"远。"

"我们到那么远的地方干什么去?"

"找你大姨。"

"我大姨是干什么的?"

钟离秋不知如何回答孩子,想了想,道:"见到你大姨,你就知道了……"

此时,在路边一个土坡上,庞葱骑在自己的马上,远远望着钟离秋的马车。

钟离秋的马车在颠簸不平的土路上渐渐远去。

庞葱不由思绪万千,叔父的计谋一步步开始实现了,可他从心里不愿让钟离秋走,虽然他得不到钟离秋,但只要能看她一眼,也是一种满足,只是她现在已经走了,永远地走了。

第三十五回 隔岸观火

钟离秋一到临淄，立即进宫来见姐姐。钟离春百感交集地拉着钟离秋的手，仔细打量着历经苦难的妹妹，她突然发现了什么，伸手轻扶住钟离秋的头，小心地捏住妹妹头上的一根白发，将其拔下，放在钟离秋面前道："妹妹，你看，都有白头发了……"

钟离秋无所谓地说："有就有呗，早老早死。"

钟离春嗔了她一眼，道："你才二十几岁，到老还早呢……"

"唉，"钟离秋叹了口气，"我觉得我已经活了一辈子……"

钟离春心疼地看着妹妹，道："妹妹，别悲观，过几天我就让大王为你做媒，让孙膑娶你，到那时，你会觉得永远也活不够。"

钟离秋摇头说："姐，你别费心了，我不会嫁给孙膑。"

钟离春故意绷起脸道："又要小性子了。"

"姐，我不是耍小性子，我真的不嫁。"

"不嫁……那你来齐国干什么？"

"庞涓带领魏国大军去攻打韩国，魏国已经空虚，我来告诉孙膑，若此时攻打魏国一定能获全胜。"

"这么说你还是为孙膑而来？"

钟离秋轻轻一笑，释然道："我是为了让他打败庞涓，而不是为了嫁给他……孙膑以后必将是一个留名千古的人物，如果一个曾为仇人之妻的女人嫁给他，会玷污他的美名，后代人会说，孙膑是为了夺人之妻，才杀死了公孙阅。"

钟离春无言地看着妹妹，她们姐妹的命运简直太相似了。

钟离秋催促说："姐姐，你赶快把魏国的内情告诉孙膑，只要我能为他建功立业有所帮助，我就心满意足了。"

韩国使者申大夫为请兵救韩一事来到齐国，齐王答应救韩。田忌和孙膑商议出兵的时机，孙膑认为如今韩魏两国交战不久，庞涓几乎没什么损失，若此时出兵，等于代替韩国遭受战争损失，孙膑打算隔岸观火，暂时不出兵。田忌担心若不及时出兵，韩国顶不住庞涓的压力，臣服魏国，这样反会增加魏国的势力。孙膑说，若告知韩王齐国会出兵相救，韩国必全力抗魏。可韩国使者申大夫不亲眼见得齐国出兵，不肯回国复命，于是孙膑和田忌决定派禽滑出使韩国。

禽滑临行前，先去占卜者家占了一卦，他得到的是"剥"卦。占卜者告诉他这一卦不妙，"内卦"坤是顺，外卦"艮"是止，这一卦可谓阴盛阳衰，小人得志，君子困顿，建议他最好安住家中，不要出远门。禽滑听罢，反而笑着说："此卦甚好，正是我所盼望的。"

禽滑进宫拜见钟离春，向她辞行。几句寒暄后，禽滑"唉"了一声，说："我方才占了一卦，是凶卦。"

钟离春宽慰道："你别信占卜人的话，他们就会胡说八道。"

"我知道王后最恨占卜的人，可我相信占卜……王后，如果此次出使韩国，我有什么不幸，希望你能记住我这个朋友……"

"禽先生，你若真相信占卜，我让大王派别人出使韩国。"

"不可，此次出使韩国，只有我能担当此任……"禽滑停顿片刻，鼓足勇气说："王后，在垂都的时候，我有许多话要对你说，却难以启齿，我想现在就把想说的话全说出来……"

"有什么话就说吧。"

"我说出来，王后若恨我，千万别当着我的面，等我走了之后再恨。"

钟离春笑道："这是什么话，我怎么会恨你呢，说吧。"

"钟离姑娘……我这样称呼王后可以吗？"

"可以，这样最好。"钟离春点头道。

"你还记得我们第一次见面吗？"

"当然记得，我为救孙膑来齐国找田将军。"

"我那时就……喜欢上你了……"

钟离春不由一阵脸红，她其实早就感觉到了。

禽滑也不好意思地说："钟离姑娘不要怪我直率。"

"我不怪你，我当时也看出来了……"

第三十五回　隔岸观火

禽滑继续说："后来，看到钟离姑娘倾心于孙先生，我曾失望过，但我没有灰心，我一直在等待，虽然这种等待非常渺茫，但我还是在等，我盼望钟离姑娘与孙先生最终不成……"他看了看钟离春，接着说："我这样说，钟离姑娘不生气吧……"

"你说吧，我不生气……"

"后来，让我没想到的是，钟离姑娘竟然进了王宫，当了王后！我彻底失望了，我也恨过孙膑，他怎么可以让钟离姑娘进宫当王后呢？"

钟离春叹了口气，道："他那也是没有办法。"

"后来我从田将军那里得知，钟离姑娘为了孙先生，只做名义上的王后，以后姑娘还要离开王宫，嫁给孙先生……我又非常嫉妒孙膑，嫉妒他竟然使姑娘对他如此之爱……由于嫉妒，我把……"禽滑停顿片刻，十分艰难地开口说，"把你们的事告诉了大王……"

钟离春一愣，猛然站起，愤然道："原来是你……"

禽滑坦然地看着钟离春，说："是我，我把你们所有的事都告诉了大王……"

钟离春一巴掌狠狠打过去，禽滑被打得在地上翻滚不止。

禽滑挣扎着爬起来，走近钟离春，抹了一把嘴上的血，说："钟离姑娘，你打吧，使劲打，别把我打死就行……"

钟离春恨恨地说："打死你我也不解恨！"她说着随手抓起身旁的一件铜器。

禽滑平静道："我知道，我该死，可我现在还不能死，你如果打死我，我就不能出使韩国，就不能让韩国与魏国拼死一战，韩国不死战，孙先生就不能彻底打败庞涓。"

钟离春无言地看着他。

禽滑说："我对不起孙先生，对不起姑娘……所以，我此次出使韩国，即使占得凶卦，我也要去，我要凭我的三寸不烂之舌，让韩国与魏国拼死一战，使孙先生彻底打败庞涓。"禽滑看了看钟离春，继续说："钟离姑娘，你如果不再打我，我就走了，孙先生与田将军还等着给我送行。"

钟离春转过身，背对着禽滑，片刻后道："你走吧……"

"钟离姑娘，再会……"禽滑向钟离春深深施一礼，转身走出。

钟离春缓缓回过身来，她脸上的泪水在不住地流淌。

秦国和赵国都不愿因为韩国而得罪魏国，所以不肯出兵救韩，韩王把唯一的希望寄托于齐国，可申大夫迟迟不归，这让韩王深感国家危在旦夕。司马大夫劝韩王暂时答应臣服魏国，一旦有机会，再设法脱离魏国，韩王不甘心，道："寡人若臣服魏国，寡人在诸侯中就再也抬不起头来了。"

庞涓命军队再一次向韩都发起进攻，那惊天动地的厮杀声，直到夕阳西下，才消失在如血的残阳中。城墙上的韩国士兵们，或缠着带血的麻布，或吊着受伤的胳膊，疲惫地靠在城垛上。城外的魏国军队已经撤去，只留下折弯的兵器和损坏了的马车。

司马大夫劝韩王早做决断，若等到庞涓攻克都城，韩王再答复庞涓，他的胃口会更大。韩王对齐国会出兵仍抱有一线希望，他说再等等，不到万不得已，不能对魏国称臣。

就在魏韩两国的决策者们相持不下，又犹豫不决的时候，禽滑快马加鞭赶到韩都城外。不幸的是，他落入魏国士兵之手，士兵们将他绑起来送到庞涓营帐。庞涓见到禽滑，先是一愣，然后命令士兵给禽滑松绑，按照对待贵客的规格接待他。

禽滑并不领情，他对庞涓冷冷道："庞元帅的士兵，强行劫持一个国家的使者，这不合乎天下公礼。"

庞涓笑了笑，道："禽先生若咽不下这口气，我立刻惩处他们。"

禽滑淡淡道："他们只是执行命令，应该受惩处的是下此命令的人。"

庞涓尴尬片刻，然后道："我一定要查清，是何人竟敢瞒着我，下这样有损魏国声誉的命令。"

禽滑笑道："庞元帅不用查了，查出来也不知是何年何月了……元帅如若真的过意不去，那就放我走好了。"

"我肯定要放禽先生走，不过，我与禽先生久别重逢，有许多话要

第三十五回　隔岸观火

说……禽先生先在我大营中暂住几日如何？"

"我身为齐国使者，不敢在此耽搁，待我出使韩国回来后，一定到元帅大营多住几日。"

庞涓试探道："如果我没猜错的话，禽先生的使命就是告诉韩国，齐国的军队将出兵救韩。"

"庞元帅，你猜错了。"

"那你的使命是什么？"庞涓笑问道。

"我是齐国的使者，怎么可以把齐国的秘密告诉齐国的敌人呢？"

庞涓意味深长地笑道："既然我是齐国的敌人，为了魏国的利益，我一定要想办法得到这个秘密，否则，就不会让禽先生离开这里。"

"扣押他国使者，传出去恐将有损元帅的名声。"

"我不会让事情的真相传出去，传出去的消息将是禽先生为了地位，出卖齐国，投奔魏国。"

"庞元帅这样做不感到卑鄙吗？"

庞涓笑道："这要看怎么说，如果为了个人的私利，用此手段的确卑鄙，可我是为了魏国。为了国家，无论采用何种手段，都不能说是卑鄙，因为国家之争，本来就是不择手段，否则就会被他国灭亡。"

"你说的似乎很有道理，可是我一时还想不通。"

"想不通没关系，可以慢慢想，想通之后，我再放你走。"

"如果我一直想不通呢？"

"那我只好以酷刑相逼。"

"如果我不怕酷刑呢？"

"我只好杀了你。"

"杀了我，你也得不到秘密。"

"禽先生多虑了，我是杀给别人看的，我想得到的一定要得到，得不到就毁掉。"

"庞元帅，看来我是不得不就范了……"禽滑无奈地叹了口气。

庞涓笑道："禽先生是聪明人……说吧，你的使命是什么？"

禽滑不屑地说："其实也没什么秘密可言，寡君让我来告诉韩王，齐国不能出兵帮助韩国。"

庞涓冷笑道："你说谎。齐国与韩国定有盟约，不可能不帮助韩国。"

禽滑说："盟约算什么，方才元帅不是说了，为了国家的利益，可以不择手段。"

"出兵救韩，对齐国有利，可以巩固齐韩之间的联盟，共同对付魏国。"

禽滑笑道："不见得吧，魏国与韩国也曾定过盟约，而且还将人质送往韩国，魏秦交战之时，韩国按盟约出兵了吗？没有。对这种朝三暮四、不讲信义的国家，齐国有必要牺牲自己的将士，浪费自己的粮草吗？"

"你快要说服我了，"庞涓沉吟道，"可我还是不能相信。"

禽滑问："我怎么才能让你相信呢？"

庞涓想了想，道："你随我到韩国城下，在两军将士面前告诉韩国人，齐国不同意出兵帮助韩国。"

"我不能去。"

庞涓得意地笑道："我就知道你不会去，因为你说的都是假的。"

"禽滑若有一句假话，元帅可立斩我于帐外。"

"那你为何不去？"

"在元帅的逼迫下，把寡君的决定告诉韩国人，他们不会相信的。"

"他们信不信你不用管，我只要你把话传给他们，我就相信你。"

禽滑思索片刻，说："我说完之后，你能让我走吗？"

"当然。"

"让我去韩国？"

"不，你的使命已经完成，没有必要去韩国，我派人送你回齐国。"

禽滑摇头道："我不能回齐国，身为国家的使者，不能如期到达友国完成使命，只能作为敌国的俘虏出现在友国面前，我还有何脸面回齐国呢？"

"那你打算去何处？"庞涓问道。

禽滑喟然长叹："藏匿山林，隐而不出。"

第三十五回 隔岸观火

"禽先生人才难得,藏匿山林岂不可惜,留在我这里怎么样?"

"如果我今天背叛齐国,明天就可能背叛魏国,元帅不担心吗?"

庞涓微笑着道:"我所担心的是先生不愿留下。"

禽滑沉默片刻,显露出一副士为知己者死的样子对庞涓说:"难得庞元帅如此高看禽滑!齐国有孙膑,我在齐国终生难建其功,难扬其名。若在元帅手下,我禽滑之名不会在孙膑之下。禽滑愿意留在庞元帅帐下!"

庞涓的脸上这才露出真正的笑容,他对禽滑道:"第一次见面,我就想把先生留下,可先生没有答应,今日,我终于如愿以偿。"

太阳又一次从东方升起,韩王看见日出的第一个想法就是,如果今天再没有齐国出兵的消息,他只好委曲求全。这时,韩国太子火急火燎地闯进王宫,他说齐国的使者禽滑到了,他被庞涓抓获,押至城外,他要见韩王一面。

韩王立刻带着几个谋臣,跟着太子登上城墙,城墙上早已布满了严阵以待的韩国士兵。韩王向城外看去,只见禽滑站在一辆战车上,依旧是那么风流倜傥,意气风发。在他乘坐的战车四周,是一排排手持盾牌和长戟的魏国士兵。

禽滑看见了城墙上的韩王,清了清嗓子,高声道:"大王,韩国申大夫出使齐国,因病不能回国复命,寡君派外臣出使韩国,将寡君的决定告诉大王。"

韩王竖直耳朵听着,生怕漏掉一个字。

禽滑继续道:"不幸的是,外臣在韩都城外被魏国士兵劫持,无法在礼乐中面见大王,外臣凭三寸不烂之舌说服庞元帅,他答应让我在城外与大王相见,将寡君的决断告诉大王。"他停下来,再次清了清嗓子。

司马大夫对韩王低声道:"大王,禽滑会不会是被庞涓利用……"

韩王令其噤声:"别说话,仔细听。"

禽滑对城上道:"大王,庞元帅不让我说实话,但我不敢违背寡君之命……"

禽滑身旁的魏国将军一愣，小声说："禽先生，你怎么能这么说？"

禽滑自顾自地高声道："寡君决定出兵救韩，孙膑已率二十万大军进入魏国……"

魏国将军这才反应过来，忙喊道："住口，不要再说了！"

禽滑没理睬他，用尽最后的力气呐喊道："孙膑让我转告大王，不打败魏军，他决不撤军！"

"再胡说，我就杀了你！"魏国将军伸手捂住禽滑的嘴。

禽滑顺势拔下魏国将军腰间的佩剑，"我先杀了你！"说着将剑深深刺进魏国将军的腹部，魏国将军大叫一声，摔出车外。

车下的魏国士兵见状，挥舞手中的长戟，向禽滑砍去。禽滑一把剑难抵众戟，一只戟砍在他的头上，鲜血四溢，禽滑不由晃了几晃。几乎同时，另一只戟刺中他的腹部，鲜血染红了他的衣襟……

舍生取义，这便是禽滑最后的选择。

城墙上，韩王对还在发愣的韩国太子道："还愣什么，放箭！"

韩国士兵手中的箭纷纷向城外射去，一场激烈的战斗又开始了，与昨日所不同的是，今天的韩国将士人人奋勇，个个凶悍。

　　按："隔岸观火"是三十六计中的第九计，意思就是"坐山观虎斗"。此计往往指静观敌方内部矛盾激化，坐收渔利。孙膑用此计，让韩国与魏军拼力厮杀，削弱庞涓的军力，以利战胜庞涓。欲知孙膑和庞涓最后一战结果如何，请看大结局："走为上计"。

第三十六回　走为上计

齐国终于出兵了，战马嘶鸣，兵车隆隆，士兵的队伍浩浩荡荡，蜿蜒不断。齐国军队经过位于齐国边境的马陵道进入魏国。昔日围魏救赵的时候，齐国军队走的也是马陵道，孙膑曾经说过，这地方可埋伏千军万马，一定要在这个地方打一仗。孙膑感到这一次，极有可能……

庞涓得知孙膑和田忌共率三十万大军进犯魏国，直逼大梁，命令太子申率十万人马，轻装上路，昼夜兼行，尽快赶回大梁。庞涓嘱咐太子申道："孙膑诡计多端，你们回到大梁后，不论孙膑进退与否，只可坚守，不可出城与齐军交战，待我率大军返回时，再与之决战。"

韩国太子见魏国军队开始撤退，推断齐国军队已经出兵，他想借机出城袭击魏军，韩王不同意，他要让魏国军队顺顺利利地走，走得越快越好。

韩太子问："父王的意思是，待魏国军队与齐国交战后，我们再出兵，与齐国共同打败魏国？"

韩王微微一笑，道："寡人是要坐山观虎斗，让齐魏两国拼死一战，魏国若败，他将无力再威胁寡人的国家。"

"孙膑深入魏国作战，处于不利之地，我们若不出兵相助，庞涓有可能取胜。"

"孙膑即使兵败，庞涓也将元气大伤，他数年之内也无力再威胁寡人。"

"可孙膑是为了救韩国才出兵魏国，我们若不出兵，齐国人会指责我们忘恩负义。"

韩王不以为然地笑道："国家之间无义可言，都是各为其利，只要能使自己的国家立于不败之地，寡人即使忘恩负义，天下人也无可非议。"

齐国军队抵达大梁城外，田忌率十万军队在大梁以西安营扎寨，摆出一副要拦截庞涓的样子，孙膑指挥其余二十万军队攻打大梁。

攻城战斗非常惨烈，许多齐国士兵死在大梁城下，却始终未有一人登上大梁城头。魏国士兵不由士气高涨，这士气也感染了太子申，他请求魏惠王允许他出一支奇兵袭击孙膑的粮草，没有了粮草，孙膑将无法再战。魏惠王没答应，他认为在庞涓回来之前，只要太子申能守住大梁就已经非常不易了。

太子申正处在争强好胜的年龄，他来到城墙上找到巡城的庞葱，此时城墙上虽已安静下来，但仍处处可见激战留下的痕迹。

太子申对庞葱道："庞将军，你敢不敢带兵袭击孙膑的粮草？"

庞葱回答说："元帅不让我们出城。"

"我是问你敢不敢。"

"只要有元帅的命令，就是赴汤蹈火，我也敢。"

"如果元帅在此，他定会下此命令。"

"元帅绝不会下此命令，现在敌强我弱，若离开坚固的城池去袭击孙膑，犹如以卵击石。"

太子申信心十足地说道："正因为敌强我弱，孙膑才想不到我们敢出城袭击他的粮草，我们若出兵，必出奇制胜。"

"太子殿下说的不无道理，可孙膑安营布阵无漏洞可击，若袭击不成必损兵折将。我们军力本来就远远不如孙膑，若再损兵折将，对守卫大梁极为不利。"庞葱依然持保留意见。

太子申板着脸道："这么说，庞将军是不肯去了？"

"太子殿下，我这样做是为了守住大梁。"

太子申看了看庞葱，道："庞将军，这样吧，大梁的军权交给你掌管，我带五千人马悄悄出城袭击孙膑，五千人马即使全军覆没，也不会影响守卫大梁。"

第三十六回　走为上计

庞葱劝阻道:"太子殿下,不可冒险,万一殿下不能返回,我无法向大王交代。"

"我可以给你留下亲笔书信,说明此事与你无管。"

"太子殿下,我不是怕负责任,我是为太子殿下着想。大王进祖庙后,魏国的王位将归太子殿下所有,太子若此时战死疆场,岂不是将王位拱手让给他人吗?"

"庞元帅曾对我说过,身为太子,若无功于魏国,父王进祖庙后我将无法使公子大夫们臣服于我,所以,即使九死一生,我也要争取为魏国建功立业。"

"太子殿下作为人质被困于韩国,已经有功于魏国,不必再冒此风险。"

"任何一个公子在太子之位,都可以当人质,但并非任何一个公子都能在疆场上建功立业,我只有做成众公子们不能做之事,他们才能臣服于我。"

"太子殿下守住大梁,也是疆场建功。"

太子申不屑地道:"有坚固的城池,有英勇善战的十余万将士,任何一个公子都可以守住大梁,但敢于在强敌面前出奇制胜,他们都不能,尤其是在庞元帅不在之时。我要做的就是他们不能做的事,我要建的就是他们不能建的奇功。"

庞葱沉思片刻,说:"太子殿下既然有如此志气,那我只好代殿下出城一战。不过,太子殿下得答应我一个条件。"

"说吧。"

"不论我遇到任何危险,即使全军覆没,殿下也不可出兵相救。"

太子申犹豫道:"这……"

庞葱说:"太子殿下若不能答应,我不出击,也不会让太子殿下出击。"

太子申道:"好,我答应……不过,若无机可乘,庞将军万不可贸然行事。"

庞葱说:"太子殿下放心,我决不会以卵击石。"

晚上，孙膑独自一人坐在帐内，他面对军图正在思索如何既减少伤亡，又使攻城战在表面看上去更加激烈。这时，两个将军走入营帐，他们说有要事请教孙膑。

将军甲说："军师，我记得你说过，上兵伐谋，其次伐交，其次伐兵，其下攻城。"

孙膑道："这是《孙子兵法》上说的。"

将军乙说："军师还说过，兵贵胜，不贵久。"

"这也是《孙子兵法》上说的。"孙膑扫了他们一眼，道："你们说这些，是不是劝我不要继续攻城？"

将军甲点头说："不错，军师，再这样攻下去不行，士兵伤亡太多。"

孙膑道："那你们说怎么办？"

将军乙说："撤离大梁，诱敌出城，在城外将敌人消灭。"

孙膑道："庞涓未归，魏国军队敢出来吗？"

将军甲说："魏军即使不敢出城，我们也不能继续攻城，若攻城不克，疲惫不堪，就无法战胜即将归来的庞涓大军。"

孙膑道："你们的意思是养精蓄锐，等待庞涓归来？"

将军乙说："是的。"

孙膑笑，道："你们想法很好，但那样很难战胜庞涓。我们只有攻城不克，又疲惫不堪，才有可能打败庞涓。"

两位将军不解地相互看看。将军甲问："军师，你能对我们明示吗？"

孙膑道："现在不能。"

将军乙问："何时可以？"

孙膑道："待庞涓回来之后。"

话音刚落，田国急匆匆走入，脸带愧意地对孙膑说："军师，因为卑将的疏忽，魏国军队袭击了我方堆放粮草的军营，粮草损失惨重，请军师处罚卑将。"

孙膑的双眼豁然一亮，兴奋道："好，烧得好！"

田国一怔，以为自己听错了，问："军师，你说什么？"

第三十六回 走为上计

孙膑道:"我说粮草烧得好。魏国人烧了我们的粮草,我们就可以不攻城了,不攻城便可避免更多的伤亡。"

众人疑惑不解地看着孙膑。

田国镇定后说:"军师,你是不是……安慰我?"

"不是。"孙膑只是神秘一笑,未多作解释。

庞葱袭击齐军粮草旗开得胜,魏惠王在王宫内设酒宴款待庞葱和参战的将军们,作为守城统帅的太子申也在座。魏惠王称赞庞葱足智多谋,胆大过人,一把火烧得孙膑无力攻城。庞葱谦虚地说:"这是太子殿下的智慧,未将只是执行太子的命令而已,因此首功应该是太子的。"

"欸,太子只是动了动嘴,为我魏国立下大功的还是庞将军!"太子申听父亲如此之说,心中很不自在。

魏惠王听说齐国军队为补回粮草损失,正在城外四处抢粮,便与庞葱商量可否再出击一次,制止齐军抢粮。庞葱沉思片刻,说:"卑将袭击孙膑粮草成功,是因为孙膑没有预料到。如今孙膑早有防备,卑将若再次出击,不但难以取胜,极可能全军覆没。卑将不是怕死,庞元帅的大军未归,出击的军队若覆没,将影响守城军队的士气。"

太子申不会再放弃扬名的机会,他对魏惠王说:"父王,庞元帅不在,孙膑不把我们放在眼里,他绝不会想到我们敢于再次出击,因而我们还可以出奇制胜。请父王下命,儿臣愿率军出击。"

魏惠王沉吟片刻,道:"用兵之事,寡人不如庞将军,你与庞将军商定吧。"

天色蒙蒙亮,晨雾在城头飘过。太子申和庞葱再次登上大梁城头,太子申望着远处齐军的营帐,请求庞葱答应让他出城袭击齐军。

庞葱说:"太子殿下,你没有必要冒险。"

太子申沉着脸,道:"有必要。你没听父王说吗,我只是动嘴,那意思是说,我还没动过手。"

年轻气盛的太子原来在纠结此事，庞葱心中了然，开导太子说："大王不是这个意思，大王是不愿在众人面前赞扬自己的儿子。"

太子申道："大王即使不这么看，别人也会这么看，要想服众，我必须亲自出马。"

"殿下，"庞葱耐着性子说，"赢得众人佩服不在于一时一事，此次殿下作为守城十万大军的统帅，只要能在庞元帅大军回来之前守住大梁，就已经非常了不起了。"

太子申不屑地道："这没有什么了不起的，我说过，任何一个公子都可以做到的。而我要做他们不能做之事。"

见太子如此刚愎自用，庞葱无奈地叹了口气，说："殿下，你太要强了，太要强的将领，容易被敌人利用。"

太子申自信地笑道："我不是要强，我是自信，孙膑绝不会想到我们敢再次出击的。"见庞葱欲言，太子申直接打断了他，"不要再说了，我意已决，任何人不可改变……庞将军，守城军队全交给你，我若遇到危难，也请你不要出城相救。"

太子申不顾庞葱的反对，率五千人马袭击齐军。孙膑营帐内，一随从向孙膑汇报了魏军的动向，并询问孙膑是否将其拦在城外消灭之。孙膑道："告诉田国将军，率兵拦截他们，但要装出拦不住的样子。"结果魏军再一次获胜，望着四散而去的齐国士兵，太子申的脸上露出轻蔑而得意的笑容。

事后，田国对孙膑道："军师，魏国人已返回城内。"

"嗯。"孙膑点了点头，"立刻命令军队攻城。"

"军师不是说不攻城了吗？"田国不解地问。

"此时攻城，是为了表现出我们的恼羞成怒。"

攻城战从日出打到日落，又有许多齐国士兵倒在大梁城下。

庞涓听说此事后，兴高采烈道："堂堂孙膑，竟然在庞葱、太子申这两个后生面前束手无策！"庞涓命令二十万休整待命的军队立刻回国，他

第三十六回 走为上计

之所以没有和太子申一起回国，就是为了等这一天，等孙膑的军队疲惫之时，再与之决战。

庞涓的大军终于要回大梁了，孙膑、田忌见目的达到，便装出害怕的样子率领军队撤离大梁。庞涓担心孙膑玩弄计谋，命人转告大梁的太子申与庞葱，万不可追赶孙膑，待庞涓赶到大梁，再做决断。

齐国的军队义无反顾地向齐国撤退，田忌总觉得庞涓屡屡中计，这次不会再上当了。孙膑则自信地说，庞涓屡屡中计，是因为他总是过高估计自己，这次他也不会例外。

庞涓到达大梁，立刻命庞葱查点齐军的军灶。庞葱很快就查清了，齐军几座营内，共有十万军灶。庞涓对太子申道："十万军灶，可供数十万大军做饭，这说明孙膑并未受多少损失，我们不可轻敌。"

太子申说："如果孙膑是有意多挖军灶，迷惑我们呢？"

庞涓微笑道："他想不到我会根据军灶来察看他的军队。"

庞葱问："叔父，那我们还追不追？"

庞涓道："当然要追，孙膑深入魏国的腹地，是我们战胜他的最好时机……庞葱，命令全军尾随齐军之后，既不冒进，也不可放走孙膑。此外，派出精干的小股军队，沿途袭击齐军的营地，让他们不得安宁。"

齐国军队马蹄疾疾，步履匆匆，继续向齐国撤退。田忌担心孙膑天天减灶，庞涓不会注意，孙膑笑着说："他如果注意不到，就不是庞涓了。"

庞涓果然天天注意齐军为做饭所挖的军灶，当齐军的军灶还有五万时，太子申认为齐军的粮食在急剧减少，军心必然不稳，魏国大军可以与孙膑决战了。庞涓认为还不到时候，他命令全军，仍按原来部署前进。

孙膑只走不打，加之魏军小股军队的不停骚扰，齐军上下难免有些沉不住气。田国对孙膑说："军师，士兵们都问我能不能不走了，能否与魏国人打一仗，痛痛快快地打一仗。"

孙膑回应道："走就是为了打，不走，这一仗就没法打胜。"

"我们要走到何时？"

"走到庞涓认为我们不堪一击之时。"

齐国军队再有一天的路程，就要撤入齐国境内了，庞涓再一次命庞葱查点齐军的军灶。太子申沉不住气了，对庞涓说："孙膑就要进入齐国了，若进入齐国，元帅再想战胜孙膑就难了。"

"他跑不了。"庞涓仍是那么自信。

庞葱兴冲冲地回来了，他告诉庞涓，齐军的军灶还有三万。

庞涓闻言兴奋地击掌道："真是天助我也！"他问庞葱："庞葱，你知道我为何让你每到一处，先查点齐军留下的军灶吗？"

庞葱想了想，说："看看齐军还有多少粮食。"

庞涓摇头道："不是，没有粮食，煮野菜兽肉也需要军灶。"

"那是为什么？"

"军灶越来越少，说明逃兵越来越多，如今他还剩三万军灶，说明孙膑的士兵已不足十万人。"

"原来如此，"庞葱顿悟，"叔父，我明白了。"

太子申在一旁说："既然孙膑的军队已经不足十万人，必然加速撤退，元帅万不可让他跑掉。"

庞涓冷笑道："我说过，他跑不了的。"他命令道："太子殿下，庞葱，我率三万精兵轻装去追赶孙膑，你们率大军跟随其后，这一次，我定要让孙膑一败涂地，以雪前耻！"

庞涓带领魏国先头部队马不停蹄，人不歇脚，一路追来，一直追到夕阳将要落山，他没有丝毫宿营休整的打算，他只有一个信念，今天一定要追上孙膑。

天色渐渐暗了，只有西方远处的天际间尚有些许亮色，山谷中的树木开始模糊起来。庞涓的军队进入了马陵道，他无论如何也不会想到，马陵道四周的山坡上早已布好了天罗地网。

几棵被砍倒的大树横在路上，拦住了魏军去路，每棵树上都插着一把

第三十六回　走为上计

带血的长剑。前面的军队停了下来，士兵们不安地看着树上那一把把血迹斑斑的剑。

前队的将军把这件事报告庞涓，庞涓冷笑道："孙膑在吓唬我们，他是害怕我们追上他。"他命令前面的士兵，立刻搬开大树，继续前进。

魏国士兵们小心翼翼地拔掉树上那带血的长剑，正欲搬动大树，路旁传来喊声："你们看，这里有字，齐国人留下的字。"

路旁一棵大树的树皮被刮去一大块，白色的树干上写有字迹。

几个士兵停止搬动大树，围上去，查看着，却怎么也看不清树干上的字。

前队的将军走过来，对士兵们吆喝道："看什么？赶快清理路上的树木。"

士兵说："将军，这里有字，是齐国人写的。"

将军凑上前看了片刻。

"上面写的什么？"一士兵问。

将军眯着眼还是看不清，道："黑乎乎一片，什么也看不见……走吧，走吧，不看了！"

此时庞涓走了过来，他对将军道："我要看，看齐国人写了些什么。"

将军命令士兵们点燃几支火把，士兵们举着火把走到树下，火把的光照亮了树上的字：

庞涓死于此树下　军师孙膑

庞涓看罢脸色突变。

将军对一旁的士兵命令道："快，把树上的字刮掉！"

话音未落，无数支箭矢从山丘上飞来，一波士兵中箭倒下。

庞涓也身中数箭，他望着夜幕中耸立的山丘，仰天长叹道："我又中了孙膑的诡计！"

山丘上又飞来一片箭雨，有几支箭射中了庞涓，庞涓身子晃了几晃，他抽出佩剑，支住自己的身体。一个将军和几个手持盾牌的士兵冒着箭矢疾步赶到庞涓面前，将庞涓护在中间。

将军说："元帅，我们保护你冲出去。"

庞涓将射中胸膛的一支箭折断，道："我们出不去了……"

将军说："元帅，我们能出去，齐国人不是我们的对手，他们从来没有面对面地打败过我们。"

庞涓又一声长叹，喃喃道："那是过去……从此之后，魏国休矣……"他说着，仰天发出一阵狂笑："孙膑，你这小子，今日因为我，终于名扬天下了！"

笑罢，庞涓猛然挥剑向腹部刺去……他的身体缓缓倒下，那倒地的声音很重，犹如倒下了一座山峰。

……

阳光出来了，照亮了山谷，山谷中到处都是魏国士兵零乱的尸体。孙膑默默地蹲在庞涓面前，轻轻地擦拭着他脸上的血迹，他擦得很仔细、很小心。田忌站在一旁默默地候着他。这时，一个齐国将军走来，对孙膑道："军师，魏国大军已被我们彻底打败，庞葱与太子申被田国将军抓获。"

孙膑只是"嗯"了一声，继续小心翼翼地擦着庞涓脸上的血迹，直到庞涓脸上那最后一抹血迹擦干净了，为庞涓整理好衣服，扎好元帅的斗篷。田忌在一旁问："可以抬走了吗？"孙膑缓缓站起身，点点头。田忌抬手示意，几个士兵走了过来抬起庞涓的尸体，小心翼翼地将其抱上一辆马车，那马车沿山谷驶去。

孙膑久久地望着远去的马车……

马陵之战后，魏国厚葬了庞涓，魏惠王答应与齐国永世和好。

孙膑要走了，鬼谷先生要他辞官离开临淄。他把整理抄写的《孙子兵法》留在齐国，这是鬼谷先生让他留下的。此外，他还留下了这些年征战之余整理的心得体会，后来经其后学者整理成一部兵书，是为今天的《孙

第三十六回　走为上计

膑兵法》。

钟离春也要走了,她向齐王要了块封地,打算与妹妹钟离秋在自己的封地上一起抚养小春秋。

孙膑走的那天,钟离春、钟离秋还有小春秋一起去送孙膑。她们一直望着孙膑的马车徐徐消失在天际,在她们的视野中,只剩下了大地、太阳和天空。

按:"走为上计"是三十六计中的最后一计,意思是,有计划地主动撤退,以退为进,寻找战机,消灭敌人。此计在谋略上被推为上策。孙膑以走带战,将庞涓引诱到马陵道,一举歼灭,在中国古代战争史上写上了精彩的一笔。

注1:《孙子兵法》风靡天下时,世上流传过这样一种说法,说《孙子兵法》乃孙膑所作。公元一九七二年山东省临沂县银雀山一号西汉墓中出土了一批竹简,其中既有《孙子兵法》,也有《孙膑兵法》,此种说法,才最终得以更正。严格意义上看,先秦有两位兵家"孙子"及代表作品,《汉书·艺文志》载有《吴孙子兵法》与《齐孙子兵法》以示区别,在思想和理论上二者则有内在的联系。此乃后话。

注2:《三十六计》是后人根据孙膑和庞涓之间的计谋之战,以及中国古代许多有名的战例总结而成。本书中的"三十六计"绝大部分故事,是根据《三十六计》中的计谋精髓演义而成,并非是历史原貌,特此说明。